엑셀만 알아도 할 수 있는 데이터 과학

데이터 수집부터 분석, 문제 해결까지!

초판 1쇄 발행 2019년 3월 4일
초판 3쇄 발행 2022년 3월 10일

지은이 우와후지 이치로우, 니시카와 히로아키, 아사쿠라 마사미, 모리모토 에이이치
옮긴이 진솔 / **감수자** 엄동란 / **펴낸이** 김태헌
펴낸곳 한빛미디어(주) / **주소** 서울시 서대문구 연희로2길 62 한빛미디어(주) IT출판부
전화 02-325-5544 / **팩스** 02-336-7124
등록 1999년 6월 24일 제25100-2017-000058호 / **ISBN** 979-11-6224-153-0 93000

총괄 · 책임편집 전정아 / **기획 · 편집** 이미향 / **교정** 강민철
디자인 박정화 / **전산편집** 김현미
영업 김형진, 김진불, 조유미 / **마케팅** 박상용, 송경석, 한종진, 이행은, 고광일, 성화정 / **제작** 박성우, 김정우

이 책에 대한 의견이나 오탈자 및 잘못된 내용에 대한 수정 정보는 한빛미디어(주)의 홈페이지나 아래 이메일로
알려주십시오. 잘못된 책은 구입하신 서점에서 교환해 드립니다. 책값은 뒤표지에 표시되어 있습니다.

한빛미디어 홈페이지 www.hanbit.co.kr / 이메일 ask@hanbit.co.kr
예제파일 www.hanbit.co.kr/src/10153

지금 하지 않으면 할 수 없는 일이 있습니다.
책으로 펴내고 싶은 아이디어나 원고를 메일(writer@hanbit.co.kr)로 보내주세요.
한빛미디어(주)는 여러분의 소중한 경험과 지식을 기다리고 있습니다.

데이터 수집부터 분석, 문제 해결까지!

엑셀만 알아도 할 수 있는 데이터 과학

우와후지 이치로우, 니시카와 히로아키,
아사쿠라 마사미, 모리모토 에이이치 지음

진솔 옮김

한빛미디어
Hanbit Media, Inc.

'정보'가 중요한 가치를 갖게 된 요즘, 데이터를 이용하여 다양한 문제를 해결하는 능력은 '누구에게나 필요한 것'이 되었습니다. 이 책은 독자 여러분이 데이터를 다루는 스킬을 제대로, 그리고 어렵지 않게 익힐 수 있도록 쓰여졌습니다.

표준적인 통계학을 중심으로 다루고는 있지만, 지금까지의 통계학 교과서와는 달리 데이터의 특징이나 속성에 중점을 두고 문제를 해결하는 구체적 수단으로 데이터를 활용하는 데 주안점을 두었습니다. 그런 의미에서 이 책은 데이터를 활용하는 '과학'의 입문서라 할 수 있겠습니다.

최근 들어 데이터 과학이라는 표현은 하나의 유행어로 자리잡았습니다. 데이터 과학이라고 하면 AI, 빅데이터, 기계학습 등을 연상하고는, 컴퓨터가 대량의 데이터를 처리해서 다양한 문제를 '자동으로' 해결하는 기술이라고 여기는 사람들이 많을 것입니다. 확실히 '숫자가 세계를 지배한다'라는 격언이 '데이터가 세계를 지배한다'와 같은 느낌이 들기는 하지요.

하지만 이 책은 이런 의미의 데이터 과학과는 다소 거리가 있습니다. 일반적으로 말하는 데이터 과학에서는 정보 기술이 '주연'이고 데이터는 이를 보좌하는 '조연'이지만, 이 책에서는 반대로 데이터가 '주연'이고 정보 기술이 '조연'이라는 입장을 펴고 있습니다. 이는 하야시 치키오 박사(전 통계수리연구소 소장)가 처음으로 주장한 '데이터 과학'에서 시작되었습니다(자세한 것은 하야시 치키오의 『데이터 과학』(아사쿠라 서점, 2001)을 참조해주세요.

이 책의 목표는 데이터 과학의 사고방식을 기반으로, 엑셀을 이용해 데이터 분석을 실제로 경험해보는 것입니다. 기존의 통계학이나 데이터 과학 분야의 교과서와 차이를 두기 위해서 구체적으로 다음과 같은 사항들을 신경 썼습니다.

1 데이터의 특징이나 속성을 이해하기 위해서는 그 데이터가 어떠한 과정을 거쳐서 얻어진 것인지를 알아야 합니다. 그래서 실제 조사 방법에 대해 많은 설명과 실습을 추가했습니다.

2 실제 분석에서 주로 사용하는 데이터는 일반적인 텍스트이며, 예제와 같이 '깔끔한 데이터'를 분석하게 되는 경우는 거의 없습니다. 오히려 여러 가지 문제가 있는 데이터일 경우가 많지요. 따라서 각 장마다 데이터에서 발생할 수 있는 구체적인 문제점과 그 대처 방법을 알아볼 수 있도록 했습니다.

3 정부나 지자체에서 제공하는 데이터를 가리켜 '공공 데이터'라고 부릅니다. 외부에서 주어지는 데이터를 유효하게 활용하기 위해서는 데이터 작성 과정을 알아두어야 하므로, 공공 데이터에 관한 설명도 추가했습니다.

4 이 책에서는 주로 의료, 건강, 복지에 관한 데이터를 실습용 데이터로 사용하였습니다. 예제용으로 억지로 만든 데이터가 아니라, 실제 조사를 통해 얻었거나 공개된 데이터입니다. 따라서 데이터 분석의 의미나 문제점을 생생하게 체험할 수 있으리라 생각합니다(사회나 경제 분야 데이터의 활용에 대해서는 우와후지 이치로우/모리모토 에이이치/츠네카네 마사히로/타우라 타다시의 『조사와 분석을 위한 통계-사회/경제의 데이터 과학(제 2판)』(마루젠, 2013)을 참조해주세요).

사회에는 대량의 데이터가 돌고 있고, 누구라도 간단하게 그 데이터를 손에 넣을 수 있습니다. 그리고 데이터가 많으면 많을수록 데이터의 특징이나 속성을 적절히 가려내어 활용하는 능력이 필요합니다. 이 책은 이러한 시점의 데이터 과학 입문서를 지향하였습니다. 독자 여러분에게 도움이 된다면 기쁘겠습니다.

집필진을 대표하여 **우와후지 이치로우**

데이터 과학은 자칫 어렵게 느껴질 수도 있지만 당장 우리의 실생활에 적용해볼 수 있는, 의외로 우리와 밀접한 연관이 있는 분야입니다.

여러분은 데이터 분석을 통해 무엇을 알고 싶으신가요? '평소보다 두 시간 덜 자면 다음 날의 업무 효율이 얼마나 떨어질지', 아니면 '금요일 밤에 먹는 치킨 한 마리가 몸무게에 얼마나 영향을 줄지', 그것도 아니면 '좋아하는 아이돌의 사인회 추첨에 어떤 요소가 영향을 미치는지' 등을 알고 싶으신가요? 이러한 실생활의 다양한 궁금증도 데이터 과학을 통해 해결할 수 있습니다.

'데이터 과학'이라고 하면 커다란 슈퍼 컴퓨터가 무언가 어려운 프로그램을 돌리면서 방대한 데이터를 처리하는 모습을 떠올릴지도 모르겠지만, 여러분이 평소에 사용하는 컴퓨터와 엑셀만으로도 충분히 많은 일을 할 수 있습니다.

도구는 이미 준비되어 있으니, 이제 우리에게 필요한 것은 도구를 사용할 지식과 재료뿐인 셈입니다. 그리고 이 책이 그 지식과 재료를 제공할 것입니다.

이 책에서 사용하는 재료는 정부에서 실제로 수집한 공공 데이터입니다. 부록 파일로 직접 제공되는 데이터도 있지만, 이후에는 여러분이 직접 데이터를 수집해서 사용할 수 있도록 공공 데이터가 무엇이고 어디서 어떻게 찾아야 하는지도 함께 알아볼 것입니다. 여기서는 주로 의료·복지 분야의 데이터를 사용하고 있지만, 이는 재료의 차이일 뿐이니 학습을 끝낸 후에 원하는 데이터를 직접 찾아서 적용해볼 수 있을 것입니다.

데이터를 모았다면 도구를 사용해서 분석을 해보아야겠지요. 수집한 데이터를 어떻게 가공해서 사용해야 하는지, 그리고 이때 어떤 점을 주의해야 하는지도 이 책을 통해 알 수 있을 것입니다.

이 책 한 권으로 데이터 과학에 대한 모든 지식을 얻을 수 있는 것은 아니지만, 데이터 과학을 공부하고자 하는 여러분에게 이 책은 좋은 출발점이 되어주리라 생각합니다. 여러분이 『엑셀만 알아도 할 수 있는 데이터 과학』을 통해 데이터 과학의 즐거움을 알게 되길 기원합니다.

옮긴이 **진솔**

매일 매일 생성되는 데이터의 양은 인간이 셀 수 없을 만큼 많아지고, 항목도 다양해지고 있습니다. 사회는 이렇게 많은 데이터를 축적하고 관리하여 다양한 분석 결과를 통해 인사이트를 도출할 수 있도록, 데이터 기반의 의사결정 체계를 원하고 있습니다. 이런 의사결정 체계로 가기 위해서는 데이터를 통해 트렌드 및 인사이트를 찾을 수 있는 데이터 분석가, 데이터 과학자 등의 역할들이 더욱 중요해지고 있습니다.

이 책은 데이터 과학에 입문하고자 하는 독자의 눈높이에 맞춰 전문적인 분석 프로그래밍 언어(파이썬, R 등)가 아닌 누구나 쉽고 편하게 접할 수 있는 엑셀을 활용하여 분석 툴에 대한 접근성을 높이고, 통계 분석의 필요성과 분석 기법에 대한 내용을 연결하여 쉽게 이해할 수 있도록 설명했습니다.

또한, 설문으로 구성된 표본 데이터 및 공공 데이터 등을 예제로 하여 독자분들이 다양한 데이터를 접하고, 여러 방면의 분석에 활용할 수 있도록 하였습니다. 아울러, 실습을 통해 분석 기법에 대한 이해를 높일 수 있도록 다양한 기초 통계 분석에 집중하여 상세하게 설명하고 있습니다.

원서의 일부 내용을 국내 실정에 맞추어 변경하고 국내 공공 데이터를 수집하는 방법을 설명했으며, 해당 데이터를 활용하여 실습해볼 수 있도록 풍부한 사례를 담은 것도 이 책의 장점입니다.

차근차근 각 장의 이론과 [직접 해보기]를 거쳐 [혼자 해보기]까지 단계별로 학습한다면, 통계의 기초 개념 습득부터 엑셀을 활용하여 데이터 분석을 하는 데 이 책이 큰 도움이 될 것입니다.

『처음 시작하는 R 데이터 분석』 저자 **엄동란**

목차

CHAPTER 01 데이터 과학을 시작하기 전에

CHAPTER 02 데이터 모으기

목차

목차

CHAPTER 08 추측과 판단

목차

데이터 과학을
시작하기 전에

데이터 과학이란 무엇인가

이 책에서는 의료 · 복지 분야 데이터를 이용해서 데이터 과학의 지식과 응용법을 공부합니다. 그런데 '데이터 과학'이란 대체 무엇일까요? 요즘 들어 자주 들리긴 하는데, 구체적으로 어떤 '과학'을 말하는지는 모르는 분들이 많을 것이라 생각합니다. 통계학을 바꿔 말한 것으로 여기는 분들도 있을 거라 생각되고요. 통계학과 정보과학을 합친 과학이라는 이미지를 떠올리는 분도 있을 것입니다. 분명히 말하자면 데이터 과학에 명확한 정의란 없습니다. 그렇다 보니 사람마다 다양한 정의를 내리고 있는 것이 현실입니다.

정의가 아무리 다양하다고는 해도, '데이터'에 관한 '과학'이라는 것은 틀림없는 사실입니다. 따라서 다음과 같이 데이터 과학의 3가지 조건을 정리해볼 수 있습니다.

- 조건 1 : 데이터를 이용해서 다양한 문제를 구체적으로 해결합니다.
- 조건 2 : 데이터를 이용해서 다양한 문제를 해결하기 위해 필요한 것은 데이터뿐만이 아닙니다. 그 데이터를 분석하기 위한 통계적 방법도 필요합니다.
- 조건 3 : 데이터를 모아서 분석하려면 정보를 처리하는 기술이 필요하므로, 정보처리 기술도 활용합니다.

위의 3가지 조건은 일반적으로 데이터 과학이라 불리는 과학의 공통점을 정리한 것입니다. 하지만 이것만으로는 충분하지 않습니다. 데이터 과학에 필요한 또 하나의 조건이 있다면, 문제 해결의 재료인 데이터의 특징과 속성을 중시한다는 것입니다. 다시 말해, 데이터 과학에는 데이터 작성 방법이나 수집 방법을 검토하는 기술이 꼭 필요하다는 의미입니다.

[그림 1-1]은 이러한 과정을 그림으로 나타낸 것입니다. 구체적인 사례를 들어 설명하도록 하겠습니다. 흔히 '연령이 높아짐에 따라 혈압도 높아진다'라고들 하지요. 이 사례를 가지고 간단히 포인트를 짚어가며 설명하겠습니다.

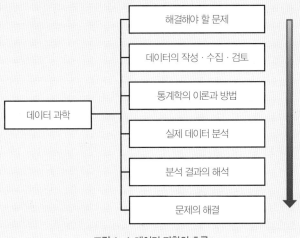

그림 1-1 데이터 과학의 흐름

1분 문제 정리

데이터를 모아 분석하려면 무엇을 밝혀내고 싶은지, 어떤 문제를 해결하고 싶은지를 확실히 해둘 필요가 있습니다. 이번 사례에서 문제는 '연령이 높아짐에 따라 혈압도 높아지는가'입니다. 데이터를 이용해서 이것이 사실인지를 밝혀내는 과정을 통해 문제의 해결 방법을 고안해내는 것입니다.

Point 1 ▶ 데이터의 작성 · 수집 · 검토

위와 같이 연령과 혈압의 관계를 조사할 때, 가장 먼저 필요한 것은 데이터입니다. 그러므로 먼저 몇 사람을 대상으로 연령과 혈압을 조사합니다. 여기서 문제가 되는 점은 '어떤 사람을 대상으로 할 것인가'입니다. 남성인지 여성인지, 흡연자인지 비흡연자인지, 식생활 습관은 어떠한지(평소에 염분을 많이 섭취하는지) 등을 검토합니다. 다시 말하자면, 가능한 한 연령 외에 혈압에 영향을 미치는 조건이 동일한 사람의 데이터가 필요합니다. 따라서 데이터 과학에서는 이러한 부분을 중점적으로 검토해야 합니다.

Point 2 ▶ 통계학의 이론과 방법

데이터 검토가 끝난 뒤에는 연령과 혈압의 관계를 실제로 증명하려면 어떤 통계적 방법이 필요한지 검토합니다. 이때 주의해야 할 것은 데이터에 따라서 특정 방법을 적용할 수 없는 경우도 있다는 점입니다.

예를 들어, 무작위 표본 추출(랜덤 샘플링)이라는 방법으로 모은 데이터는 조사 대상자가 엄선되지 않은 데이터입니다. 7장이나 8장에서 설명하는 통계적 방법은 이러한 데이터에 적용할 수 없으므로 사전에 염두에 두어야 합니다.

이 내용은 **1.2 통계적 방법과 변수**와 **2장 데이터 모으기**에서도 설명하고 있으므로 참고해주세요.

◀ Point 3 ▶ 실제 데이터 분석

데이터와 통계적 방법의 검토가 끝나면 구체적으로 계산과 분석을 합니다. 이때 적절한 계산 방법이 사용되었는지, 또는 신뢰할 수 있는 계산 소프트웨어를 사용했는지도 검토해야 합니다.

◀ Point 4 ▶ 분석 결과의 해석

계산이 끝나면 분석 결과가 출력됩니다. 이때 예상한 결과가 나오지 않는 경우도 종종 발생합니다. 이번 사례에 빗대어 말하자면, 연령과 혈압의 관계를 나타내는 결과가 예상과 다르게 나오는 경우가 그러합니다.

◀ Point 5 ▶ 문제의 해결

자신이 설정한 가설대로 결과가 나오지 않았을 때, 그 즉시 가설이 틀렸다고 판단하는 것은 위험합니다. 이때는 데이터에 문제가 있었을 경우, 통계적 방법에 문제가 있었을 경우(계산 실수도 여기에 포함됩니다), 또는 실제로 가설이 틀렸을 경우 등의 원인도 생각할 수 있습니다. 그리고 최종 판단은 이 원인을 신중히 재검토해서 다시 분석해본 뒤에 내려야 합니다.

지금까지 [그림 1-1]의 순서도에 언급된 포인트에 관해 설명하였습니다. 이 중에서 특히 중요하다고 생각하는 점에 대해서는 1.1절~1.3절에서 자세히 설명하겠습니다. 그리고 이 책에서 사용하는 스프레드시트 프로그램인 엑셀의 기본적인 계산 방법에 관해서도 살펴보도록 하겠습니다.

1.1 다양한 데이터

데이터 과학에서 가장 중시해야 할 것은 분석 재료인 **데이터**입니다. '문제를 해결하기 위해서는 어떠한 데이터가 필요한지'를 가려내는 것이 중요합니다. 그러므로 데이터에는 어떤 유형이 있는지 알아보겠습니다.

개별 데이터와 집계 데이터

예를 들어, 이 책의 마지막에 부록으로 수록되어 있는 '데이터 01'(292~293쪽)의 '연령'은 조사 대상 60명의 연령입니다.

조사 대상이 된 사람에게 질문해서 얻은 대답이 Q1부터 Q12까지, 그리고 '심근경색'의 병력과 '혈압' 측정값 등이 나열되어 있습니다.

이처럼 조사 대상으로부터 직접 얻은 정보를 행과 열로 수치화한 것을 **원자료**raw data라고 부릅니다. 그리고 각 행의 정보는 조사 대상의 개별 정보를 의미하기 때문에 **개별 데이터** 또는 **마이크로 데이터**micro data라고 부르기도 합니다.

표 1–1 데이터 01. 건강 조사 데이터

No	연령 (현재)	성별	Q1	Q12	심근 경색	수축기 혈압	수축기 5년 전	확장기 혈압	확장기 5년 전	신장 (cm)	체중 (kg)	5년 전 체중(kg)
1	41	1	3	1	2	137	98	91	59	169.4	57	50.1
2	30	1	2	1	1	126	163	76	92	164.5	76.6	67.7
3	44	2	2	1	1	165	68	79	37	155.6	56.5	31.2
4	54	1	2	2		112	113	62	62	163.7	53.5	58.1
5	57	1	2	2	1	136	113	89	70	156.1	64.1	38.3
6	48	2	2	2	2	109	121	63	53	151	47.1	70.9
7	53	1	2	2	2	131	104	82	69	162.4	66.1	47

원자료

개별 데이터

8	35	1	3	1	1	116	216	65	154	177.5	80.6	96.1
56	45	2	2	2	1	101	102	61	67	155.4	45.7	53.6
57	46	1	2	1	1	146	119	87	70	176.4	77.7	49.1
58	36	2	2	2	2	113	95	63	59	161.7	52.1	42.6
59	40	1	3	1	2	149	111	92	63	162.8	95	40.9
60	40	2	2	2	2	153	103	86	64	154	49.2	53.6

한편 '데이터 03'(296~297쪽)에는 집계된 데이터가 실려 있습니다. 예를 들어 '일본인 인구'는 조사 대상이 된 사람들의 인구를 헤아려서 지역별로 집계한 데이터입니다. 그리고 '일반 병원 수'는 먼저 지역마다 있는 일반 병원 수를 집계한 뒤, 각 지역별 인구 10만 명당으로 환산한 데이터입니다.

이와 같이 집계를 하거나 10만 명당으로 환산한 데이터, 즉 원자료에 어떠한 가공을 한 데이터를 **집계 데이터** 혹은 **매크로 데이터**macro data라고 부릅니다.

표 1-2 데이터 03. 공적 통계 데이터

항 목		일본인 인구(명)	0세 평균 수명		합계 특수 출생률 (명)	표준화 사망률 (명/천 명)	일반 병원 수 (명/ 10만 명)	의료시설에 종사하는 의사 수 (명/ 10만 명)	의료시설에 종사하는 간호사 수 (명/ 10만 명)	1인당 국민 의료비 (엔)
			남	녀						
		2015	2010	2010	2014	2010	2014	2014	2014	2011
01	홋카이도	5,348,768	79.17	86.30	1.27	1.96	9.2	230.2	1,202.7	362,000
02	아오모리현	1,302,132	77.28	85.34	1.42	2.27	6.1	193.3	1,054.2	311,000
03	이와테현	1,272,745	78.53	85.86	1.44	2.07	5.9	221.2	994.9	297,000
04	미야기현	2,291,508	79.65	86.39	1.30	1.84	4.9	221.2	863.0	284,000
05	아키타현	1,017,149	78.22	85.93	1.34	2.08	5.4	216.3	1,044.3	335,000
06	야마가타현	1,116,752	79.97	86.28	1.47	1.80	4.9	215.0	976.0	308,000
07	후쿠시마현	1,898,880	78.84	86.05	1.58	1.99	5.4	188.8	940.1	302,000
08	이바라키현	2,862,997	79.09	85.83	1.43	1.97	5.5	169.6	754.0	269,000
43	쿠마모토현	1,771,440	80.29	86.98	1.64	1.77	9.8	275.3	1,441.6	352,000

집계 데이터

44	오이타현	1,150,436	80.06	86.91	1.57	1.78		11.4	260.8	1,382.3	365,000
45	미야자키현	1,096,407	79.70	86.61	1.69	1.85		11.0	233.2	1,474.7	336,000
46	가고시마현	1,631,662	79.21	86.28	1.62	1.95		13.0	247.8	1,046.3	370,000
47	오키나와현	1,410,487	79.40	87.02	1.86	1.96		5.7	241.5	1,046.3	284,000
	전국	124,283,901	79.55	86.30	1.42	1.87		5.8	233.6	929.4	302,000

개별 데이터와 집계 데이터는 똑같은 방법으로 똑같이 분석했더라도 서로 의미가 달라지는 경우가 잦으므로 주의해야 합니다.

데이터 과학에서는 이처럼 **통계적 방법**이라는 것을 사용합니다. 그리고 원래는 분석하는 사람이 직접 조사나 실험을 통해 데이터를 수집하는 것을 전제로 하고 있습니다. 다시 말해, 개별 데이터를 이용해야 한다는 것입니다. 하지만 TV나 웹사이트에서 공개하는 데이터의 대부분은 데이터 보호(피조사자의 사생활 보호) 문제로 인해 개별 데이터가 아닌 집계 데이터가 제공되고 있습니다.

양적 자료와 질적 자료

수치 데이터는 모두 숫자로 표시되어 있으므로 겉보기에는 같아 보일지도 모르겠지만, 수치의 성질에 따라 확연한 차이가 있습니다. 바로 **양적 자료**와 **질적 자료**의 차이입니다. 책 마지막에서 부록으로 제공하는 '데이터 01'(292~293쪽)과 함께 구체적으로 살펴보겠습니다.

예를 들어 80kg의 체중이 40kg의 체중의 2배인 것처럼, '체중' 데이터는 숫자의 대소관계가 양의 대소관계를 나타내고 있습니다. 이와 같은 유형의 데이터를 **양적 자료**라고 부릅니다. 그리고 같은 양적 자료이더라도 '연령' 데이터와 같이 숫자가 정수값이어야 하는 유형과 '체중' 데이터와 같이 소수점을 포함해도 되는 연속 값 유형이 있다는 점에 유의하기 바랍니다.

이와 같은 수치의 성질로 인해 정수 유형의 데이터를 이산 자료, 연속 값 유형의 데이터를 연속 자료라고 부르기도 합니다.

2장의 [그림 2-1] 설문조사 조사표(50~51쪽)를 보면 알 수 있듯이, '데이터 01'(292~293쪽)의 '성별' 데이터는 1이 남성을, 2가 여성을 가리킵니다. 이번에는 숫자의 대소관계가 양의 대소관계를 의미하지 않고, 정해진 범주를 나타냅니다. 이와 같은 유형의 데이터를 **질적 자료**라고 부릅니다.

참고로 같은 질적 자료라 하더라도 '성별' 데이터처럼 숫자와는 전혀 관계가 없는 유형과 Q1의 '수면 시간'처럼 순서나 순위의 의미를 갖는 유형이 있다는 점에 유의하세요.

이와 같은 수치의 성질로 인해 범주를 나타내는 데이터를 명목형 자료, 순서를 가지는 경우의 데이터를 순서형 자료라고 부르기도 합니다.

표 1-3 데이터 01. 건강 조사 데이터

No	연령 (현재)	성별	Q1	Q12	심근 경색	수축기 혈압	수축기 5년 전	확장기 혈압	확장기 5년 전	신장 (cm)	체중 (kg)	5년 전 체중(kg)
1	41	1	3	1	2	137	98	91	59	169.4	57	양적 자료
2	30	1	2	1	1	126	163	76	92	164.5	76.6	67.7
3	44	이산 자료	2	1	1	165	68	79	37	155.6	56.5	31.2
4	54		2	2	1	102	113	62	62	163.7	53.5	58.1
5	57	1	2	2	1	136	113	89	70	156.1	64.1	38.3
6	48	2 질적 자료		2	2	109	121	63	53	151	47.1	70.9
7	53	1	2	2	2	131	104	82	69	162.4	66.1 연속 자료
8	35	1	3	1	1	116	216	65	154	177.5	80.6	96.1
56	45	명목형 자료	2	1	101	102	61	67	155.4	45.7	53.6
57	46	1	2	1	1	146	119	87	70	176.4	77.7	49.1
58	36	2	2	2	2	113	95	63	59	161.7	52.1	42.6
59	40	1	3 순서형 자료	2	149	111	92	63	162.8	95	40.9
60	40	2	2	2	2	153	103	86	64	154	49.2	53.6

양적 자료와 질적 자료 간의 구별은 주로 개별 데이터에 필요하지만, 집계 데이터에서는 '어떤 방법으로 집계된 데이터인지'도 유의해야 합니다.

앞서 설명했던 '데이터 03'(296~297쪽)의 '인구'처럼 단순히 사람 수나 건수를 헤아린 데이터인지, '표준화 사망률'처럼 비율(천분율) 데이터인지, 아니면 '평균 수명'처럼 평균 데이터인지, 즉 실제로 일어난 값인지, 계산해서 나온 값인지를 고려해야 한다는 것입니다. 이러한 차이는 현실 사회로 바꾸어 생각해보면 큰 차이이므로, 집계 데이터를 사용할 때에는 최대한 감안하도록 합시다.

표 1-4 데이터 03. 공적 통계 데이터

항 목		일본인 인구(명)	0세 평균 수명		합계 특수 출생률 (명)	표준화 사망률 (명/천 명)	일반 병원 수 (명/ 10만 명)	의료시설에 종사하는 의사 수 (명/ 10만 명)	의료시설에 종사하는 간호사 수 (명/ 10만 명)	1인당 국민 의료비 (엔)
			남	녀						
		2015	2010	2010	2014	2010	2014	2014	2014	2011
01	홋카이도	5,348,768	79.17	86.30	1.27	1.96	9.2	230.2	1,202.7	362,000
02	아오모리현	1,302,132	77.28	85.34	1.42	2.27	6.1	193.3	1,054.2	311,000
03	이와테현	1,272,745			1.44	2.07	5.9	192.0	994.9	297,000
04	미야기현	2,291,508			1.30	1.84	4.9	221.2	863.0	284,000
05	아키타현	1,017,149	78.22	85.93	1.34	2.08		216.3	1,044.3	335,000
06	야마가타현	1,116,752	79.97	86.28	1.47	1.80	4.9	215.0	976.0	308,000
07	후쿠시마현	1,898,880	78.84	86.05	1.58	1.99	5.4	188.8	940.1	302,000
08	이바라키현	2,862,997	79.09	85.83	1.43	1.97	5.5	169.6	754.0	269,000
43	쿠마모토현	1,771,440	80.29	86.98		7	9.8	275.3	1,441.6	352,000
44	오이타현	1,150,436	80.06	86.91	1.57	1.78	11.4	260.8	1,382.3	365,000
45	미야자키현	1,096,407	79.70	86.61	1.69	1.85	11.0	233.2	1,474.7	336,000
46	가고시마현	1,631,662	79.21	86.28	1.62	1.95	13.0	247.8	1,046.3	370,000
47	오키나와현	1,410,487	79.40	87.02	1.86	1.96	5.7	241.5	1,046.3	284,000
	전국	124,283,901	79.55	86.30	1.42	1.87	5.8	233.6	929.4	302,000

건수를 헤아린 데이터

비율 데이터

평균 데이터

1.2 통계적 방법과 변수

'데이터의 특징을 구분하는 것'은 통계적 방법과 관계가 있습니다.

> 데이터 과학에서는 문제 해결을 위해서 데이터를 갖추고, 그 데이터에 '통계적 방법'이라고 불리는 분석 방법을 적용합니다. 그리고 얻어진 결과를 기반으로 프로세스를 따라가며 문제를 해결합니다.
>
> 여기서 가장 중요한 것은 필요한 데이터가 무엇인지와 그 데이터의 특징을 아는 것입니다.

어떤 것을 분석하는 통계적 방법인지, 다시 말해서 각 통계적 방법의 특징을 아는 것이 중요합니다. 이 책에서도 7장부터 표준적인 통계적 방법의 특징과 사용상의 주의점을 설명합니다. 해결하고자 하는 문제의 성질에 따라서 이용해야 할 통계적 방법도 달라지므로 다양한 통계적 방법의 특징을 알아두는 것이 좋습니다.

하지만 통계적 방법은 해결하고자 하는 문제의 성질뿐만 아니라 사용하는 데이터의 유형에 따라서도 구별해서 사용해야 합니다. 왜냐하면 문제 해결을 위해 이용할 통계적 방법이 있다고 해도, 실제로 이용할 데이터의 유형에 그 방법을 적용할 수 없다면 데이터를 분석할 수 없기 때문입니다.

그렇다면 데이터의 유형은 어떻게 구분해야 할까요? 데이터를 구분하기 위해서는 먼저 **데이터의 구조**를 알아야 합니다.

그러므로 여기서부터는 데이터의 구조를 나타내는 **변수**에 대해서 간단히 설명하겠습니다.

변수와 데이터

각 데이터에 적용할 수 있는 통계적 방법을 알아내려면 먼저 그 데이터의 구조를 알아야 합니다. 어려운 말로 설명하자면 해당 데이터가 실제 문제나 사건 안에서 어떠한 척도로 계측되었는지를 확인하는 것입니다.

일반적으로 데이터의 구조는 데이터의 속성(유형)을 나타내는 '변수'와 그 '실제 값' 2가지로 이루어집니다.

예를 들어, 방금 n명을 대상으로 조사를 했다고 가정하겠습니다. 이때 준비한 질문 항목에 대해서 응답 거부나 무응답이 없었다고 한다면 아래와 같이 n개의 데이터(실제 값)를 얻었다고 표현합니다(기억해주세요).

$$X = x_1, x_2, \cdots, x_n$$

위 식의 변수 X는 [그림 1-2]와 같이 3개의 유형으로 분류됩니다. 앞 절에서 설명했던 양적 자료와 질적 자료도 다음과 같이 연결할 수 있습니다.

그림 1-2 변수와 데이터

확률변수

확률변수란 '3번에 1번'과 같이 실제 값이 확률의 법칙을 기반으로 출현하는 변수를 말합니다.

가장 단순한 예를 들어보도록 하겠습니다. 주사위 던지기를 확률변수 X로 보고, 실제로 나온 눈의 수를 데이터로 사용하겠습니다. 그러면,

$$X = \{1, 2, 3, 4, 5, 6\}$$

과 같은 식이 됩니다. 이 주사위가 반듯한 정육면체이고, 각 면이 나올 확률이 동일하다면 [표 1-5]와 같이 정리할 수 있습니다.

표 1-5 확률변수 X(주사위 던지기)의 데이터와 확률

데이터	1	2	3	4	5	6
확률	$\frac{1}{6}$	$\frac{1}{6}$	$\frac{1}{6}$	$\frac{1}{6}$	$\frac{1}{6}$	$\frac{1}{6}$

여기서 각각의 데이터와 확률의 조합(위 예시의 경우 $\left(3, \frac{1}{6}\right)$, $\left(5, \frac{1}{6}\right)$ 등)으로 이루어지는 확률변수의 계열(데이터 묶음)을 **확률분포**라고 부릅니다.

확률분포의 가장 대표적인 분포는 **정규분포**이지만, [표 1-5]와 같은 유형의 확률분포는 각각의 데이터에 대응하는 출현 확률이 동일하므로(동일한 확률이므로) **균등분포**라고 불립니다.

8장부터 등장하는 t 분포나 χ^2 분포는 표본분포라고 불리는데, 이것도 확률분포의 일종입니다.

이처럼 확률분포를 이용한 통계적 방법(구체적으로 말하자면 추정이나 검정)을 데이터에 적용하기 위해서는 데이터와 확률변수 간에 관계가 있어야 합니다. 다시 말해, 데이터가 확률변수의 실제 값이어야 한다는 조건이 요구되는 것입니다.

예를 들어 '데이터 01'(292~293쪽)과 같이 사람을 대상으로 한 조사로 데이터를 얻을 경우, 조사 대상은 무작위로 추출하는 것이 원칙입니다. 자세한 것은 2장을 참고해주세요.

1.3 엑셀을 이용한 데이터 과학

데이터 과학을 하기 위해서는 컴퓨터와 특정 툴이 필요한데, 여기서는 엑셀을 이용할 것입니다. 먼저 엑셀을 이용한 기본적인 연산 방법에 대해 알아보겠습니다.

셀과 셀 주소

엑셀에서는 '셀'이라고 불리는 칸에 데이터를 입력합니다. 이때 입력된 데이터는 해당 셀의 위치에 따라서 '셀 주소'를 갖게 됩니다.

[그림 1-3]은 이 책의 부록에 있는 '데이터 01'(292~293쪽)의 '연령' 데이터 중 No.1부터 No.10까지의 개별 데이터를 나타낸 것입니다. 예를 들어 [그림 1-3]의 행 머리글과 열 머리글을 보면 No.1의 연령인 '41'이라는 데이터가 들어 있는 셀 주소가 'B2([B]열 [2]행)'라는 것을 알 수 있습니다.

	A	B	C	D
1	NO	연령 (현재)		
2	1	41	[B2]셀	
3	2	30		
4	3	44		
5	4	54		
6	5	57		
7	6	48		
8	7	53		
9	8	35		
10	9	38		
11	10	46		
12				

그림 1-3 데이터 01의 '연령' (No.1~No.10)

기본적인 계산

엑셀에서는 시트의 좌측 상단에 있는 수식 입력줄을 사용해서 기본적인 계산을 합니다. 엑셀뿐만 아니라, 컴퓨터에서 계산을 할 때는 학교에서 배웠던 수학 기호와 다소 다른 기호(연산자)를 사용합니다.

[표 1-6]은 수학 기호와 그 기호에 해당하는 연산자를 나타낸 것입니다. 표를 보면 알 수 있듯이, 컴퓨터에서 사용하는 곱셈과 나눗셈 기호가 수학에서 사용하는 기호와 다른 의미를 갖는다는 점에 주의하기 바랍니다.

표 1-6 수학 기호와 컴퓨터 연산자

기호		계산 예시	
수학	컴퓨터	수학	컴퓨터
+	+	A+B	A+B
−	−	A−B	A−B
×	*	A×B	A*B
÷	/	A÷B	A/B

예를 들어 수학에서는 'A×B'를 'AB'와 같이 축약해서 표기할 수 있지만, 컴퓨터에서는 불가능합니다. 반드시 연산자를 넣어서 'A*B'와 같이 표기해야 합니다.

직접 해보기 1

예제 파일 Chapter 01 \ 01-01.xlsx

[그림 1-3]의 데이터를 사용해서 실제로 간단한 계산을 해보겠습니다. 다음은 No.1과 No.2의 '연령'을 합해서 2로 나누는, 다시 말해 두 사람의 평균 연령을 구하는 예시입니다.

01 예제 파일 01-01.xlsx를 열고 평균값을 계산할 위치인 [C2]셀을 클릭합니다. 먼저 수식 입력줄에 '='를 입력함으로써 엑셀에게 지금부터 계산을 하겠다는 뜻을 전달합니다.

02 수식 입력줄에 바로 데이터를 입력해도 되지만, 실수하기 쉬우므로 여기서는 계산할 데이터의 셀을 클릭해 수식을 입력하겠습니다. 이어서 '('를 입력하고 [B2]셀을 클릭하면 수식 입력줄에 셀 주소가 표시됩니다.

03 이어서 다음과 같이 연산자를 입력하고, 계산할 데이터의 셀 주소를 클릭하는 방법으로 수식을 모두 입력한 후 [Enter]키를 누릅니다. 평균값이 35.5가 출력됩니다.

C2		:	×	✓	f_x	=(B2+B3)/2	
▲	A	B	C	D	E		
1	NO	연령 (현재)	계산 결과				
2	1	41	35.5				
3	2	30					
4							
5							

참고로 컴퓨터의 계산은 수학과 동일하게 덧셈·뺄셈보다 곱셈·나눗셈을 먼저 계산합니다. 그러므로 수식 입력줄의 계산식을

$$= B2+B3/2$$

와 같이 입력하면, 수학의

$$= B2+\frac{B3}{2}$$

과 동일한 식이 됩니다. B2와 B3을 먼저 더한 뒤에 2로 나누고 싶을 때는 반드시 분자 부분을 ( )로 둘러싸서

$$= (B2+B3)/2$$

와 같이 계산해야 한다는 점에 주의하세요.

> 컴퓨터의 계산에서 사용할 수 있는 것은 ( )뿐이고, 수학과 같이 { }나 [ ]는 사용할 수 없습니다. 그렇기 때문에 ( )는 필요한 곳에 필요한 만큼만 사용해야 합니다.
> 참고로, 여는 괄호 '('의 개수와 닫는 괄호 ')'의 개수가 일치하지 않으면 에러가 발생하므로 주의하세요.

함수를 사용하는 방법

데이터 2개의 평균을 구하는 정도라면, 데이터 2개를 더해서 2로 나누는 것이 전부이므로 직접 계산식을 입력해서 간단히 구할 수 있습니다. 하지만 [그림 1-3]과 같이 10개나 되는 데이터의 평균값을 구해야 할 경우에는 어떻게 해야 할까요?

물론 [직접 해보기 1]처럼 직접 계산식을 입력해서 구할 수도 있습니다. 하지만 그러기엔 너무 번거롭겠지요. 그리고 데이터의 수가 60개인 경우, 더 나아가 100개나 1,000개인 경우에도 이런 방법을 쓸 수 있을까요? 쓸 수야 있겠지만 계산식 입력에 막대한 시간이 들어가리라는 것은 불 보듯 뻔합니다. 그렇기 때문에 엑셀에는 '함수'라는 편리한 기능이 존재합니다.

직접 해보기 2
예제 파일 Chapter 01 \ 01-02.xlsx

엑셀의 함수 기능을 이용해서 평균을 구해보겠습니다.

01 예제 파일 01-02.xlsx를 열고 계산 결과를 출력하고자 하는 셀을 마우스로 선택한 뒤 수식 입력줄 좌측에 있는 함수 삽입(*fx*) 아이콘을 클릭합니다.

02 [함수 마법사] 대화상자가 나타나면 [범주 선택]에서 '통계'를 선택합니다. 그러면 [함수 선택]에 엑셀의 통계 함수 목록이 나타날 텐데, 그중에서 평균을 구하는 'AVERAGE'라는 함수를 선택하고 [확인] 버튼을 클릭합니다.

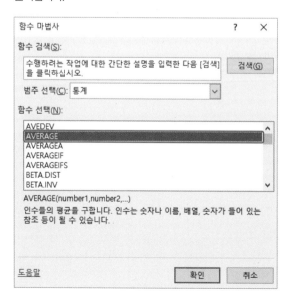

03 다음과 같이 통계 함수인 'AVERAGE'의 [함수 인수] 대화상자가 나타나면 [Number1]에 평균을 구하고자 하는 데이터(인수)를 지정합니다.

[그림 1-3]의 데이터를 예로 들면, [B2]셀에서 [B11]셀까지의 데이터를 마우스로 드래그하면 됩니다. 그리고 [확인] 버튼을 클릭하면 10개 데이터의 평균값인 44.6이 출력됩니다.

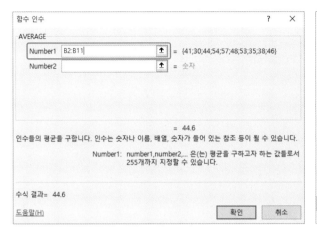

자주 사용하는 함수

지금까지 평균을 구하는 함수를 소개하였습니다. 평균값을 구하는 AVERAGE 함수는 엑셀에서 자주 사용되는 함수인데, 이외에도 자주 사용되는 함수를 2가지 더 소개하도록 하겠습니다. 바로 합계를 구하는 SUM 함수와 제곱근을 구하는 SQRT 함수입니다.

직접 해보기 **3**

예제 파일 Chapter 01 \ 01-03.xlsx

먼저 합계를 구하는 SUM 함수를 사용해보겠습니다.

01 앞서 평균을 구했을 때와 같이 먼저 계산 결과를 출력하고자 하는 셀을 마우스로 선택한 뒤 함수 삽입(*fx*) 아이콘을 클릭합니다.

02 [함수 마법사] 대화상자가 나타나면 [범주 선택]에서 '수학/삼각'을 선택합니다. 평균을 구했을 때 선택했던 통계 함수가 아니라는 점에 유의합니다. 그리고 [함수 선택]에서는 합계를 구하는 'SUM'이라는 함수를 선택하고 [확인] 버튼을 클릭합니다.

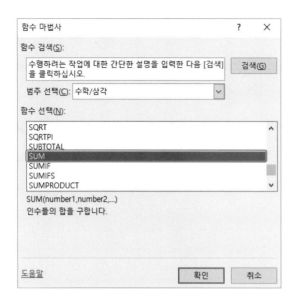

03 다음과 같이 수학/삼각 함수인 'SUM'의 [함수 인수] 대화상자가 나타나면 [Number1]에 합계를 구하고
자 하는 데이터(인수)의 셀 범위를 마우스로 지정합니다.

평균을 구했을 때와 같이 [그림 1-3]의 데이터를 사용한다면 [B2]셀에서 [B11]셀까지의 데이터를 마우
스로 드래그하면 됩니다. 그리고 [확인] 버튼을 클릭하면 10개 데이터의 합계인 446이 출력됩니다.

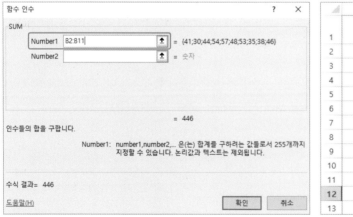

당연한 이야기이지만 [그림 1-3]의 평균값은 이 합계를 데이터의 개수인 10으로 나눈 것으로, 446을
10으로 나누면 44.6이 되어 평균의 통계 함수 'AVERAGE'를 사용한 계산 결과와 일치하게 됩니다.

이번에는 제곱근을 구하는 함수를 사용해보겠습니다. 그 전에 제곱근을 직접 구하는 방법을 짚고 넘어가겠습니다. 예를 들어, 400의 제곱근은

$$\sqrt{400} = 400^{\frac{1}{2}}$$

이므로, [그림 1-4]와 같이 계산식을 입력해서 구할 수 있습니다.

참고로, 제곱을 구할 경우에는 연산자 '^'를 사용합니다.

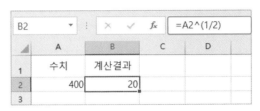

그림 1-4 제곱근의 계산 예시

직접 해보기 **4** 예제 파일 Chapter 01 \ 01-04.xlsx

제곱근을 구할 경우에는 다음과 같이 SQRT 함수를 사용합니다.

01 합계를 구했을 때와 마찬가지로 [함수 마법사] 대화상자의 [범주 선택]에서 '수학/삼각'을 선택합니다. 그리고 [함수 선택]에서 제곱근을 구하는 'SQRT' 함수를 선택하고 [확인] 버튼을 클릭합니다.

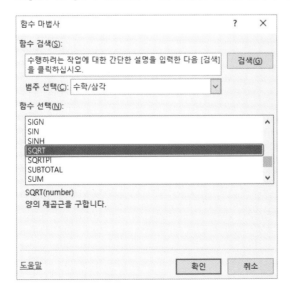

02 다음과 같이 수학/삼각 함수인 'SQRT'의 [함수 인수] 대화상자가 나타나면 [Number]에 제곱근을 구하고자 하는 데이터(인수)를 지정합니다.

[그림 1-4]의 데이터를 사용하려면 [A2]셀의 데이터를 마우스로 클릭하면 됩니다. [확인] 버튼을 클릭하면 400의 제곱근인 20을 구할 수 있습니다.

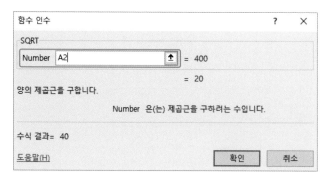

1분 마무리

지금까지 이 책에서 다루는 데이터 과학의 의미와 엑셀의 기본 조작에 관해 설명하였습니다. 데이터 과학의 스킬을 익히기 위해서는 실제로 계산·분석·결과 해석 경험을 쌓는 것이 중요합니다. 그러므로 2장에서부터 이를 위한 첫걸음을 시작해보도록 하겠습니다.

계산 목적	엑셀 함수
평균	통계 함수 → AVERAGE
합계	수학/삼각 함수 → SUM
제곱근	수학/삼각 함수 → SQRT

혼자 해보기 [혼자 해보기] 해답 – 298쪽

[표 1-7]은 10명의 신장과 체중을 측정한 결과입니다. [표 1-7]을 가지고 다음 문제를 풀어보세요.

표 1-7 10명의 신장·체중 측정 결과

신장 (m)	1.65	1.83	1.7	1.68	1.61	1.78	1.71	1.88	1.65	1.74
체중 (kg)	60.1	89.3	85.4	55.1	62.1	78.6	63.8	100.5	59.1	63.2

❶ 엑셀에 위 데이터를 입력해보세요.

❷ 10명의 평균 신장과 평균 체중을 구해보세요.

❸ 10명 각각의 비만도를 나타내는 BMI 값을 구해보세요. BMI 값은 다음과 같이 계산합니다.

$$BMI = \frac{체중}{신장^2}$$

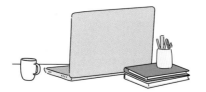

데이터 모으기

알고 싶은 정보에 관한 데이터 모으기

이번 장에서는 자신이 알고 싶은 정보에 관한 '데이터를 모으는' 방법을 배워보겠습니다. 알고 싶은 정보를 모으는 방법에는 크게 2가지가 있습니다.
첫 번째는 공개된 데이터에서 자신이 원하는 데이터를 찾아내는 방법, 두 번째는 직접 조사를 해서 자신이 원하는 데이터를 만들어내는 방법입니다.

예를 들어 '생활습관병으로 인한 연간 사망자 수는 얼마나 될까?', '지역별로 평균 수명에 차이가 있을까?'를 알고 싶을 경우, 직접 설문조사를 해서 조사하는 것은 불가능합니다. 따라서 이러한 정보는 기존의 자료에서 찾아내는 수밖에 없습니다.

한편, '심근경색 진단을 받은 사람은 어떤 생활 습관을 지니고 있을까?'를 알고 싶은데 기존 자료에서 데이터를 찾지 못했을 경우에는 어떨까요? 이 경우, 조사 규모는 작아지겠지만 설문조사를 해서 심근경색과 생활 습관의 관계를 찾아낼 수 있습니다.

표 2-1 지역별 건강 · 의료 관련 데이터(일부 발췌)

항목		인구	평균 수명		표준화 사망률	생활습관병에 의한 사망자 수	1인당 국민 의료비
집계 표준		일본인	0세(남)	0세(여)	인구 천 명당 (1930년 기준)	인구 10만 명당	평균값
단위		명	년	년	명	명	엔
연도		2015	2010	2010	2010	2015	2011
ID	도도부현	지표 값	지표 값	지표 값	지표 값	지표 값	지표 값
01	홋카이도	5,348,768	79.17	86.30	1.96	637.3	362,000
02	아오모리	1,302,132	77.28	85.34	2.27	739.7	311,000
47	오키나와	1,410,487	79.40	87.02	1.96	409.3	284,000
	전국	124,283,901	79.55	86.30	1.87	562.0	302,000

※ 도도부현(都道府県)은 일본의 광역 자치 단체인 도(都, 도쿄도), 도(道, 홋카이도), 부(府, 오사카부와 교토부), 현(県, 나머지 43개)을 묶어 이르는 말이다(위키백과).

[표 2-1]은 도도부현별 건강 · 의료 관련 정보를 모은 '데이터 03'(296~297쪽)의 일부입니다.

자신이 알고자 하는 모든 정보를 데이터 소스 하나에서 찾을 수 있으면 좋겠지만, 항상 그럴 수 있다는 보장은 없습니다. 이런 경우에는 복수의 데이터 소스로부터 필요한 정보를 모아서 하나의 데이터로 정리해야 합니다.

'데이터 03'에서는 '인구 천 명당', '인구 10만 명당'으로 집계된 수치가 표시되어 있습니다. 수치만으로는 쉽게 비교가 안 될 수도 있겠지만, 이렇게 기준을 맞추면 지역별 차이를 더 명확하게 알 수 있습니다.

예를 들어 생활습관병에 의한 사망자 수는 돗토리현보다 도쿄도 쪽이 더 많지만, 두 지역은 인구 규모가 다릅니다. 따라서 '인구 10만 명당'이라는 동일한 기준으로 비교하면 실제로 얼마나 차이가 나는지를 확실히 알 수 있습니다(인구 10만 명당 사망자 수는 도쿄도보다 돗토리현 쪽이 더 많습니다).

[표 2-2]는 생활 습관에 대한 설문조사의 응답과 응답자의 신체 데이터를 조합한 '데이터 01'(292~293쪽)을 발췌한 것입니다.

이처럼 조사 응답뿐만 아니라 다른 정보를 추가하면 자신이 알고자 하는 정보를 읽어내기에 더 적합한 데이터를 만들 수 있게 됩니다.

표 2-2 생활 습관 관련 설문조사(일부 발췌)

No	연령 (현재)	성별	Q1	Q2	심근경색	수축기 혈압	수축기 5년 전	확장기 혈압	확장기 5년 전	신장	체중	5년 전 체중
1	41	1	3	1	2	137	98	91	59	169.4	57.0	50.1
2	30	1	2	1	1	126	163	76	92	164.5	76.6	67.7
3	44	2	2	1	1	165	68	79	37	155.6	56.5	31.2
4	54	1	2	2	1	102	113	62	62	163.7	53.5	58.1
5	57	1	2	1	1	136	113	89	70	156.1	64.1	38.3
6	48	2	2	2	1	109	121	63	53	151.0	47.1	70.9
7	53	1	2	2	2	131	104	82	69	162.4	66.1	47.0
8	35	1	3	1	1	116	216	65	154	177.5	80.6	96.1
9	38	2	2	2	1	105	145	62	81	156.1	49.0	63.3
10	46	1	3	1	1	122	88	72	55	164.1	65.9	41.0

🔍 1분 문제 정리

자신이 알고 싶은 정보를 모으기 위해서는 기존 자료에서 해당하는 것을 찾아봅니다. 그리고 기존 자료에서 충분한 정보를 얻을 수 없다면 설문조사를 실시합니다.

설문조사를 할 때에는

- 누구에게 물을 것인가(조사 대상)
- 무엇을 물을 것인가(조사 항목)
- 언제 물을 것인가(조사 시기)

등을 사전에 면밀히 검토해야 합니다.

왜냐하면 설문조사를 아무 생각 없이 실시했다가는 알고자 하는 정보를 충분히 얻지 못하는 경우가 생기기 때문입니다.

Point 1 ▶ 설문조사를 만들 때 중요한 포인트는?

알고자 하는 정보를 얻기 위해서 설문조사를 한다 해도, 질문할 상대나 질문 방법에 따라 결과가 달라지기도 합니다.

설문조사 결과를 어떻게 이용할지 생각한 뒤에 조사 대상과 조사 방법, 질문 방법, 응답 선택지를 결정하는 것이 중요합니다.

설문조사의 조사표가 완성되면 먼저 소수의 사람들에게 응답을 받아보는 것도 필요합니다. 이 과정을 **사전조사**라고 합니다. 사전조사에서 문제가 발견되었을 경우, 조사표를 수정한 뒤에 실제 설문조사를 실시합니다.

Point 2 ▶ 집계를 위한 데이터는 어떻게 만들지?

설문조사를 실시하는 것만으로는 알고자 하는 정보를 얻을 수 없습니다.

설문조사 응답을 데이터화해서 집계·분석해야 정보를 얻을 수 있습니다. 이때 설문조사 응답을 어떻게 입력해야 하는지를 아는 것은 데이터 구조를 아는 첫걸음입니다.

[표 2-2]를 보면 No.1의 응답자는 성별이 '1', No.3의 응답자는 성별이 '2'로 나와 있습니다. 이는 No.1의 응답자가 남성, No.3의 응답자가 여성이라는 것을 의미합니다.

엑셀로 데이터를 작성할 때 '남성', '여성'과 같이 실제 항목명을 직접 입력해도 되지만, '1', '2'처럼 조사표에서 할당한 코드를 입력하는 경우가 많습니다.
그리고 데이터를 작성할 때는 항목명보다 코드를 입력하는 편이 더 간편하므로, 조사표에는 '1 남성', '2 여성'과 같이 코드와 항목명을 모두 표시합니다.

2.1 데이터를 만드는 방법

조사 대상 정하기

설문조사를 실시하기로 결정했다면, 어떤 사람들을 조사 대상으로 삼을지를 정합니다. 여기서 조사 대상이란 자신이 알고자 하는 정보를 묻기에 적합한 속성을 가진 집단을 말합니다.

> 속성으로서 대표적인 것은 거주 지역, 성별, 연령 등이 있습니다. 실제 조사가 조사 대상 전체에 실시되는 경우는 드물며, 그중 일부를 골라서 조사를 의뢰하는 것이 보통입니다.

참고로 개인뿐만 아니라 세대, 사업체, 학교, 병원 등의 집단이 조사 대상이 되기도 합니다.

조사 방법 고르기

조사 대상이 정해졌다면 조사 방법을 고릅니다. 조사 방법에는 다음과 같은 몇 가지 분류법이 있습니다.

▶ **조사 대상에 따른 분류**

- 전수조사(또는 전체조사) : 알고자 하는 속성의 조사 대상 전체에 실시하는 조사
- 표본조사 : 조사 대상의 일부에 실시하는 조사

▶ **응답 기입자(또는 입력자)에 따른 분류**

- 자기식 조사 : 응답자가 직접 응답 내용을 기입(또는 입력)하는 조사
- 타기식 조사 : 조사원이나 오퍼레이터가 기입(또는 입력)하는 조사

▶ **조사 대상에 대한 접근과 응답 방법에 따른 분류**

- 면접조사 : 조사원이 직접 방문해서 응답을 받는 조사

- 유치조사 : 일단 조사표를 조사 대상자에게 맡긴 뒤 나중에 회수하는 조사
- 전화조사 : 조사 대상자가 걸려온 전화를 통해 응답하는 조사
- 우편조사 : 조사표를 우편으로 반송하는 조사
- 인터넷조사 : 인터넷을 통해서 응답하는 조사

2015년에 실시된 일본 인구조사에서는 컴퓨터 또는 스마트폰이나 태블릿 단말기로 응답하는 '인터넷조사', 조사원이 조사표를 회수하는 '유치조사', 조사표를 우편으로 반송하는 '우편조사' 중 하나로 응답을 받았습니다. 이처럼 한 가지 조사에서 복수의 응답 방법을 준비하는 경우를 가리켜 **멀티모드 조사**라고 합니다.

복수의 응답 방법을 준비하는 '멀티모드 조사'는 기존에 존재하지 않았지만, 응답률의 저하로 인해서 생겨나게 되었습니다.

여기서 응답률이란 조사 의뢰를 계획했던 인원수 대비 실제 응답자가 차지하는 비율을 말합니다. 응답률이 높아야 표본의 치우침이 적은 데이터를 얻을 수 있습니다.

표본 고르기

앞서 설명했듯이, 대부분의 경우 전수조사가 아니라 표본조사가 이뤄집니다. 표본조사에서는 표본 선정 방법(추출 방법)이 중요한 의미를 갖습니다. 왜냐하면 표본조사 결과를 가지고 조사 대상 전체의 결과를 추측하기 때문입니다.

따라서 표본은 조사 대상 전체의 축소판이 되도록 선정해야 합니다. 이와 같은 선정 방법을 **랜덤 샘플링** 또는 **무작위 추출**이라고 부릅니다.

표본 선정 방법은 조사 방법에 따라서 달라지지만, 여기서는 '조사 대상의 목록이 존재한다'라는 이상적인 경우에서의 표본 추출 방법을 소개하겠습니다.

이 사례에서는 조사 대상이 10,000명, 표본 크기가 200명이라고 가정하겠습니다.

1 조사 대상 전체를 표본 크기로 나누어서 추출 간격(인터벌)을 구합니다.

10000÷200 = 50

2 최초의 대상자를 고르기 위한 시작 번호를 정합니다.

시작 번호는 추출 간격(이번 사례에서는 50) 이내의 숫자입니다. 이 숫자는 '무작위'여야 한다는 점이 중요하므로, 난수표나 엑셀 함수를 사용해서 정하도록 하겠습니다.

직접 해보기 1

01 특정 숫자 범위 내에서 정수의 난수를 생성하는 경우, 엑셀에서는 수학/삼각 함수 'RANDBETWEEN'을 사용합니다.

= RANDBETWEEN(1,50)

인수를 입력하는 ( ) 안에는 최소값과 최대값을 지정합니다. 즉, 1과 50 사이에서 임의의 값을 구한다는 뜻입니다.

02 또는 1장에서 살펴보았던 것처럼 함수 삽입(*fx*) 아이콘을 클릭해서 [함수 인수] 대화상자를 이용할 수도 있습니다.

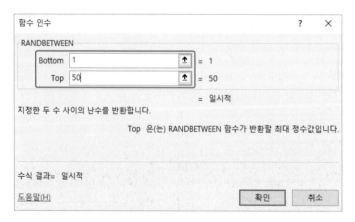

> 셀에 =RANDBETWEEN(을 입력한 후 [Shift] + [F3]을 누르면 [함수 인수] 대화상자를 바로 실행할 수 있습니다.

③ 추출 간격을 사용하여 2번째부터의 대상자를 추출합니다.

　　[직접 해보기 1]의 **02**에서 정한 시작 번호가 18이라고 가정하겠습니다.

　　　　1번째 대상자 : 18

　　　　2번째 대상자 : 18+50=68

　　　　3번째 대상자 : 68+50=118

　　　　　　　⋮

　　　　199번째 대상자 : 9,868+50=9,918

　　　　200번째 대상자 : 9,918+50=9,968

2번째부터의 대상자 번호는

　　　　시작 번호 + 추출 간격 × (해당 번호 - 1)

과 같이 구할 수 있습니다.

> 추출 간격을 사용해서 추출하는 방법을 **계통 추출**이라고 부릅니다. 계통 추출에서는 시작
> 번호가 정해지고 나면 그 뒤의 대상은 자동으로 정해집니다.
> 이와 반대로 하나씩 추출하는 방법은 **단순 무작위 추출**이라고 부릅니다.

2.2 데이터를 모으는 방법

질문을 만드는 방법

조사 대상과 조사 방법이 정해지면 무엇을 질문할지 정리해서 질문과 응답 선택지를 만듭니다.

> 설문조사를 일반인에게 실시하는 경우, 질문을 가능한 한 간결한 문장으로 만드는 것이 중요합니다. 특히 조사 대상의 연령 폭이 넓은 경우에는 알기 쉬운 표현을 쓰도록 해야 합니다.

질문 문항을 만들 때 주의해야 할 포인트는 다음과 같습니다.

▶ 하나의 질문에는 한 가지 내용만 담을 것

하나의 질문에 여러 가지 내용이 담기게 되면 각각의 내용에 해당하는 응답 선택지가 따로 존재하게 될 가능성이 생깁니다. 이런 경우 응답자가 어느 응답 선택지를 골라야 할지 헷갈릴 수도 있습니다.

따라서 비슷한 내용이더라도 하나의 질문에는 여러 내용을 담지 않도록 주의해야 합니다.

▶ 유도하는 표현을 쓰지 않을 것

실태를 조사하는 질문에는 해당되지 않지만, 어떤 의견에 찬성하는지 반대하는지를 조사할 경우 응답자의 응답 내용이 질문에 영향을 받기도 합니다. 예를 들어 음식점의 전면 금연화에 대해 찬반을 조사할 때,

    A. "당신은 음식점의 전면 금연화에 찬성합니까, 반대합니까?"

    B. "'담배의 규제에 관한 세계보건기구 기본협약'에 나와 있듯이, 간접 흡연이 건강에 미치는 피해는 명백하므로 전면 금연화가 속속 진행되고 있습니다. 선진국 중 실내에서 전면 금연이 실시되지 않은 곳은 우리나라 정도밖엔 없습니다. 당신은 음식점의 전면 금연화에 찬성합니까, 반대합니까?"

와 같은 2가지 질문이 있다고 가정하겠습니다.

B는 단순한 질문(A와 동일한 문장) 앞에 '전면 금연화가 옳다'라는 생각이 들게 하는 문장이 포함되어 있어서 A에 비해 '찬성'이라고 응답하는 비율이 커질 수 있습니다.

> A, B 모두 음식점의 전면 금연화에 대한 찬반을 묻고 있지만 느낌이 꽤나 다르네요.

중요한 질문의 내용을 알기 쉽게 만들기 위해서 설명문을 넣는 것 자체는 나쁘지 않지만, 응답자가 아무런 영향을 받지 않은 상태로 응답할 수 있도록 주의를 기울여야 합니다.

▶ **질문의 순서를 고려할 것**

가장 처음에 대답하기 어려운 질문이 있으면 설문조사 자체를 진행하기 싫어질 수 있습니다. 그러므로 맨 앞에는 간단히 대답할 수 있는 질문을 배치하는 편이 좋습니다.

그리고 한 설문조사에서 여러 주제에 대해 질문을 할 경우, 질문을 주제별로 묶어두는 것이 좋습니다.

선택지를 만드는 방법

응답 선택지는 '응답자가 대답할 것'으로 예상되는 항목을 미리 여러 개 준비해둔 것입니다. 상정할 수 있는 선택지가 너무 많을 경우(예를 들자면 과거 병력 등)에는 어느 정도 선택지를 좁힌 뒤에 '기타'를 추가합니다.

그리고 '기타'를 고른 경우, 구체적인 내용을 기재할 수 있도록 기입란을 만들어 둡니다. 참고로 처음부터 선택지를 준비하지 않고 응답자가 자유롭게 작성하게 하는 응답 형식도 있습니다.

응답자는 선택지 중에서 해당하는 것을 고르게 되는데, 하나만 고르는 방식(단일 응답: Single Answer, SA)과 여러 개를 고르는 방식(복수 응답: Multiple Answer, MA)이 있습니다. 그리고 복수 응답에는 해당하는 선택지를 '모두 고르는' 선택 개수 제한이 없는 형식과 '3개 선택', '최대 3개까지 선택'처럼 선택 개수 제한이 있는 형식이 존재합니다.

[그림 2-1]의 설문조사에서는 생활 습관에 대해서 12개의 질문을 하고 있습니다. '데이터 01' (292~293쪽)의 Q1~Q12는 해당 설문조사의 결과입니다.

수면 시간을 묻는 Q1에 대해서는 '1: 6시간 미만 / 2: 6시간 이상~8시간 미만 / 3: 8시간 이상'의 3가지 선택지가 준비되어 있고, 이외의 질문은 '1: 네 / 2: 아니오' 중 하나로 응답을 받는 형식입니다.

같은 질문이라도 선택지의 패턴은 여러 가지가 될 수 있습니다.

예를 들어, [그림 2-1]의 설문조사에서는 'Q7. 단 음식을 좋아하시나요?'라는 질문에 대해 '1: 네 / 2: 아니오'라는 선택지를 준비했지만, 이것과는 다른 선택지도 생각해볼 수 있습니다.

>A. 1: 좋아한다, 2: 좋아하지 않는다 / 1: 좋아한다, 2: 싫어한다
>
>B. 1: 좋아한다, 2: 좋아하지도 싫어하지도 않는다, 3: 좋아하지 않는다 /
>
>   1: 좋아한다, 2: 좋아하지도 싫어하지도 않는다, 3: 싫어한다
>
>C. 1: 좋아한다, 2: 약간 좋아한다, 3: 별로 좋아하지 않는다, 4: 좋아하지 않는다 /
>
>   1: 좋아한다, 2: 약간 좋아한다, 3: 약간 싫어한다, 4: 싫어한다
>
>D. 1: 좋아한다, 2: 약간 좋아한다, 3: 좋아하지도 싫어하지도 않는다,
>
>   4: 별로 좋아하지 않는다, 5: 좋아하지 않는다 /
>
>   1: 좋아한다, 2: 약간 좋아한다, 3: 좋아하지도 싫어하지도 않는다,
>
>   4: 약간 싫어한다, 5: 싫어한다

D와 같은 5단계 응답 선택지 형식을 **5단계 척도**라고 부릅니다. 6단계 척도, 7단계 척도로 늘릴 수도 있습니다.

단, 선택지가 늘어난다고 대답하기가 쉬워지는 것은 아닙니다. 그 질문으로 어떤 분석을 할 것인지, 설문조사 전체에 걸친 선택지의 밸런스는 어떠한지 등을 고려해서 선택지를 준비해야 합니다.

생활 습관에 대한 설문   접수번호 _____

이 설문은 여러분의 생활 습관에 대해 알아보기 위한 것입니다. 평소 생활을 떠올려보며 대답해주세요. 해당하는 숫자를 응답란에 기입해주시면 됩니다.

먼저, 여러분의 생활 리듬에 대해 질문하겠습니다.

Q1. 수면 시간은 얼마나 되나요?
1: 6시간 미만   2: 6시간 이상~8시간 미만   3: 8시간 이상

Q2. 규칙적인 생활을 하고 계신가요?

1: 네   2: 아니오

Q3. 규칙적인 식사를 하고 계신가요?

1: 네   2: 아니오

Q4. 매일 운동을 하시나요?

1: 네   2: 아니오

그다음에는 식습관에 대해 질문하겠습니다.

Q5. 짠 음식을 좋아하시나요?

1: 네   2: 아니오

Q6. 기름진 음식을 좋아하시나요?

1: 네   2: 아니오

Q7. 단 음식을 좋아하시나요?

1: 네   2: 아니오

Q8. 저녁은 외식하는 경우가 많은가요?

1: 네   2: 아니오

이번에는 기호식품에 대해 질문하겠습니다.

Q9. 커피, 홍차를 자주 드시나요?

1: 네   2: 아니오

Q10. 차를 자주 드시나요?

1: 네   2: 아니오

Q11. 매일 술을 드시나요?

1: 네   2: 아니오

Q12. 매일 담배를 10개피 이상 피우시나요?

1: 네   2: 아니오

마지막으로 개인정보에 대해 질문하겠습니다.

연령은	_____세
성별은	1: 남성 2: 여성
신장은	_____cm
체중은	_____kg
과거에 심근경색 진단을 받은 적이 있으신가요?	1: 없음 2: 있음

질문은 이것으로 끝입니다. 참여해주셔서 감사합니다.

그림 2-1 생활 습관에 관한 설문조사 조사표

기존 자료를 사용해서 데이터를 모으는 방법

요즘에는 알고 싶은 것이 있다면 가장 먼저 인터넷으로 검색부터 해볼 것입니다. 인터넷에는 방대한 데이터가 넘쳐나기 때문입니다. 하지만 데이터 양이 너무 많은 나머지 정말로 알고 싶은 정보를 찾아내지 못하는 경우도 있습니다. 그러므로 평소에 어떤 웹사이트에 어떤 정보가 올라오는지를 정리해두면 도움이 됩니다.

국가통계포털 'KOSIS'에는 각 정부 부처에서 공표한 통계 데이터가 올라와 있습니다. 통계 데이터 검색을 비롯하여 시각화 콘텐츠 등의 다양한 정보가 있는 사이트입니다. 아래 주소로 접속해서 어떠한 통계 데이터가 있는지 살펴보세요.

- http://kosis.kr

'데이터 03'(296~297쪽)은 일본의 국가통계포털 사이트인 'e-Stat(http://www.e-stat. go.jp)'을 이용하여 만든 것입니다.

'데이터 03'의 각 항목은 1년분의 데이터이지만, 원래의 통계표에는 3년분의 데이터가 나와 있습니다.
복수 시점의 데이터가 있다면 그동안의 변화(시계열 변화)를 읽어낼 수 있습니다.

2.3 데이터를 변환하는 방법

설문조사 조사표 점검

설문조사의 조사표를 회수한 뒤에는 내용을 점검합니다. 주로 점검할 포인트로는 아래와 같은 것들이 있습니다.

- 기입하지 않은 곳은 없는가
- 단일 응답 문항에 2개 이상의 응답을 하지는 않았는가
- 선택지가 애매하게 기입되지는 않았는가(예를 들자면 ○ 표시가 너무 커서 2개의 번호를 감싸고 있는 경우 등)

미비한 응답이 발견된 경우, 응답자에게 직접 확인받는 것이 원칙입니다. 하지만 무기명 조사표를 회수 상자에 넣어서 돌려받은 경우에는 응답자에게 직접 확인받을 수가 없습니다. 이런 경우에는 제멋대로 선택지를 고르지 말고, 아무 선택지도 고르지 않은 것으로 처리해야 합니다.

그리고 미비한 응답이 너무 많은 조사표는 데이터 입력을 하지 말고 집계에서 제외시켜야 합니다.

내용 점검이 끝났다면 데이터 입력을 하기 전에 조사표를 정리해서 번호를 붙입니다.

데이터를 입력한 뒤에는 그 번호가 각 응답자를 가리키게 되므로, 번호가 중복되지 않도록 주의합시다.

데이터 입력

엑셀에서는 [1]행에 질문 번호나 질문 항목을 입력하고, [2]행부터 응답 내용을 기입합니다.

단일 응답은 고를 수 있는 선택지가 하나이므로 조사표에 체크된 선택지 번호를 그대로 입력합니다.

한편, 복수 응답은 고를 수 있는 선택지가 여러 개이므로 응답자에 따라 선택지 수가 달라집니다. 따라서 선택지 수만큼의 열을 추가해야 합니다. 구체적인 입력 방법은 4장을 참고해주세요.

입력 데이터의 확인

엑셀에서 응답을 입력하고 나면 올바르게 입력되었는지를 확인해야 합니다. 실수를 하지 않도록 주의 깊게 입력하는 것도 중요하지만, 그것만으로는 입력 실수를 완전히 막을 수 없습니다. 같은 데이터를 두 번 입력해서 기계적으로 입력 실수를 찾아보겠습니다.

직접 해보기 2 예제 파일 Chapter 02 \ 02-02.xlsx

'데이터 01'(292~293쪽)의 일부를 사용해서 입력 실수를 찾는 구체적인 방법을 설명하겠습니다.

01 '데이터 01'을 참조해서 [Sheet1]에 10명분의 'No'와 '연령(현재)' 데이터를 입력합니다.

02 [Sheet2]에 다시 한번 10명분의 'No'와 '연령(현재)' 데이터를 입력합니다.

또는 예제 파일 02-02.xlsx를 불러와도 됩니다. 파일을 불러올 경우 [Sheet1], [Sheet2]에 데이터가 모두 입력되어 있으므로 **03**을 바로 진행합니다.

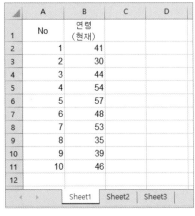

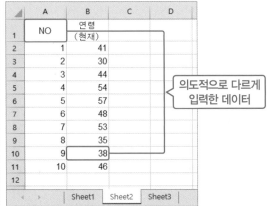

의도적으로 다르게 입력한 데이터

03 [Sheet3]에서 [Sheet1]과 [Sheet2]의 입력 내용이 동일한지 확인합니다. 데이터를 확인하는 데에는 텍스트 함수의 'EXACT'를 사용합니다.

[Sheet3]의 [A1]셀에 아래 함수를 입력합니다.

= EXACT(Sheet1!A1,Sheet2!A1)

EXACT 함수는 2개의 문자열을 비교해서 같다면 TRUE, 다르다면 FALSE를 반환합니다. 영어의 대소 문자도 구별하므로 [Sheet1]에서 'No', [Sheet2]에서 'NO'라고 입력한 경우 'FALSE'가 출력됩니다.

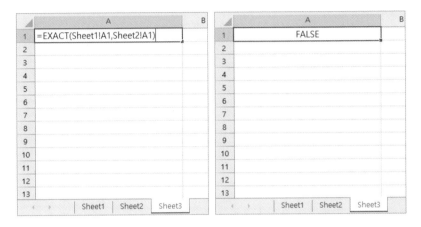

04 [Sheet3]의 [A1]셀에 입력한 함수를 [A2]셀부터 [A11]셀, [B1]셀부터 [B11]셀 범위에 복사합니다.

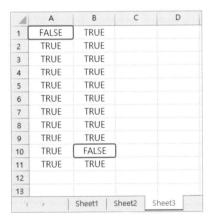

05 'FALSE'가 있다면 [Sheet1]과 [Sheet2] 중 하나에 입력 실수가 있다는 의미입니다. 이 경우에는 원래 데이터를 확인해서 잘못 입력된 데이터를 수정합니다.

[직접 해보기 2]에서는 데이터 수가 많지 않았기 때문에 FALSE가 있을 때 바로 알 수 있었지만, 데이터가 많으면 FALSE를 찾아내기가 어려워집니다. 그러므로 FALSE를 눈에 잘 띄게 만들기 위해서 조건부 서식을 사용해보겠습니다.

01 [Sheet3]에서 [A1]셀부터 [B11]셀까지의 셀 범위를 선택합니다.

02 [홈] 탭의 [스타일] 그룹에서 [조건부 서식]을 클릭하고 [셀 강조 규칙] – [같음]을 선택합니다.

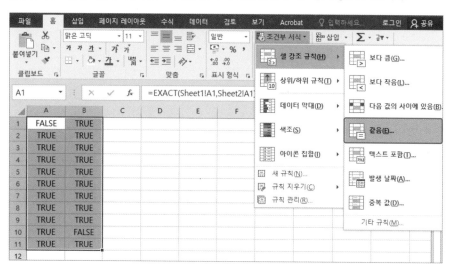

03 입력란에 'FALSE'라고 입력하고 [적용할 서식]의 '진한 빨강 텍스트가 있는 연한 빨강 채우기'를 선택한 후 [확인] 버튼을 클릭합니다.

04 조건부 서식을 사용함으로써 데이터에서 FALSE를 찾아내기가 쉬워졌습니다. 글자색이나 배경색을 바꿀 수도 있으므로, 필요하다면 서식을 변경해서 사용하기 바랍니다.

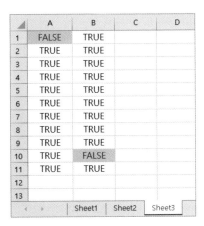

1분 마무리

❶ 자신이 알고자 하는 정보를 얻으려면 먼저 기존 자료를 찾아보세요.

❷ 설문조사를 실시하기로 했다면 언제(조사 시기), 어디에서(조사 지역), 누구에게(조사 대상), 무엇을(조사 항목), 왜(조사 목적), 어떻게(조사 방법) 질문할 것인지 충분히 생각해보세요.

❸ 입력한 데이터가 잘못되었다면 기껏 노력해서 분석한 결과가 물거품이 되어버릴지도 모릅니다. 이러한 비극이 생기지 않도록 입력한 내용을 반드시 체크해주세요.

혼자 해보기 [혼자 해보기] 해답 – 298쪽

❶ '데이터 01'(292~293쪽)의 데이터를 그대로 표로 작성해보세요.

❷ KOSIS에서 통계표를 다운로드 받아보세요.

① KOSIS 홈페이지(http://kosis.kr)에 접속합니다.

② 상단 메뉴에서 [국내통계]에 마우스 커서를 올리고 아래 메뉴가 나타나면 [주제별통계]를 클릭합니다.

③ [인구 · 가구] – [인구총조사] – [인구부문] – [총조사인구(2015년 이후)] – [전수부문 (등록센서스, 2015년 이후)] – [전수기본표]를 차례로 클릭합니다.

④ [인구, 가구 및 주택 – 읍면동(2015), 시군구(2016~)]를 클릭합니다.

⑤ 통계표가 나타나면 표의 우측 상단에 있는 [다운로드] 버튼을 클릭합니다.

⑥ [다운로드] 대화상자가 나타나면 'EXCEL(xlsx)'이 선택된 것을 확인하고 [다운로드] 버튼을 클릭합니다.

⑦ 다운로드가 끝나면 해당 파일을 엑셀로 열어봅니다.

데이터 정리하기

설문조사 데이터 정리하기

이번 장에서는 통계학 방법을 기반으로 얻어낸 설문조사 결과를 가지고 응답자들이 대표하는 전체 결과를 추측해내는 과정에 대해 배워보겠습니다.

그리고 표시된 숫자 자체에 의미가 있는 데이터와 숫자 그 자체에는 의미가 없고 항목을 구별하기 위해 숫자를 사용하는 데이터가 있다는 것에 대해서도 다룰 것입니다.

원래 설문조사는 '조사 대상 전체의 결과가 어떠한지'를 알기 위해서 수행하는 것입니다. 다만, 조사 대상인 집단의 규모가 크다면 전체를 조사할 수 없으므로 대부분의 경우에는 표본조사를 수행합니다.

표본조사에서 얻어낸 데이터는 조사 대상으로 선정된 사람들의 응답 결과입니다. 하지만 이를 조사 대상 전체의 결과로 받아들이는 분이 혹여 있을지도 모르겠습니다. 표본조사의 결과는 조사 대상 전체의 결과와 같지 않으며, 조사 대상 전체의 결과를 추측하기 위한 것이라는 점에 주의하기 바랍니다.

단, 전체 결과를 추측하는 데 사용할 수 있는 것은 무작위 추출(랜덤 샘플링)을 이용한 표본조사에 한정됩니다.

매일 수많은 설문조사가 이뤄지고 있으므로, 조사 결과를 볼 기회도 많으리라 생각합니다.

관심이 가는 조사 결과(예를 들자면 "○○를 가지고 있는 사람은 50%")를 발견하면 그 조사가 어떤 사람들을 대상으로, 어떤 방법을 통해 실시되었는지 확인해보세요.

그리고 이를 확인할 수 없거나 무작위 추출이 아닌 것으로 확인된 경우에는 '한국인의 50%가 ○○를 갖고 있다고 한다' 등으로 확대 해석하지 말고, '조사에 응답한 사람 중에서 ○○를 가지고 있는 사람은 50%였다'와 같이 객관적으로 받아들이도록 합니다.

표 3-1 생활 습관 관련 설문조사(일부 발췌)

No	연령 (현재)	성별	Q1	Q2	수축기 혈압	수축기 5년 전	확장기 혈압	확장기 5년 전	신장	체중	5년 전 체중
1	41	1	3	1	137	98	91	59	169.4	57.0	50.1
2	30	1	2	1	126	163	76	92	164.5	76.6	67.7
3	44	2	2	1	165	68	79	37	155.6	56.5	31.2

[표 3-1]은 '데이터 01'(292~293쪽)을 발췌한 것입니다. [표 3-1]의 'No'는 응답자를 구별하기 위한 숫자입니다. 1, 2, 3으로 이어지고 있는데, 이 숫자는 1001, 1002, 1003으로 바꾸어도 상관없습니다.

2장에서도 살펴보았지만, [표 3-1]의 성별은 '1'이 남성, '2'가 여성을 나타냅니다. 하지만 여성을 '1', 남성을 '2'로 나타내도록 규칙을 바꾸어도 데이터로서는 전혀 문제가 없습니다. 이 경우, 조사표에도 '1: 여성 / 2: 남성'으로 표시합니다.

반면에 연령 부분에 표시된 숫자는 다른 숫자로 바꿔 넣을 수가 없습니다. 왜냐하면 이 데이터는 숫자 그 자체가 의미를 가지고 있어서 다른 숫자로 바꿨다가는 데이터 자체가 손상되기 때문입니다.

Q1은 성별이나 연령과는 다른 타입의 데이터입니다. Q1은 수면 시간을 묻는 질문으로, '1: 6시간 미만 / 2: 6시간 이상~8시간 미만 / 3: 8시간 이상'이라는 3가지 선택지가 제시되었습니다(질문과 선택지는 2장(50쪽)의 [그림 2-1]을 참고해주세요).

이 선택지를 보면 알겠지만, 수면 시간이 적은 것부터 순서대로 1, 2, 3이라는 번호로 나열되어 있습니다. 이처럼 순서나 순위가 있는 변수는 순서를 뒤섞지 말고 나열해야 합니다.

순서를 뒤섞지 않는다면 '1: 8시간 이상 / 2: 6시간 이상~8시간 미만 / 3: 6시간 미만'처럼 많은 것부터 순서대로 나열할 수도 있습니다. 하지만 선택지와 번호의 차순을 맞추는 편이 통계적 해석 방법을 사용해서 데이터를 처리할 때 편하답니다.

조사 대상 전체를 가리켜 **모집단**이라고 부릅니다. 모집단의 상태를 알고 싶지만 전수조사를 할 수 없는 경우 표본조사를 수행합니다. 왜냐하면 무작위 추출에 의한 표본조사 결과로부터 모집단의 상태를 추측할 수 있기 때문입니다.

모집단으로부터 추출할 수 있는 표본집단은 여럿 존재하지만, 통상적으로 여러 표본집단을 추출해서 조사를 실시하지는 않습니다(시간과 비용이 들기 때문입니다). 그러므로 한 표본집단의 결과로부터 모집단의 상태를 추측하게 됩니다.

Point 1 ▶ 표본집단과 모집단은 어떤 관계일까?

표본집단은 모집단의 일부입니다. 단, 하나의 모집단으로부터 추출할 수 있는 표본집단에는 몇 가지 패턴이 있습니다. 그리고 각 표본집단의 데이터는 서로 동일하지 않습니다.

[그림 3-1]은 표본집단과 모집단의 관계를 나타낸 것으로, 큰 원 안에 있는 점은 개인을 나타냅니다.

추출한 표본집단이 A이든 D이든 그 결과로부터 모집단의 상태를 추측합니다.
모집단은 하나여도 추출한 표본집단이 다르다면 이를 통해 추측한 모집단의 모습은 완전히 동일하지는 않을 것입니다.

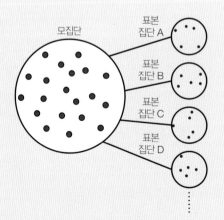

그림 3-1 표본집단과 모집단의 관계

앞서 1장에서 설명하였듯이, 설문조사의 데이터는 크게 질적 자료와 양적 자료 2가지로 나눌 수 있습니다.

질적 자료의 대표적인 예로는 '성별'이 있습니다. '데이터 01'(292~293쪽)은 60명분의 데이터로, 1(남성)이 30명, 2(여성)가 30명입니다.

수치 데이터이므로 기계적으로 평균값을 계산할 수는 있지만, 그 결과인 '1.5'에는 아무런 의미도 없습니다. 평균값에 대한 설명은 7장을 참고해주세요.

양적 자료의 대표적인 예로는 '연령'이 있습니다. '데이터 01'은 30세부터 59세까지의 사람들이 응답한 것으로, 60명의 평균 연령은 44.8세입니다. 평균 연령 44.8세는 '데이터 01'을 나타내는 하나의 지표로서 의미를 갖는 숫자입니다.

3.1 표본과 모수

표본이란?

어떠한 현상을 알아내고자 설문조사를 실시할 경우, 조사 대상 전체를 조사하는 것이 이상적입니다. 예를 들자면 5년에 한 번 실시되는 인구조사가 여기에 해당합니다.

인구조사와 같이 조사 대상 전체에 실시하는 조사를 **전수조사** 또는 **전체조사**라고 부릅니다. 전수조사는 이상적이긴 하지만 조사 대상의 규모가 크면 클수록 실제로 조사를 실시하기가 어려워집니다.

통상적으로 전수조사를 수행하는 경우는 드물며, 조사 대상의 일부를 조사하는 경우가 대부분입니다. 이와 같은 조사를 가리켜 **표본조사**라고 부릅니다. 여기서 표본이란 조사 대상 전체에서 선택된 집단을 가리킵니다.

표본집단이 몇 가지나 나올지는 모집단의 크기와 표본의 크기에 따라 정해집니다.

앞에서 보았던 [그림 3-1]에서는 모집단에 20개의 점이 있고, 각 표본에는 5개의 점이 있었습니다. 이를 가지고 모집단(N)이 20명, 표본집단(n)이 5명인 경우를 가정해보면 다음과 같이 나타낼 수 있습니다.

$\qquad N = 20$, $n = 5$일 때의 표본

이 표본의 조합 수는

$$_NC_n = \frac{N!}{n!(N-n)!}$$

$$_{20}C_5 = \frac{20!}{5!(20-5)!}$$

$$= \frac{20 \times 19 \times 18 \times 17 \times 16 \times 15 \times 14 \times 13 \times 12 \times 11 \times 10 \times 9 \times 8 \times 7 \times 6 \times 5 \times 4 \times 3 \times 2 \times 1}{5 \times 4 \times 3 \times 2 \times 1 \times (15 \times 14 \times 13 \times 12 \times 11 \times 10 \times 9 \times 8 \times 7 \times 6 \times 5 \times 4 \times 3 \times 2 \times 1)}$$

$$= 15{,}504$$

가 됩니다.

모집단이 20명이어도 15,504가지 표본이 생겨나기 때문에, 통상적으로는 방대한 수의 표본 중에서 하나만을 선택합니다.

직접 해보기 1

01 앞서 조합을 구하는 수식을 살펴보았는데, 엑셀의 수학/삼각 함수인 'COMBIN'을 사용하면 이를 간단히 계산할 수 있습니다.

= COMBIN(20,5)

( ) 안에는 전체 수와 선택할 개수를 지정합니다.

02 또는 1장에서 살펴보았던 것처럼 함수 삽입(*fx*) 아이콘을 클릭해서 [함수 인수] 대화상자를 이용할 수도 있습니다.

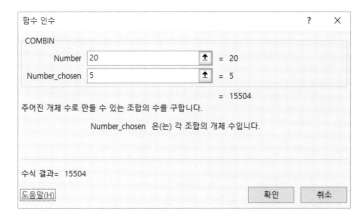

셀에 =COMBIN(을 입력한 후 [Shift] + [F3]을 누르면 [함수 인수] 대화상자를 바로 실행할 수 있습니다.

모수란?

모수parameter란 모집단의 특성을 나타내는 정수로서, 구체적으로는 모평균이나 모분산을 말합니다. 모집단으로 간주하는 집단 전체를 조사할 수 없는 경우, 표본조사를 실시해서 얻어낸 표본평균이나 표본분산으로부터 모평균이나 모분산을 추정합니다(평균이나 분산, 추정에 대해서는 7장, 8장에서 설명하겠습니다).

직접 해보기 2

모집단이 거대하면 전체를 조사하기 어려우므로, 모평균이나 모분산을 알 수 없습니다. 그러므로 모수를 상상하기 쉽도록 아주 작은 모집단(N=9)의 예를 들어 설명하겠습니다.

병원 진찰카드를 몇 장이나 소유했는지 조사했더니 1장이 1명, 2장이 2명, 3장이 3명, 4장이 2명, 5장이 1명이었다고 가정하겠습니다. 이를 정리하면 [표 3-2], [그림 3-2]와 같습니다.

표 3-2 모집단의 진찰카드 소유 매수

진찰카드 소유 매수	1장	2장	3장	4장	5장
사람 수	1	2	3	2	1

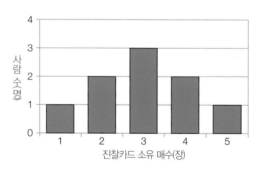

그림 3-2 모집단의 진찰카드 소유 매수

01 [그림 3-2]를 보면 알 수 있듯이, 모평균(μ)은 3입니다. 수식으로 나타내면

$$\mu = \frac{1\times1+2\times2+3\times3+4\times2+5\times1}{9} = 3$$

과 같습니다.

02 모분산(σ^2)은 각자의 소유 매수로부터 모평균을 뺀 값을 제곱한 합계를 총인원 수로 나누어 산출합니다.

수식으로 나타내면

$$\sigma^2 = \frac{(1-3)^2+(2-3)^2\times2+(3-3)^2\times3+(4-3)^2\times2+(5-3)^2}{9} = 1.3$$

과 같습니다.

모집단의 모수는 그리스 문자로 표기합니다.
예를 들어 모평균은 μ, 모분산은 σ^2입니다.

직접 해보기 3
예제 파일 Chapter 03 \ 03-03.xlsx

그래프를 만드는 방법은 6장에서 공부할 텐데, 여기서는 [그림 3-2]의 막대 그래프를 만드는 방법을 간단히 설명하겠습니다.

01 먼저 그래프를 만들려면 사용할 데이터가 필요합니다. [표 3-2]의 정보가 담긴 예제 파일 03-03.xlsx를 열어 데이터([A2:F3]셀)를 선택합니다.

02 [삽입] 탭의 [차트] 그룹에서 [세로 또는 가로 막대형 차트 삽입]을 클릭하고 [2차원 세로 막대형] – [묶은 세로 막대형]을 선택합니다.

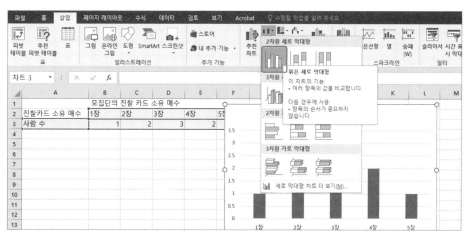

03 막대 그래프가 만들어집니다. [차트 도구]의 [디자인]이나 [서식] 탭에 표시된 스타일을 사용해서 보기 쉬운 그래프로 수정합니다.

04 그래프의 위치를 적절한 곳으로 이동합니다.

표본과 모수의 관계

지금까지 모집단의 크기가 9일 경우의 모평균과 모분산을 살펴보았습니다. 이제부터는 표본의 평균과 분산을 살펴보겠습니다.

여기서는 표본 크기를 3으로 지정하겠습니다. $N=9$인 모집단으로부터 $n=3$인 표본을 추출할 경우, 84가지 조합을 만들 수 있습니다(수학/삼각 함수 'COMBIN'을 사용하여 확인해봅시다).

84가지 표본의 평균값은 1.7~4.3 사이입니다. 평균값의 분포를 [표 3-3]에 정리해보았습니다.

표 3-3 진찰카드 소유 매수의 표본평균 분포

표본평균	1.7	2.0	2.3	2.7	3.0	3.3	3.7	4.0	4.3
표본 수	1	6	10	16	18	16	10	6	1

표본평균이 3인 경우가 가장 많고, 3에서 멀어질수록 그 수가 적어진다는 것을 알 수 있습니다. 이는 모집단의 상태(그림 3-2)와 닮아 있습니다.

그리고 표본평균의 평균을 계산해보면 '3'이 되므로 모평균과 일치합니다. 여기서는 극히 작은 모집단을 사용하였지만, 모집단이나 표본 크기가 커지더라도 동일한 양상이 나타날 것입니다.

표본평균의 분산은 모분산(σ^2), 모집단 크기(N), 그리고 표본 크기(n)로 나타낼 수 있습니다.

$$\text{표본평균의 분산} = \frac{N-n}{N-1} \frac{\sigma^2}{n}$$

실제로는 표본의 평균값이나 분산을 사용해서 모수를 추정하게 됩니다(추정에 대한 설명은 8장을 참고해주세요).

조사로 얻어낸 평균값이나 분산은 표본으로 성립될 수 있는 여러 조합 중 하나에 대한 결과입니다. 모집단의 평균값과 일치하는 경우도 있지만, 약간 차이가 나는 경우도 존재할 수 있습니다.

조사로 얻어낸 평균값이 실제로 모평균과 가까운 값인지 먼 값인지를 판정할 수는 없습니다. 하지만 [표 3-3]과 같이 표본의 평균값은 모평균이거나 모평균에 가까운 값인 경우가 많으며, 모평균과 먼 값인 경우가 적다는 특징을 가지고 있습니다.

데이터와 척도

질적 자료

질적 자료의 수치는 '항목을 구별하기 위한 것'으로, 그 수치로 계산을 하지는 않습니다. 질적 자료에는 **명목척도**와 **서열척도**가 있습니다.

▶ 명목척도

명목척도는 성별이나 직업과 같이 항목을 서로 구별하기 위해 수치를 사용한 것입니다. 항목 간에 순서가 없으므로 조사표에서 '1: 여성 / 2: 남성' 등의 순서로 표기해도 상관없습니다.

반면에 거주 지역을 물어볼 경우에는 서울로 시작하는 지역 코드 순서 등으로 나열하는 것이 좋습니다. 여기에는 2가지 이유가 있습니다.

첫 번째는 응답자가 스트레스 없이 응답할 수 있도록 하기 위해서입니다. 응답자는 지금까지 서울부터 제주까지 순서대로 나열된 목록을 자주 보았을 것입니다. 그런데 목록의 순서가 이와 다르다면 다소 위화감을 느끼거나 스트레스를 받을 가능성이 있습니다. 따라서 순서를 제멋대로 바꾸는 것은 피하는 것이 좋습니다.

두 번째는 어떤 지역의 데이터와 결합하고자 하는 경우, 해당 데이터가 지역 코드를 기준으로 삼았다면 설문조사의 응답 데이터도 같은 지역 코드를 사용하는 것이 편리하기 때문입니다.

참고로 지역 코드의 순번은 편의를 위한 것으로 대소관계가 있는 것이 아니기 때문에 명목척도로 분류됩니다.

▶ 서열척도

서열척도는 '데이터 01'(292~293쪽)에서 Q1의 '수면 시간'과 같이 항목에 순서가 있습니다.

그리고 관심이 있는 것에 '1위', '2위', …와 같이 순위를 매기는 데이터도 서열척도에 해당합니다.

이때 수면 시간을 직접 기입하게 한다면 양적 자료의 비율척도에 해당합니다. 비율척도는 평균값, 분산, 표준편차를 계산할 수 있어 질적 자료보다 데이터의 정보량이 많습니다.

양적 자료

양적 자료란 수치 그 자체에 의미가 있어서 그 수치로 계산을 할 수 있는 데이터를 말합니다. 양적 자료에는 **등간척도**와 **비율척도**가 있습니다.

▶ 등간척도

등간척도는 수치와 수치의 간격에 의미가 있으며 원점을 갖지 않습니다. 많은 교과서에서 온도를 등간척도의 예시로 삼고 있습니다. 건강과 관련된 데이터라면 체온이 여기에 해당합니다. 체온은 평균값, 분산, 표준편차를 계산할 수 있습니다.

등간척도와 비율척도의 차이는 '원점을 갖느냐, 갖지 않느냐', 다시 말해 '비율을 계산할 수 있느냐, 없느냐'에 있습니다. 체온이 36도에서 40도가 됐을 때 '체온이 4도 올라갔다'라고 하지, '체온이 1.1배가 되었다'라거나 '체온이 11% 상승했다'라고는 하지 않습니다. 이는 체온이 등간척도이기 때문입니다.

2.2 데이터를 모으는 방법에서 5단계 척도에 대해 소개하였는데, 거기서 사용했던 것과 같은 응답 선택지 형식을 '서열척도'로 분류한 교과서도 있고, '등간척도'로 분류한 교과서도 있습니다.

이 차이는 무엇일까요?

'1: 좋아한다 / 2: 약간 좋아한다 / 3: 좋아하지도 싫어하지도 않는다 / 4: 약간 싫어한다 / 5: 싫어한다'의 5가지 선택지에는 1과 2의 사이, 2와 3의 사이, 3과 4의 사이, 4와 5의 사이라는 4개의 간격이 있습니다.

이 간격이 모두 동일하다고 본다면 이 선택지는 등간척도로 간주할 수 있습니다. 반면, 이 간격이 동일하지 않다고 본다면 서열척도로 간주할 수 있습니다.

엄밀히 말하자면 이 선택지도 간격이 완전히 동일하다고는 말할 수 없지만, 여러 가지 분석을 하는 데에는 양적 자료로 간주하는 편이 더 편리합니다.

▶ **비율척도**

비율척도는 신장이나 체중, 연령과 같이 수치 그 자체에 의미가 있으며, 원점을 가집니다. 평균값, 분산, 표준편차뿐만 아니라 비율도 계산할 수 있습니다.

앞에서 '서열척도'에 대해 소개하였는데, 같은 질문이라도 질문 방법이나 응답 방법을 바꾸면 척도의 종류가 달라집니다. 데이터의 정보량은 비율척도가 가장 많지만, 응답자의 부담이 될 가능성이 있으므로 조사표에 필요 이상의 비율척도를 넣는 것은 자제하는 것이 좋습니다.

조사가 끝난 뒤에 데이터를 보고 '이 분석 방법을 못 쓴다고?!' 이렇게 당황하지 않도록 어떤 항목으로 어떤 분석을 할 것인지 충분히 생각해보고 조사표를 작성합시다.

그러면 지금까지 소개한 데이터와 척도의 종류를 [그림 3-3]에 정리해보겠습니다.

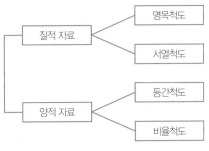

그림 3-3 데이터와 척도의 종류

양적 자료와 질적 자료에 대해서는 1장에서도 설명하였습니다. 1장에서는 양적 자료를 '수치'의 성질(정수값인지, 연속 값인지)로 나누었지만, 3장에서는 '척도'라는 기준으로 나누고 있습니다. 등간척도와 비율척도는 계산할 수 있는 통계량이나 해석 방법이 다르므로 유의하기 바랍니다.

생활 습관에 관한 설문 데이터 분포

이제부터 설문조사의 응답 결과를 사용하여 다양한 분석을 진행해나갈 것입니다. 하지만 그 전에 먼저 '어떤 특징을 가진 데이터인지'를 파악해보도록 하겠습니다.

데이터의 특징을 파악하기 위해서는 아래와 같은 단계를 거칩니다.

- **1단계 : 도수분포표를 만든다**
  질문마다 '각 선택지에 응답한 사람이 얼마나 있는가'를 파악하기 위한 도수분포표를 만듭니다.
- **2단계 : 교차표를 만든다**
  도수분포표로 응답자 전원의 응답 경향을 파악했다면, 그다음에는 교차 분석을 수행하여 성별이나 나이대 등의 특성별 응답 경향을 파악합니다.
- **3단계 : 그래프를 만든다**
  도수분포표나 교차표로 파악한 응답 경향의 특징을 그래프로 시각화합니다.

각 단계에 대한 상세 설명은 4장, 5장, 6장을 참고해주세요.

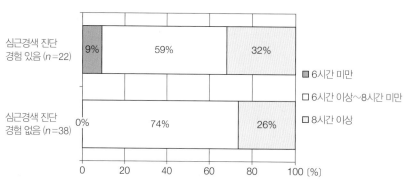

그림 3-4 심근경색의 진단 경험 유무별 수면 시간(Q1)

여기서는 '데이터 01'(292~293쪽)을 이용해 과거에 심근경색으로 진단받은 적이 있는 사람과 없는 사람 간에 생활 리듬(Q1~Q4)의 차이가 있는지를 그래프로 나타내고 있습니다.

그래프를 보면 표만 보았을 때보다 응답 분포를 파악하기 쉽습니다.

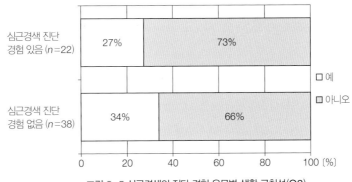
그림 3-5 심근경색의 진단 경험 유무별 생활 규칙성(Q2)

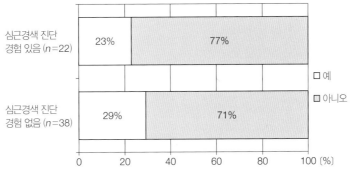
그림 3-6 심근경색의 진단 경험 유무별 식사 규칙성(Q3)

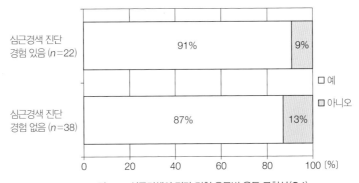
그림 3-7 심근경색의 진단 경험 유무별 운동 규칙성(Q4)

[그림 3-5]와 같은 그래프를 만드는 방법을 설명하겠습니다. 그래프에 사용할 표는 [표 3-4]입니다.

표 3-4 심근경색의 진단 경험 유무별 생활 규칙성(Q2)

	심근경색 진단 경험 없음 (n=38)	심근경색 진단 경험 있음 (n=22)
예	34%	27%
아니오	66%	73%

01 [표 3-4]의 정보가 담긴 예제 파일 03-04.xlsx를 열어 데이터([A2:C4]셀)를 선택합니다.

02 [삽입] 탭의 [차트] 그룹에서 [세로 또는 가로 막대형 차트 삽입]을 클릭하고 [2차원 가로 막대형] – [100% 기준 누적 가로 막대형]을 선택합니다. 세로 막대 그래프처럼 보기 쉽게 수정해서 적절한 곳으로 배치합니다.

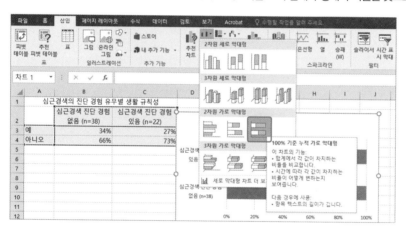

행정구역별 건강 · 의료 관련 데이터 분포

[직접 해보기 5]는 '데이터 03'(296~297쪽)을 기반으로 작성한 데이터입니다. 표에 게재된 항목이 결코 많지 않지만, 이 표만 가지고 데이터의 내용을 곧바로 이해하기는 어려울 것입니다. 그리고 '데이터 01'(292~293쪽)과는 달리 행정구역으로 나누어진 집계 결과가 나와 있습니다.

본격적으로 그래프를 만들기에 앞서, 엑셀의 각 셀에 그래프를 표시해서 대략적인 데이터의 분포를 알아보도록 하겠습니다.

조건부 서식을 사용해서 표에 그래프를 삽입해보겠습니다.

01 그래프를 넣고자 하는 열에서 홋카이도부터 오키나와현까지의 셀 범위를 선택합니다.

02 [홈] 탭의 [스타일] 그룹에서 [조건부 서식] – [데이터 막대]를 클릭하고 마음에 드는 채색 패턴을 선택합니다.

여기서는 '인구', '생활습관병에 의한 사망자 수'의 열([C6]셀~[C52]셀, [G6]셀~[G52]셀)에 [데이터 막대]의 [그라데이션 채우기] – [파랑 데이터 막대]를 적용했습니다.

항목	인구	평균 수명		표준화 사망률	생활습관병에 의한 사망자 수
집계표준	일본인	0세 (남)	0세 (여)	인구 천 명 당 (1930년 기준)	인구 10만 명 당
단위	명	년	년	명	명
년도	2015	2010	2010	2010	2015
ID 도도부현	지표값	지표값	지표값	지표값	지표값
01 홋카이도	5,348,768	79.17	86.30	1.96	637.3
02 아오모리현	1,302,132	77.28	85.34	2.27	739.7
03 이와테현	1,272,745	78.53	85.86	2.07	742.6
04 미야기현	2,291,508	79.65	86.39	1.84	555.3
05 아키타현	1,017,149	78.22	85.93	2.08	797.0
06 야마가타현	1,116,752	79.97	86.28	1.80	722.0
07 후쿠시마현	1,898,880	78.84	86.05	1.99	701.3
08 이바라키현	2,862,997	79.09	85.83	1.97	596.0
09 토치기현	1,927,885	79.06	85.66	1.97	593.1
10 군마현	1,930,380	79.40	85.91	1.93	605.5
11 사이타마현	7,111,168	79.62	85.88	1.89	492.4
12 치바현	6,047,216	79.88	86.20	1.83	526.4
13 도쿄도	12,948,463	79.82	86.39	1.83	473.4
14 카나가와현	8,887,304	80.25	86.63	1.77	463.9
15 니이가타현	2,289,345	79.47	86.96	1.83	671.1
16 토야마현	1,052,353	79.71	86.75	1.84	639.5
17 이시카와현	1,138,322	79.71	86.75	1.83	584.1
18 후쿠이현	774,337	80.47	86.94	1.70	616.5
19 야마나시현	819,205	79.54	86.65	1.85	599.4
20 나가노현	2,067,713	80.88	87.18	1.64	632.2
21 기후현	1,989,980	79.92	86.26	1.83	587.3
22 시즈오카현	3,626,991	79.95	86.22	1.83	573.4
23 아이치현	7,260,847	79.71	86.22	1.83	459.8
24 미에현	1,776,805	79.68	86.25	1.84	584.5
25 시가현	1,386,795	80.58	86.69	1.70	486.1
26 교토부	2,533,645	80.21	86.65	1.77	564.3
27 오사카부	8,524,530	78.99	85.93	1.97	544.2
28 효고현	5,398,880	79.59	86.14	1.88	557.5
29 나라현	1,351,535	80.14	86.60	1.76	581.2
30 와카야마현	956,199	79.07	85.69	1.99	689.7
31 돗토리현	567,993	79.01	86.08	2.03	684.3
32 시마네현	687,180	79.51	87.07	1.85	719.3
33 오카야마현	1,885,691	79.77	86.93	1.80	587.9
34 히로시마현	2,795,626	79.91	86.94	1.81	570.9
35 야마구치현	1,390,689	79.03	86.07	1.98	706.1
36 도쿠시마현	747,141	79.44	86.21	1.92	655.0
37 가가와현	961,844	79.73	86.34	1.88	645.3
38 에히메현	1,365,508	79.13	86.54	1.93	698.9
39 고치현	722,728	78.91	86.47	1.98	750.2
40 후쿠오카현	4,995,297	79.30	86.48	1.90	517.4
41 사가현	827,702	79.28	86.58	1.90	599.6
42 나가사키현	1,365,241	78.88	86.30	1.99	658.3
43 쿠마모토현	1,771,440	80.29	86.98	1.77	599.9
44 오이타현	1,150,436	80.06	86.91	1.78	618.6
45 미야자키현	1,096,407	79.70	86.61	1.85	672.7
46 가고시마현	1,631,662	79.21	86.28	1.95	673.2
47 오키나와현	1,410,487	79.40	87.02	1.96	409.3
전국	124,283,901	79.55	86.30	1.87	562.0

'인구'를 보면 수도권(도쿄도, 카나가와현)과 일부 지역(오사카부)에 인구가 집중되어 있다는 것을 알 수 있습니다.

'생활습관병에 따른 사망자 수'를 보면 오키나와현의 사망자 수가 확연히 적은 것이 눈에 띕니다.

1분 마무리

❶ 전수조사를 할 수 없는 경우에는 무작위 추출을 이용한 표본조사를 수행하고, 그 결과로부터 모집단의 상태를 추측합니다.

❷ 모집단으로부터 선택할 수 있는 표본의 조합 수는 방대합니다. 각 표본의 평균값의 평균은 모평균과 일치합니다.

❸ 데이터는 질적 자료와 양적 자료로 나뉩니다. 질적 자료에는 명목척도와 서열척도, 양적 자료에는 등간척도와 비율척도가 있습니다.

혼자 해보기 [혼자 해보기] 해답 – 298쪽

❶ '데이터 01'(292~293쪽)을 모집단으로 간주하고 계통 추출법으로 표본 크기가 20인 표본을 추출하여 'NO'와 '연령(현재)'으로 이루어진 2열짜리 표를 만들어보세요. 표의 첫 번째 행에는 변수명을 넣어주세요.

> 60명의 모집단으로부터 20명을 추출하는 방법은 **2.1 데이터를 만드는 방법**의 '표본 고르기'를 참고해주세요.

❷ ❶에서 만든 데이터를 사용해서 표본의 평균 연령을 계산해보세요.

> 평균값을 구하는 통계 함수 'AVERAGE'를 이용할 경우, 계산 결과를 표시하고자 하는 셀에 다음과 같이 입력합니다.
> = AVERAGE(B2:B21)

❸ '데이터 01'에서 60명의 평균 연령은 44.8세입니다. ❷에서 계산한 평균값과 얼마나 차이가 나는지 계산해보세요.

❹ 조건부 서식의 데이터 막대를 이용하여 '데이터 03'(296~297쪽)의 '의료시설에 종사하는 간호사 수'에 대한 그래프를 그려보세요.

집계는 어떻게 하지?

조사 대상자 전체의 응답 경향 해석하기

이번 장에서는 설문조사 등으로 수집한 조사 대상자의 응답을 데이터화하여 전체 응답자 경향을 파악하는 '전체 집계' 방법에 대해 배웁니다.

1분 문제 정리

Point 1 ▶ 데이터화하기

설문조사를 실시한 뒤, 조사 대상자가 기입한 조사표를 집계하기 위해서는 응답 결과를 데이터로 만들어야 합니다. 구체적으로 말하자면 조사표에 쓰여진 각자의 응답을 1행씩 입력해서 개별 데이터를 작성하는 것입니다. 이때 각 변수(질문 항목)는 열에 해당합니다.

[그림 4-1]은 아이들의 식생활에 관한 설문조사로, 각각 해당하는 선택지에 ○ 표시가 되어 있습니다.

식사 교육 설문조사

아이들의 식생활에 관한 질문입니다. 자제분과 함께 생각해보신 뒤, 해당하는 항목에 ○ 표시를 해주세요.

1. 학년 (1학년 · ②학년 · 3학년 · 4학년 · 5학년 · 6학년)
2. 성별 (남) · 여
3. 건강에 관한 질문입니다. 현재 자제분은 충치가 있나요?
   ① 있다 (치료하지 않음) · ②있다 (현재 치료 중) · ③ 없다 (치료가 끝남) ·
   ④ 전혀 없다 (지금까지 생긴 적 없음)

질문 1. 자제분은 평소에 집에서 식사 준비를 돕나요? 그렇다면 해당하는 것에 모두 ○ 표시를 해주세요.

1. 돕는다 (장보기 ·(요리 준비)· 식탁 준비(그릇 놓기 등)

　　　　　식사 후 정리(그릇 치우기) · 설거지 · 그 외 ( ))

2. 돕지 않는다

질문 2. 현재 자제분은 보호자와 함께 식사를 하나요? 해당하는 항목을 하나 골라주세요.

1. 자주 한다　(2) 가끔 한다　3. 하지 않는다

질문 3. 자제분의 학교 외 체험 활동(집안일 돕기도 포함)에 대해 질문드리겠습니다. 아래 체험 중에서 유치원, 보육원, 학교 이외에서 했던 체험을 알려주세요. 체험한 적이 있는 항목의 번호에 모두 ○ 표시를 해주시면 됩니다.

1. 생선 다듬기　(2) 산나물 채집 (고사리, 쑥, 머위, 달래, 신선초)

(3) 야채 재배 (플라스틱 용기나 화분에 기르는 것도 포함)　4. 굴 따기 체험　5. 딸기 따기 체험

6. 그 밖의 농어업 체험 ( )　7. 해본 적 없다

질문 4. 자제분은 저녁을 먹은 뒤 자기 전에 간식을 먹나요? 해당하는 항목을 하나 골라주세요.

1. 거의 매일 먹는다　2. 일주일에 4~5번 먹는다　(3) 일주일에 2~3번 먹는다

그림 4-1 식사 교육 설문조사

◀ Point 2 ▶ 장표 형식으로 만들기

조사 대상자의 응답을 아래와 같이 엑셀에 장표 형식으로 입력합니다. 각 질문의 응답을 열로, 대상자 한 사람의 응답을 행으로 삼아 입력합니다.

[표 4-1]은 위 조사표의 응답을 데이터화한 것입니다. 조사표의 전체 응답은 '데이터 02'(294~295쪽)를 참고하세요.

표 4-1 식사 교육 설문조사 응답 결과

	A	B	C	D	E	F	G	H	I	J	K
1	ID	학년	성별	충치	질문 1	장보기	요리 준비	식탁 준비	치우기	설거지	그 외
2	1	1	1	3	1	0	0	0	1	0	0
3	2	1	1	1	1	1	1	1	1	1	0
4	3	1	1	3	1	1	0	1	1	0	0
5	4	1	2	3	1	0	0	0	0	1	0
6	5	1	1	3	2	0	0	0	0	0	0
7	6	1	2	2	1	1	1	1	1	0	0
8	7	1	1	4	1	0	0	1	0	0	0
9	8	1	2	2	1	0	0	1	1	0	0
10	9	1	2	4	1	0	0	1	0	0	0
11	10	1	1	3	1	0	0	1	1	0	0
12	11	1	2	3	2	0	0	0	0	0	0
13	12	1	2	2	1	0	0	1	1	0	0
14	13	1	1	4	1	0	0	1	0	0	0
15	14	1	2	4	2	0	0	0	0	0	0
16	15	1	1	3	2	0	0	0	0	0	0
17	16	1	2	3	1	0	1	1	1	0	0

18	17	1	2	3	1	0	1	0	1	1	0
19	18	1	2	4	1	0	1	1	0	0	0
20	19	1	1	4	1	1	1	0	0	0	0
21	20	1	2	3	1	0	0	1	1	0	0
22	21	1	2	2	1	0	0	1	1	0	0
23	22	1	2	3	1	1	0	1	1	1	0
24	23	2	2	3	1	0	0	1	1	0	0
25	24	2	1	3	1	1	0	0	1	0	0
26	25	2	1	4	1	0	0	0	1	0	0
27	26	2	1	4	1	0	1	1	1	0	0
28	27	2	2	3	1	0	0	0	1	0	0
29	28	2	1	4	1	0	1	1	1	1	0
30	29	2	1	3	1	0	0	0	1	0	0
31	30	2	2	3	1	1	0	1	1	0	1

◀ Point3 ▶ 집계하기

입력 후에는 입력한 데이터가 틀리지 않았는지, 조사 대상자가 잘못 응답하지는 않았는지를 반드시 확인합니다. 그리고 실수가 있었다면 필요에 따라 조사표의 응답을 확인(잘못 기입한 경우에는 대상자에게 확인)하고, 입력 데이터를 올바른 데이터로 정정(데이터 클리닝)해야 집계를 할 수 있습니다.

이때 엑셀의 행 방향 데이터는 한 사람 한 사람의 응답 데이터를 가리키며, **로우**row 또는 **레코드**record라고 부릅니다. 그리고 각 질문 항목에 해당하는 열 방향 데이터는 **컬럼**column이라고 부릅니다. 각 행렬의 셀에 해당하는 부분은 **필드**field라고 부릅니다(그림 4-2).

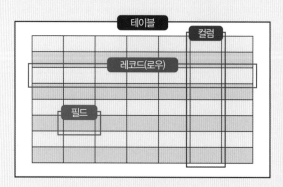

그림 4-2 엑셀 데이터

4.1 데이터는 어떻게 입력하지?

데이터 집계를 시작하기에 앞서, 조사 대상자의 모든 응답에는 알파벳이나 숫자 부호(코드)를 붙입니다. 예를 들자면 조사표의 '성별'에 '1: 남성 / 2: 여성'이라고 코드가 붙어 있을 경우, 1이나 2와 같은 코드를 사용합니다.

데이터 입력

조사표에 기록된 한 사람 한 사람의 응답을 엑셀 등의 표 형식으로 입력합니다. 각 행에 한 사람의 응답을 입력해서 각 열이 설문 항목이 되도록 입력해나갑니다.

통상적으로는 한 사람의 응답자를 식별하는 표본 번호(샘플 넘버)를 입력한 뒤에 각 설문 항목의 응답을 입력합니다. 이때 입력하는 것은 응답 자체가 아니라 선택지에 할당된 번호(코드)입니다.

그리고 연령이나 신장, 체중, 혈압 등의 수치 데이터는 값을 그대로 입력합니다. 필요하다면 수치를 카테고리로 나누어서 코드를 입력하기도 합니다.

이처럼 응답자 전원의 응답 데이터가 입력된 집계·분석의 기반이 되는 데이터를 가리켜 **원자료** 또는 **로우 데이터**라고 부릅니다.

응답 내용

설문조사 응답에는 질문에 맞추어 미리 준비해둔 선택지 중에서 해당하는 것을 하나 고르는 **단일 응답**Single Answer과 해당하는 것을 모두(또는 개수를 한정해서) 고르는 **복수 응답**Multiple Answer이 있습니다.

그 밖에는 선택지를 고르는 것이 아니라 신장이나 체중 등의 값을 직접 기입하는 **수치형**이나 그 내용을 구체적으로 기입하는 **자유기술형**Free Answer이 있습니다.

단일 응답 문항의 경우 응답이 하나뿐이므로 ○ 표시를 한 선택지의 번호를 1열에 입력하고, 복수 응답 문항의 경우 선택지 개수만큼의 열을 준비해서 해당하는 선택지에 '1'(해당하지 않는 선택지는 '0'이나 '2')을 입력합니다.

이제부터는 다음의 [표 4-2], [표 4-3]을 가지고 설명하겠습니다('데이터 01'(292~293쪽), '데이터 02'(294~295쪽)와는 다르므로 주의해주세요).

> 단일 응답 문항의 경우 해당하는 선택지가 없다면 '응답 없음'이므로, 입력 데이터상에서 공백이 되기도 합니다.
> 공백이 있다면 나중에 번거롭기 때문에 '무응답' 카테고리를 추가해두는 것이 좋습니다.

표 4-2 단일 응답과 수치 데이터를 입력한 것(생활 습관에 관한 질문)

	A	B	C	D	E	F	G	H	P	Q	R	S	T	U	V	W
1	NO	연령	성별	Q1	Q2	Q3	Q4	Q5	심근경색	수축기 혈압	확장기 혈압	GOT	GPT	신장[cm]	체중[kg]	LDH
2	1	54	1	3	1	1	1	2	2	170	98	23	26	164.6	61.1	218
3	2	49	2	2	2	1	1	2	2	109	66	12	8	148.7	48.7	208
4	3	44	1	2	2	1	1	2	2	130	68	17	22	162.9	65.2	211
5	4	56	2	2	2	2	1	2	2	179	92	23	20	160.9	68.7	215
6	5	43	2	2	2	2	1	2	2	90	55	13	6	142.8	31.7	217
7	6	41	2	2	2	2	2	2	2	85	59	14	6	153.4	41.2	191
8	7	60	1	2	2	2	1	2	2	142	79	14	10	159.2	60.1	261
9	8	55	2	2	1	1	1	2	2	148	89	16	7	157.9	54.5	262
10	9	45	2	2	1	1	1	1	2	124	72	13	5	147.9	45.6	200
11	10	53	1	2	2	2	1	2	1	115	60	17	10	158.7	51	258
12	11	54	1	2	2	2	1	1	1	123	78	13	7	162.9	55.7	187
13	12	62	2	3	2	2	2	2	2	136	77	13	6	150	50.5	204
14	13	62	2	3	1	2	2	2	1	116	68	20	11	147.7	51.7	293
15	14	38	1	2	1	2	2	2	1	114	47	14	25	164.5	63.1	221
16	15	53	1	2	2	2	2	2	1	129	55	17	7	149.7	57.3	214
17	16	31	2	2	2	2	1	1	2	131	60	16	26	159	60	188
18	17	52	2	2	1	1	1	1	2	160	62	89	77	153.5	57.6	369
19	18	52	2	3	1	1	1	1	2	148	90	16	13	152.1	59	240
20	19	44	1	2	1	1	2	1	2	145	91	26	15	165.9	64.7	280
21	20	35	2	2	2	2	2	1	2	136	74	12	7	153.2	57.9	183
22	21	35	2	3	2	2	2	1	2	139	71	11	5	168.9	47.3	199
23	22	38	1	2	2	2	1	2	2	137	71	18	19	162.5	60.3	228
24	23	71	2	2	1	1	1	1	2	122	67	22	27	155	68.4	168
25	24	41	1	2	2	2	1	2	1	123	74	13	7	170	70	214
26	25	42	2	2	2	2	1	2	2	109	58	13	5	158.8	52.5	189
27	26	28	2	2	2	2	1	2	2	124	70	18	8	161.8	60.2	242
28	27	28	1	2	1	1	2	2	2	120	73	18	12	168.1	62.6	204

단일 응답   수치 데이터

표 4-3 복수 응답을 입력한 것(식사 교육에 관한 질문)

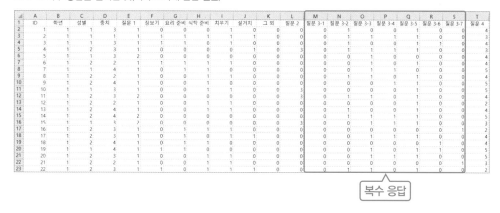

복수 응답

주의해야 할 점

▶ **데이터 클리닝(1. 남성, 2. 여성 중 하나여야 하는데 3이나 5가 없는지)**

응답 결과를 데이터로 만들었는데 조사표에 없는 코드가 있다면 정확한 설문 집계를 할 수 없습니다. 그러므로 입력한 데이터에 '지정하지 않은 코드가 없는지' 등을 먼저 체크해야 합니다. 그리고 '질문 중에 이상한 것이 없는지' 등의 논리적인 모순도 체크합니다.

입력한 데이터에 이러한 오류가 발견되었을 경우, 조사표 원본을 다시 확인하거나 필요에 따라 조사 대상자에게 다시 물어서 입력 데이터를 올바르게 수정합니다.

▶ **새로운 변수 작성(데이터를 그대로 통계 처리하는 것이 적절한지)**

데이터 클리닝 후, 입력된 데이터를 그대로 사용하는 것이 아니라 새로운 변수를 만들어서 집계를 하기도 합니다. 예를 들자면 [표 4-2]의 '연령' 열(컬럼)에는 각 조사 대상자의 실제 연령이 입력되어 있다 보니 값이 너무 자세해서 [그림 4-3]처럼 연령별 특징을 보기가 불편합니다.

대신에 20~29세, 30~39세, …와 같이 '연령대'라는 새로운 변수(컬럼)를 만들어서 정리하면 [그림 4-4]처럼 연령대별 특징을 확실히 나타낼 수 있습니다.

[예]

- 연령으로 나누기 : 20~29세 → 코드 1(20대), 30~39세 → 코드 2(30대), …
- 성별과 연령으로 나누기 : 성별과 연령을 조합해서 20~29세 남성 → 코드 1(20대 남성), 30~39세 남성 → 코드 2(30대 남성), …

- 만족도 등으로 나누기 : 코드로 정리하기
  '1. 매우 만족 / 2. 약간 만족' → 코드 1 (만족)
  '3. 약간 불만 / 4. 매우 불만' → 코드 2 (불만)
  '5. 모르겠다, 무응답' → 코드 3 (모름, 불명)

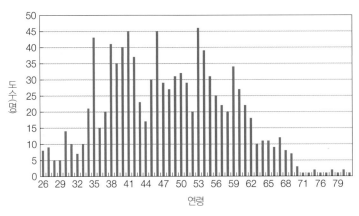

그림 4-3 원래 데이터의 분포

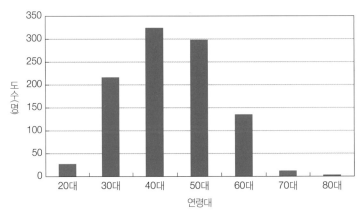

그림 4-4 연령대로 고친 데이터의 분포

질적 자료 집계

설문조사를 실시한 후에는 조사 대상 전체의 응답 경향을 파악하기 위해서 **전체 집계**Grand Total, GT를 수행합니다.

전체 집계에서는 설문마다 조사 대상자 전체의 응답 수와 비율을 나타내는데, 이때 응답의 수를 **도수**라고 부릅니다. [표 4-4]를 예로 들자면 수면 시간이 '6시간 미만'인 사람이 37명인데, 이 '37'이 수면 시간 '6시간 미만'의 도수에 해당합니다.

도수를 집계하기 위해서 도수의 분포 상태를 단계별로 계산한 것을 **도수분포**라 하며, 이를 데이터 크기순으로 정렬하고 몇 가지로 구분해 정리한 표를 **도수분포표**frequency table라고 합니다.

표 4-4 수면 시간은 어느 정도인가요?(단일 응답의 경우)

수면 시간	6시간 미만	6시간 이상~ 8시간 미만	8시간 이상	무응답	합계
도수	37	722	212	44	1,015명
비율 (%)	3.6	71.1	20.9	4.3	100.0

참고로 단일 응답은 %(백분율)와 표본 수(샘플 수)를 함께 기재하기도 합니다. %의 표시는 일반적으로 소수점 이하 1자리(2자리에서 반올림)까지만 하는 경우가 많습니다.

이때 주의해야 할 점이 있다면, 단일 응답은 응답 수를 모두 더한 것이 조사 대상의 수가 되므로 합계가 100%이어야 하지만 반올림 때문에 정확히 100%가 되지 않을 수도 있다는 것입니다. 단, 그렇다고 해서 억지로 100%로 만들지는 않습니다.

대신 %의 분모를 알 수 있도록 표본 수를 명시해둡니다. 설문에 따라서 조사 대상 전원을 100%로 했는지, 아니면 설문의 특정 응답자를 100%로 했는지를 반드시 명시합니다.

여기서는 '데이터 02'(294~295쪽)의 아이들의 학교 외 체험 활동에 관련된 '질문 3-1'에서 '질문 3-7'까지를 집계해보겠습니다. 이때 이 질문은 복수 응답(해당하는 모든 항목에 ○ 표시)이라는 점에 주의하세요.

> '질문 3-1'부터 '질문 3-7'까지는 각각 1~7의 숫자를 붙여서 하나의 열(컬럼)에 '1', '2', …, '7'과 같이 입력하는 방법은 사용할 수 없습니다. 왜냐하면 구하고자 하는 데이터는 각 선택지에 대해 '예' 혹은 '아니오'인 데이터이기 때문입니다. 만약 하나의 열에 입력하려 했다간 '17'(1과 7에 ○ 표시를 한 경우)이나 '245'(2와 4와 5에 ○ 표시를 한 경우)와 같은 수치가 나와서 집계를 할 수 없게 되고 맙니다.
> 그래서 '데이터 02'에서는 선택지마다 열을 만들어서 조사 대상자 한 사람 한 사람의 응답을 '1' 또는 '0'으로 입력하였습니다.

조사표 '질문 3'의 선택지별 응답자 수, 즉 '도수'를 조사하기 위해서 통계 함수인 'COUNTIF'를 사용하여 집계 결과를 정리한 도수분포표를 다음과 같이 구해봅시다. 더불어 각 도수의 전체에 대한 비율도 나타내 보겠습니다.

01 엑셀에서 집계를 하기 위해서는 통계 함수인 'COUNTIF'(데이터 범위에서 검색 조건을 만족하는 셀의 개수를 구하는 함수)를 사용합니다. '예'로 응답한 경우 '1'을 입력했으므로 검색 조건은 '1'입니다.

= COUNTIF(데이터 범위, 검색 조건)

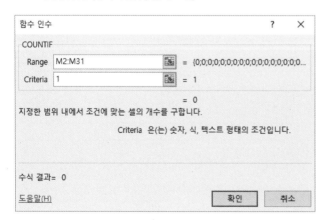

02 복수 응답의 경우, 한 사람이 여러 개의 응답을 하기 때문에 응답 수를 모두 더하면 조사 대상자의 인원수를 넘어버리고 맙니다. 따라서 %를 산출할 때에는 '응답 수'의 합계를 분모로 하는 것이 아니라 '응답자 수'를 분모로 해야 합니다.

학교 외 체험 활동	생선 다듬기	산나물 채집	야채 등의 재배	귤 따기 체험	딸기 따기 체험	그 밖의 농어업 체험	해본 적 없다	응답자 수
도수	0	13	20	11	20	4	2	30
비율 (%)	0	43.3	66.7	36.7	66.7	13.3	6.7	100

양적 자료 집계

신장이나 체중, 혈압 등의 양적 자료는 연속되는 양이기 때문에 그대로는 집계할 수 없습니다. 그래서 레벨(계급의 폭)을 정한 뒤에 그 단위로 전체 집계를 수행해서 데이터 전체의 경향을 파악합니다.

또는 연속된 값 그대로를 평균값으로 산출하기도 합니다. 단, 이 경우 평균값만으로는 데이터의 분포를 알 수 없기 때문에 분산이나 표준편차라는 것도 사용해서 분포 상태를 확인합니다.

레벨을 정하는데 일반적인 규칙은 없지만 데이터의 범위를 조사하기 좋은 단위로 정하거나, 데이터 수의 제곱근(루트)을 정수값으로 반올림한 값 혹은 스터지스의 법칙Sturges' rule으로 구한 값을 참고로 하기도 합니다.

도수분포표를 그래프로 만든 히스토그램은 레벨을 나누는 방법에 따라서 양상이 크게 달라지므로 주의가 필요합니다.

스터지스의 법칙은 도수분포표나 히스토그램을 작성할 때 레벨의 기준을 구하는 공식입니다. 도수분포표란 집계 시 양적 자료의 특정 범위(또는 특정 값)에 해당하는 데이터의 개수를 나타내는 표를 말합니다.

표 4-5 체중의 도수분포표(식사 습관 데이터의 경우)

계급	계급값	도수	누적 도수	비율	누적 비율
35kg 미만	17	3	3	0.3	0.3
35kg 이상 ～ 45kg 미만	39.5	67	70	6.6	6.9
45kg 이상 ～ 55kg 미만	49.5	365	435	36.0	42.9
55kg 이상 ～ 65kg 미만	59.5	310	745	30.5	73.4
65kg 이상 ～ 75kg 미만	69.5	193	938	19.0	92.4
75kg 이상 ～ 85kg 미만	79.5	64	1,002	6.3	98.7
85kg 이상 ～ 95kg 미만	89.5	10	1,012	1.0	99.7
95kg 이상 ～ 105kg 미만	99.5	3	1,015	0.3	100.0
105kg 이상 ～ 115kg 미만	109.5	0	1,015	0.0	100.0
115kg 이상		0	1,015	0.0	100.0
합계 100% =		1,015명	1,015명	100.0%	100.0%

- 계급값 : 각 계급의 중앙값(데이터를 작은 순으로 나열하였을 때 중앙에 오는 값)을 나타냅니다.
- 누적 도수 : 각 계급의 도수를 모두 더한 값입니다(%를 모두 더한 것은 누적 비율이라고 합니다).

스터지스의 법칙은 다음과 같습니다.

$$k = \log_2 N + 1 \ (k : 계급 수, \ N : 데이터 수)$$

[표 4-5]의 경우 데이터 수가 1,015이므로

$$k = \log_2 1015 + 1 = 9.987 + 1 = 10.987$$

이 됩니다.

덧붙여 위 데이터 범위는 통계 함수 'COUNTIF'로 집계할 수 있습니다.

예를 들어 [표 4-5]의 '35kg 이상~45kg 미만'의 경우,

$$= COUNTIF(데이터 범위, \text{">=35"}) - COUNTIF(데이터 범위, \text{">=45"})$$

로 구할 수 있습니다.

직접 해보기 2

예제 파일 Chapter 04 \ 04-02.xlsx

엑셀의 피벗 테이블 기능의 일부를 사용해서도 전체 집계를 할 수 있습니다. 피벗 테이블은 다음 장에서 자세히 설명하도록 하겠습니다.

01 원자료 화면에서 집계하고자 하는 셀 범위를 선택하고 [삽입] 탭의 [표] 그룹에서 [피벗 테이블]을 클릭하면 [피벗 테이블 만들기] 대화상자가 나타납니다. [표 또는 범위 선택]의 [표/범위]를 확인하고 [확인] 버튼을 클릭합니다.

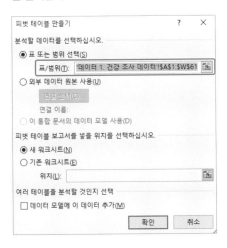

02 새로운 시트가 생성되고 원자료 [1]행에 입력되어 있는 변수명 리스트가 [피벗 테이블 필드]에 표시됩니다. 집계하고자 하는 항목을 [행]과 [Σ 값]에 각각 드래그하면 좌측 엑셀 시트에 집계 결과가 표시됩니다.

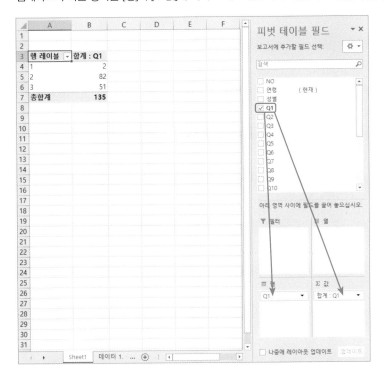

03 도수를 표시하기 위해 기본적으로 표시된 '합계'를 '개수'로 변경해야 합니다. [피벗 테이블 필드]의 [Σ 값]에서 [합계 : Q1]의 드롭다운(▼) 버튼을 클릭하고 [값 필드 설정]을 선택합니다.

04 [값 필드 설정] 대화상자에 [값 요약 기준]과 [값 표시 형식] 탭이 있는데, 이 탭을 통해서 개수 이외에도 수치의 평균값 등을 산출할 수 있습니다. 여기서는 [값 요약 기준] 탭에서 '개수'를 선택합니다.

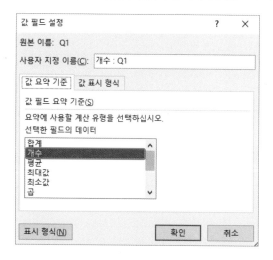

시트에 나타난 [행 레이블]에는 설문의 카테고리 코드(예를 들자면 성별의 1. 남성, 2. 여성)가 표시되므로, 나중에 행 레이블 코드를 원래 카테고리명으로 되돌려야 합니다.
그리고 피벗 테이블 출력을 직접 편집하기도 하지만, 별도의 파일이나 시트 상에 집계표의 레이아웃을 작성해서 피벗 테이블로 계산한 결과 값을 붙여 넣는 편이 나을지도 모릅니다.

05 집계 결과는 도수에 해당하므로 엑셀 집계표에서 조사 대상자 수를 백분율(%)로 표시하는 것이 좋습니다. [값 표시 형식] 탭에서 [값 표시 형식]을 '총합계 비율'로 설정하고 [확인] 버튼을 클릭합니다.

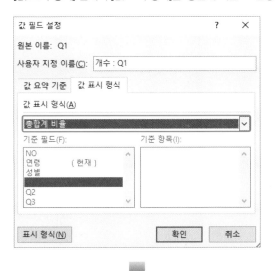

평균값은 다른 값으로부터 크게 벗어난 값(극단치)에 영향을 받아서 오차가 커지거나 무의미한 값이 되기도 하는 통계량으로 알려져 있습니다. 때문에 극단치의 영향을 받기 힘든 '중앙값(미디언)'을 이용하기도 합니다.

평균값(또는 중앙값) 이외에 분산(또는 표준편차)으로 데이터의 분포 상태를 확인하기도 한다는 점을 명심하세요.

1분 마무리

❶ 설문조사 등으로 모은 조사표의 응답을 데이터화합니다.

❷ '데이터화'란 응답 데이터를 입력해서 엑셀 등의 통계 소프트웨어로 집계할 수 있는 형식으로 만드는 것을 말합니다.

❸ 데이터를 입력하기 전에 잘못된 응답이 없는지 확인하고, 잘못된 값이 있다면 대상자에게 다시 확인하는 과정을 통해 오류가 없는 데이터를 만듭니다.

그리고 입력 실수가 없도록 입력 후에 조사표의 응답과 교차 확인하거나 같은 데이터를 여러 사람이 입력해서 매칭시키는 등의 방법으로 올바른 데이터인지 확인합니다. 이와 같은 작업을 데이터 클리닝이라고 합니다.

분석의 목적	사용하는 방법	엑셀 함수
전체 응답 경향의 파악	전체 집계	통계 → COUNTIF

혼자 해보기   [혼자 해보기] 해답 – 300쪽

❶ '데이터 01'(292~293쪽)의 양적 자료인 연령, 신장, 체중에 대해 적절한 구분 기준을 만들어서 전체 집계를 하세요.

❷ '데이터 01'의 일상 생활(Q1~Q4), 식습관(Q5~Q8), 기호식품(Q9~Q12), 과거 심근경색 진단 중에서 적당한 것을 골라 전체 집계를 구하고, 그 결과로부터 무엇을 파악할 수 있는지 생각해보세요.

❸ '데이터 02'(294~295쪽)의 식사 교육 데이터 중 '질문 1'(복수 응답)에 대해 적당한 것을 골라 전체 집계를 구하고, 그 결과로부터 무엇을 파악할 수 있는지 생각해보세요.

교차표 만들기

설문조사 교차 집계하기

교차 집계는 설문조사 등으로 모은 데이터를 속성별로 집계하는 방법 중 하나입니다. 이번 장에서는 교차표를 작성하는 방법을 상세히 설명하도록 하겠습니다.

1분 문제 정리

Point 1 ▶ 조사 대상자의 속성별(또는 응답별) 응답 경향을 파악하려면?

이번 장에서는 전체 집계로 얻은 전체 응답 경향이 성별이나 연령 등(분석 축이라고도 합니다)에 따라서 달라지는지 알아볼 것입니다. 교차 집계는 이와 같은 경향의 차이를 찾아내는 방법입니다. 성별이라면 남성과 여성으로 응답 경향이 달라지는지, 연령별이라면 연령에 따라서 응답 경향에 차이가 나는지, 그 외에도 전체와 속성별 응답을 비교함으로써 해당 속성의 특징을 파악할 수 있습니다.

속성별 외에도 응답별 교차 집계를 통해 다른 설문과 응답 경향을 비교할 수도 있습니다(예를 들면 어떤 약의 투약 차이에 따른 증상 개선 여부 등의 비교가 그러합니다).

구체적으로 아래의 2가지 예시를 들어보도록 하겠습니다.

[예 1] 시민 건강의식 설문조사(15세 이하) - 2009년 12월 아키타시에서 실시

　　　http://www.city.akita.akita.jp/city/hl/mn/kenkouakitashi21_/h21_enquete/15_enquete21.pdf

[예 2] 니이가타시 건강 · 영양 조사(2015년, 2016년) 자료편(2) 교차 집계에서 발췌

　　　https://www.city.niigata.lg.jp/iryo/kenko/eiyou_syokuseikatu/kenko_eiyo/H27-
　　　28eiyouchousa.files/zensi-siryou2-4.pdf

[예 1]에 대해서는 다음과 같은 구체적 예시를 들 수 있습니다.

질문 7. 자제분은 아침을 먹습니까? (단위 : %)

	응답자 수	매일 먹는다 (N : 319)	먹는 경우가 많다 (N : 14)	안 먹는 경우가 많다 (N : 7)	거의 먹지 않는다 (N : 0)	무응답 (N : 12)
전체	352	90.6	4.0	2.0	0.0	3.4
성별						
남성	183	91.8	3.3	1.1	0.0	3.8
여성	167	89.2	4.8	3.0	0.0	3.0
무응답	2	―	―	―	―	―
연령별						
0세	20	40.0	0.0	5.0	0.0	55.0
1~3세	46	95.3	4.7	0.0	0.0	0.0
4~6세	47	93.6	4.3	2.1	0.0	0.0
7~12세	141	92.9	5.0	2.1	0.0	0.0
13~15세	74	93.2	2.7	2.7	0.0	1.4
무응답	6	―	―	―	―	―
남성 · 연령별						
0세	12	41.7	0.0	8.3	0.0	50.0
1~3세	27	100.0	0.0	0.0	0.0	0.0
4~6세	28	100.0	0.0	0.0	0.0	0.0
7~12세	75	93.3	6.7	0.0	0.0	0.0
13~15세	37	91.9	2.7	2.7	0.0	2.7
무응답	4	―	―	―	―	―
여성 · 연령별						
0세	8	37.5	0.0	0.0	0.0	62.5
1~3세	37	91.9	8.1	0.0	0.0	0.0
4~6세	19	84.2	10.5	5.3	0.0	0.0
7~12세	66	92.4	3.0	4.5	0.0	0.0
13~15세	37	94.6	2.7	2.7	0.0	0.0

[예 2]에 대해서는 다음과 같은 구체적 예시를 들 수 있습니다.

질문 7. 일주일에 며칠 술을 드시나요?(○ 표시는 하나만) (2015년도는 '질문 5')

		합계	매일	주 5~6일	주 3~4일	주 1~2일	월 1~3일	거의 마시지 않음	끊었음	마시지 않음 (못 마심)	무응답
전체 (위 : 사람) 결과 (아래 : %)		2,731 100	546 20.0	217 7.9	217 7.9	266 9.7	267 9.8	587 21.5	41 1.5	590 21.6	0 0.0
질문 39 염분 섭취를 줄이 려는 노력	적극적으로 노력 중	273 100	37 13.6	23 8.4	26 9.5						
	조금씩 노력 중	1,087 100	203 18.7	91 8.4	97 8.9	99 9.1	110 10.1	230 21.2	14 1.3	243 22.4	0 0.0
	별로 노력하지 않음	1,092 100	238 21.8	87 8.0	73 6.7	114 10.4	114 10.4	240 22.0	16 1.5	210 19.2	0 0.0
	전혀 노력하지 않음	276 100	68 24.6	16 5.8	20 7.2	30 10.9	21 7.6	56 20.3	7 2.5	58 21.0	0 0.0
	무응답	3 100	0 0.0	0 0.0	1 33.3	0 0.0	1 33.3	1 33.3	0 0.0	0 0.0	0 0.0

교차표 작성 방법

전체 집계는 전체의 경향을 파악하기 위한 방법이었습니다. 그다음에는 '성별'이나 '연령별' 등의 속성에 따라서 결과가 달라지는지와 같은 경향의 차이를 찾아냅니다. 이처럼 속성별(데모그래픽 등)로 집계하여 두 설문 간의 관계성을 찾아내는 것이 바로 **교차 집계**입니다.

속성별 집계는 '성별'이나 '연령별'뿐만 아니라, 약 처방의 차이에 따른 효과 유무(회복에 차이가 있는지)를 판단하는 경우에도 사용됩니다. 그리고 전체와 속성별 데이터를 비교함으로써 그 속성의 특징을 파악할 수 있게 됩니다.

또한 세간에서 일어나는 여러 현상은 단순히 '성별', '연령'과 같은 하나의 요인만으로 인해 일어나기보다는 그 외의 다양한 요인이 복잡하게 얽혀서 발생하는 경우가 대부분입니다. 따라서 **다변량 해석**(또는 다변량 분석) 등의 수법이 이용됩니다.

교차표의 결과는 전체 집계와 함께 결과를 해석하는 데에 사용되는 기본 정보입니다.

참고로 데모그래픽demographic이란 성별, 연령, 주거지 등의 인구통계학 데이터를 말합니다.

교차표는 관계성을 찾을 항목을 '행'에, 관계성이 있다고 보여지는 항목을 '열'(분석 축)에 두고 집계 결과의 크고 작음으로부터 두 항목의 관계성을 파악합니다.

세로 방향(열)으로 합계를 낸 것과 가로 방향(행)으로 합계를 낸 것을 가리켜 주변 도수라고 부릅니다. 주변 도수를 보면 행, 열의 변수별 인원수를 파악할 수 있습니다.

[표 5-1]은 4장의 [표 4-2], [표 4-3]의 교차표 예시입니다.

표 5-1 교차표(도수) 예시

학년＼충치	있음 (치료하지 않음)	있음 (치료 중)	없음 (치료가 끝남)	전혀 없음	합계
1학년	5	8	30	17	60
2학년	5	4	42	18	69
3학년	6	8	30	7	51
4학년	3	6	45	12	66
5학년	11	7	46	3	67
6학년	12	2	42	12	68
합계	42	35	235	69	381

위 표를 학년별 비율(%)로 나타낸 것이 [표 5-2]입니다. 학년별 전체 수는 100%에 해당합니다.

표 5-2 교차표(%) 예시

학년＼충치	있음 (치료하지 않음)	있음 (치료 중)	없음 (치료가 끝남)	전혀 없음	합계 100% = (명)
1학년	8.3	13.3	50.0	28.3	60
2학년	7.2	5.8	60.9	26.1	69
3학년	11.8	15.7	58.8	13.7	51
4학년	4.5	9.1	68.2	18.2	66
5학년	16.4	10.4	68.7	4.5	67
6학년	17.6	2.9	61.8	17.6	68
합계	11.0	9.2	61.7	18.1	381

위 교차 집계 결과로부터 학년별로 '충치가 어떤 상황에 많은지'를 파악할 수 있습니다.

이 결과를 보면 치료하지 않은 충치는 전체 중에서 11% 정도이며, 그중에서도 5~6학년의 비율이 특히 높다는 것을 알 수 있습니다. 참고로, 집계 결과 값에는 오차가 포함되므로 작은 값이나 변화에 주목해서는 안 됩니다.

교차 집계에서는 해당하는 도수와 비율(%)을 모두 적으면 보기가 힘들어지므로, 일반적으로는 비율만을 표기합니다. 그리고 '100%가 몇 명에 해당하는지'를 표본 수로 표기합니다(위 예시에서는 학년별 표본 수를 100%로 표기하였습니다).

분모가 100을 밑돈다면 그 밖의 관련 카테고리와 합치거나 해서 가급적 이런 경우를 만들지 않는 편이 좋습니다. 어쩔 수 없이 100을 밑도는 경우가 나왔다면 교차표에 넣지 않거나(넣더라도 %를 정수로 표시), 비율의 정밀도가 1자리 떨어진다는 것(100명을 밑도는 경우 1명의 비율이 1% 이하가 되고 만다)을 기록해두어야 합니다.

교차표에서 비율(%)을 산출하는 방법으로는 [표 5-2]를 포함해서 3가지가 있습니다.

- 행 분모의 비율(행 합계를 100%로 하여 같은 행인 셀의 비율을 계산한다)
- 열 분모의 비율(열 합계를 100%로 하여 같은 열인 셀의 비율을 계산한다)
- 전체 분모의 비율(전체 합계를 100%로 하여 전체 셀의 비율을 계산한다)

어떤 방향으로 비율을 산출할지는 이용 목적에 따라 달라집니다.

원칙적으로는 요인으로 보여지는 것, 또는 비교하고자 하는 것을 분모로 삼아 비율을 산출합니다.

통계 그래프 없이는 간호학을 이해할 수 없다?!

이 책에서는 조사로 모은 데이터를 통계를 이용해서 정리하고 막대 그래프나 꺾은선 그래프, 원 그래프 등으로 표현하는 방법을 설명합니다.

그래프가 너무 많아서 데이터 과학을 어렵게 느끼는 독자분들도 있으리라 생각하는데, 그래프가 없으면 정말로 이해하기가 어려워집니다.

참고로, 통계 그래프의 보급에 큰 역할을 한 것이 근대 간호학 교육의 어머니로 유명한 나이팅게일(Florence Nightingale, 1820~1910)입니다.

원래 원 그래프나 막대 그래프, 꺾은선 그래프 등의 통계 그래프를 발명했다고 일컬어지는 사람은 플레이페어(William Playfair, 1759~1823)라는 스코틀랜드인입니다. 플레이페어는 지역별 무역 수출입을 막대 그래프로, 무역의 시계열 데이터를 선 그래프로, 오스만 제국의 영토 면적을 원 그래프로 표현하였습니다. 하지만 그 가치를 좀처럼 인정받지 못해서 곧바로 통계 그래프가 보급되지는 못하였습니다.

나이팅게일은 간호사단의 리더로서 크림 전쟁에 파견되었을 때, 야전 병원에서 간호 활동에 힘쓰는 한편 통

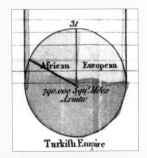

그림 5-1 플레이페어가 작성한 원 그래프

계 지식을 이용해서 영국군의 전사자 · 부상자에 관한 방대한 양의 데이터를 분석하였습니다. 그리고 많은 전사자의 사망 원인이 전투에서 입은 부상이 아니라 부상을 입은 뒤의 치료나 병원의 위생 상태가 열악했기 때문이었음을 밝혀냈습니다.

또한, 나이팅게일은 통계에 익숙하지 않았던 당시의 국회의원과 공무원도 알기 쉽도록 그래프를 이용해서 시각적 프레젠테이션을 진행하였습니다. 배트윙Batwing이라고 불리는 원 그래프도 나이팅게일이 고안해낸 것입니다. 나이팅게일은 독창적인 통계 그래프를 구사하여 데이터를 시각화함으로써 의료제도 개혁의 필요성을 호소하였습니다.

그리고 이러한 활동을 인정받아 1859년에 영국 국립 통계학회the Royal Statistical Society 의 첫 여성 회원으로 선정되었으며, 1874년에는 미국 통계학회의 명예 회원으로도 추천받았습니다.

'백의의 천사' 나이팅게일은 통계학의 선구자였던 것입니다.

 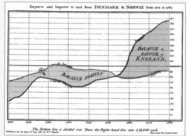

그림 5-2 나이팅게일의 논문에 게재된 통계 그래프의 일부

5.2 피벗 테이블 만드는 방법

교차 집계는 전체 집계처럼 엑셀의 통계 함수인 'COUNTIF'나 'COUNTIFS' 등으로 계산할 수도 있지만, 엑셀의 피벗 테이블 기능을 사용하면 더욱 편리합니다.

직접 해보기 1   예제 파일 Chapter 05 \ 05-01.xlsx

01 데이터에서 집계하고자 하는 셀 범위를 선택하고 [삽입] 탭의 [표] 그룹에서 [피벗 테이블]을 클릭합니다. 다음과 같은 [피벗 테이블 만들기] 대화상자가 나타나면 [표/범위]에서 선택한 데이터 범위를 확인하고 [확인] 버튼을 클릭합니다.

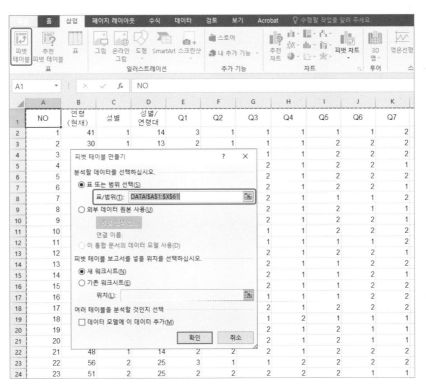

해당 데이터는 부록의 '데이터 01'에 '성별/연령대' 값을 추가한 것입니다. 10의 자리가 성별, 1의 자리가 연령 값을 나타냅니다(예: 47세의 남자는 14가 됩니다).

02 새로운 시트가 추가되면 [피벗 테이블 필드]에서 [열]에 분석하고자 하는 항목을, [행]에 분석 축에 해당하는 항목을 넣습니다. [Σ 값]에는 다시 분석하고자 하는 항목을 넣습니다.

그러면 열(Q1 : 수면 시간), 행(성별/연령대)의 교차 집계 결과(도수)가 산출됩니다([행] 레이블을 설정하지 않은 경우 [열] 레이블로 설정한 항목의 전체 집계 결과가 나옵니다).

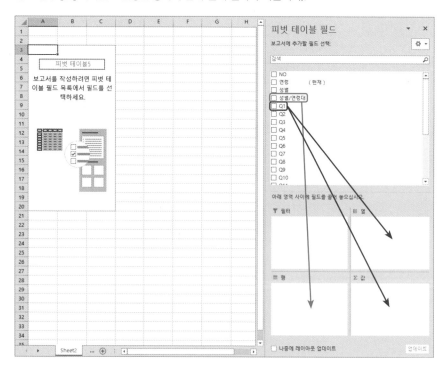

03 [∑ 값]으로 넣은 변수의 드롭다운(▼) 버튼을 클릭하고 [값 필드 설정]을 선택하면 데이터의 개수(도수) 이 외에도 합계, 평균, 최대값, 최소값을 구할 수 있습니다. 여기서는 '개수'로 설정한 후 [확인] 버튼을 클릭합 니다.

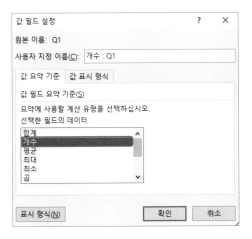

04 다음과 같이 결과를 확인할 수 있습니다. 엑셀 표에 복사합니다. 원하는 교차표 형식에 맞추어 행 분모 또 는 열 분모의 비율을 구하고, 행 합계 또는 열 합계로 나누는 등 필요한 값을 구하는 과정을 거칩니다.

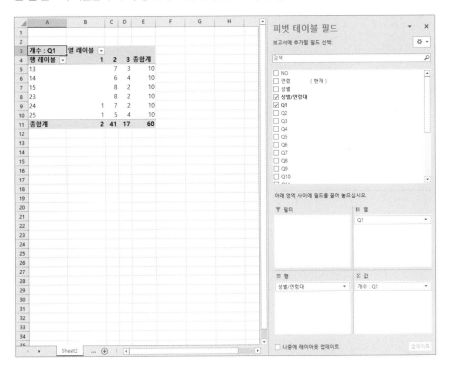

피벗 테이블을 사용한 교차 집계에서는 원자료의 코드가 출력되기 때문에(예를 들자면 행 레이블의 12는 남성 20대를 나타냅니다), 코드를 설문의 원래 선택지로 바꾸어서 다음과 같은 교차표(3중 교차표라고도 합니다) 형식으로 다듬어주는 것이 좋습니다.

표 5-3 교차 집계 결과

카테고리		120 미만	120 이상~ 130 미만	130 이상~ 140 미만	140 이상~ 160 미만	160 이상~ 180 미만	180 이상	합계
남성	20 · 30대	59	26	14	7	4	0	110
	40대	49	38	28	18	5	4	142
	50대	44	24	50	27	11	5	161
	60대 이상	5	18	10	7	14	1	55
여성	20 · 30대	95	20	17	1	0	0	133
	40대	115	30	23	9	5		182
	50대	54	33	22	19	5	4	137
	60대 이상	21	20	17	21	9	7	95
합계		442	209	181	109	53	21	1,015명

그리고 합계 값이 작은 경우(20대와 70대, 80대)는 관련 카테고리에 병합합니다. 위의 경우 20대는 30대와 병합하여 '20 · 30대'로, 70대와 80대는 60대와 병합하여 '60대 이상'으로 표기하였습니다.

단일 응답의 교차 집계

4.2 전체 집계는 어떻게 하지?의 [표 4-4]에서 다루었던 수면 시간 데이터를 가지고 성별을 분석 축으로 삼아 교차 집계를 수행한 것이 아래의 [표 5-4]입니다.

표 5-4 성별×수면 시간의 교차표(인원수)

성별 \ 수면 시간	6시간 미만	6시간 이상~ 8시간 미만	8시간 이상	무응답	합계
남성	17	350	96	5	468
여성	20	372	116	39	547
전체	37	722	212	44	1,015

남성, 여성별로 비교한 수면 시간의 경향을 구하기 위해, 각각의 전체 비율이 100%가 되도록 계산한 것이 [표 5-5]입니다.

표 5-5 성별×수면 시간의 교차표(%)

성별 \ 수면 시간	6시간 미만	6시간 이상~ 8시간 미만	8시간 이상	무응답	합계 100% = (명)
남성	3.6	74.8	20.5	1.1	468
여성	3.7	68.0	21.2	7.1	547
전체	3.6	71.1	20.9	4.3	1,015

[표 5-5]의 교차표 결과로부터 남성은 70% 중반, 여성은 60% 후반이 약 6시간 이상~8시간 미만 정도의 수면을 취한다는 것을 알 수 있습니다.

그리고 100%가 어떠한 표본을 가리키는지를 나타내기 위해서 행 합계 값에 100% = (명)으로 각각의 표본 수를 표기했습니다. [표 5-5]의 경우에는 위부터 순서대로 남성 합계, 여성 합계, 전체 합계를 나타냅니다.

4.2 전체 집계는 어떻게 하지?의 [**직접 해보기 1**]에서 다루었던 '아이들의 학교 외 체험 활동'에서 '남성', '여성'에 어떠한 차이가 있는지를 밝혀내기 위해 교차 집계를 수행한 것이 아래의 [표 5-6]입니다.

표 5-6 성별×체험 활동의 교차표(인원수)

성별 \ 학교 외 활동	생선 다듬기	산나물 채집	야채 등의 재배	귤 따기 체험	딸기 따기 체험	그 밖의 농어업 체험	해본 적 없다	합계
남성	8	106	100	59	83	37	18	170
여성	19	147	152	92	120	34	13	223
불명	3	7	4	4	6	3	0	10
전체	30	260	256	155	209	74	31	403

그다음에는 '성별'을 기준으로 삼아 비율을 산출할 것인데, 복수 응답이기 때문에 단순히 도수를 모두 더해서 100%로 만들면 남성·여성 조사 대상자의 인원수를 넘어버리고 맙니다. 따라서 전체 집계 때와 같이 남성·여성 조사 대상자의 인원수를 분모로, 각 선택지의 응답 수를 분자로 하여 비율(%)을 산출합니다.

그리고 단일 응답 때와 같이 '100%가 몇 명을 나타내는지'를 알려주기 위해서 행 합계 값에 100% = (명)을 기입하고, 각 표본 수(남성 합계, 여성 합계, 전체 합계)를 입력합니다(행 비율).

표 5-7 성별×체험 활동의 교차표(%)

성별 \ 학교 외 활동	생선 다듬기	산나물 채집	야채 등의 재배	귤 따기 체험	딸기 따기 체험	그 밖의 농어업 체험	해본 적 없다	합계 100% = (명)
남성	4.7	62.4	58.8	34.7	48.8	21.8	10.6	170
여성	8.5	65.9	68.2	41.3	53.8	15.2	5.8	223
불명	30.0	70.0	40.0	40.0	60.0	30.0	0.0	10
전체	7.4	64.5	63.5	38.5	51.9	18.4	7.7	403

교차표 결과로부터 남성의 경우 1위가 '산나물 채집'으로 62.4%, 이어서 '야채 등의 재배'가 58.8%, '딸기 따기 체험'이 48.8% …인데 반해, 여성의 경우 1위가 '야채 등의 재배'로 68.2%, 이어서 '산나물 채집'이 65.9%, '딸기 따기 체험'이 53.8% …입니다.

남녀 간에 1, 2위가 약간 차이 나긴 했지만 체험 활동의 상위가 '산나물 채집', '야채 등의 재배', '딸기 따기 체험'이라는 것을 알 수 있었습니다.

그다음으로 '아이들의 학교 외 체험 활동'을 '성별'이 아니라 '학년별'로 교차 집계한 것이 아래의 [표 5-8]입니다.

표 5-8 학년별×체험 활동의 교차표(%)

학교 외 활동 / 학년별	생선 다듬기	산나물 채집	야채 등의 재배	귤 따기 체험	딸기 따기 체험	그 밖의 농어업 체험	해본 적 없다	합계 100% = (명)
1학년	0.0	56.5	61.3	25.8	50.0	11.3	11.3	62
2학년	1.4	71.0	72.5	44.9	55.1	15.9	5.8	69
3학년	0.0	61.8	74.5	38.2	43.6	25.5	9.1	55
4학년	15.9	60.9	65.2	36.2	55.1	18.8	5.8	69
5학년	8.6	67.1	52.9	44.3	54.3	22.9	10.0	70
6학년	15.6	68.8	58.4	40.3	51.9	16.9	5.2	77
전체	7.5	64.7	63.7	38.6	52.0	18.4	7.7	402

학년 전체에서는 '산나물 채집', '야채 등의 재배'가 가장 많았고, 그다음으로 '딸기 따기 체험'이지만 모두 2학년('야채 등의 재배'는 3학년도 포함)의 비율이 가장 높다는 것을 알 수 있습니다.

그리고 엑셀의 피벗 테이블로 복수 응답 설문의 교차 집계를 하려는 경우, 표시된 결과가 복잡해서 알기 어려울 수 있으므로 선택지별로 교차 집계를 수행한 다음 필요한 집계 결과만 가져다 편집하는 것이 편리합니다.

> 통계 그래프를 만드는 방법에 대해서는 6장에서 자세히 설명하겠지만, 엑셀에는 교차 집계 결과표의 값에 따라 막대 그래프를 표시해서 시각적으로 해석을 돕는 기능이 있습니다.

[표 5-9]로 구체적인 예시를 들어보겠습니다.

엑셀에서 막대 그래프로 표시하고자 하는 값의 셀 범위를 선택하고, [홈] 탭의 [스타일] 그룹에 있는 [조건부 서식] – [데이터 막대]에서 표시 형식을 지정하면 됩니다.

표 5-9 교차 집계의 데이터 막대 예시

학교 외 활동 / 학년별	생선 다듬기	산나물 채집	야채 등의 재배	귤 따기 체험	딸기 따기 체험	그 밖의 농어업 체험	해본 적 없다	합계 100% = (명)
1학년	0.0	56.5	61.3	25.8	50.0	11.3	11.3	62
2학년	1.4	71.0	72.5	44.9	55.1	15.9	5.8	69
3학년	0.0	61.8	74.5	38.2	43.6	25.5	9.1	55
4학년	15.9	60.9	65.2	36.2	55.1	18.8	5.8	69
5학년	8.6	67.1	52.9	44.3	54.3	22.9	10.0	70
6학년	15.6	68.8	58.4	40.3	51.9	16.9	5.2	77
전체	7.5	64.7	63.7	38.6	52.0	18.4	7.7	402

5.5 설문의 교차 집계

성별, 연령대별 속성 외에도 다른 설문조사의 응답에 따라서 지금 질문한 내용에 대한 응답 경향이 어떻게 달라지는지, 그 관계성을 밝혀낼 수 있습니다.

[표 5-10]과 [표 5-11]은 충치의 유무(행)에 대해 저녁식사 후 간식 습관(열)과의 교차 집계를 수행해서 충치 유무와 저녁식사 후 간식 습관과의 관계성을 찾아내고자 한 예시입니다.

표 5-10 저녁식사 후 간식×충치 유무의 교차표(인원수)

충치 유무 저녁식사 후 간식	있음 (치료 안 함· 치료 중)	없음 (치료 끝남)	전혀 없음	불명	합계
거의 매일	8	22	3	2	35
일주일에 4~5회	14	23	7	4	48
일주일에 2~3회	26	81	19	8	134
거의 안 먹음(주 1회 이하)	22	88	21	4	135
전혀 안 먹음	7	20	19	2	48
전체	77	234	69	20	400

저녁식사 후 간식 빈도에 따른 충치 유무의 경향을 확인하기 위해서 각 행을 비율로 나타낸 것이 [표 5-11]입니다.

표 5-11 저녁식사 후 간식×충치 유무의 교차표(%)

충치 유무 저녁식사 후 간식	있음 (치료 안 함· 치료 중)	없음 (치료 끝남)	전혀 없음	불명	합계 100% = (명)
거의 매일	22.9	62.9	8.6	5.7	35
일주일에 4~5회	29.2	47.9	14.6	8.3	48
일주일에 2~3회	19.4	60.4	14.2	6.0	134
거의 안 먹음(주 1회 이하)	16.3	65.2	15.6	3.0	135
전혀 안 먹음	14.6	41.7	39.6	4.2	48
전체	19.3	58.5	17.3	5.0	400

교차표 결과로부터 '거의 매일', '일주일에 4~5회' 간식을 먹는 사람의 '(충치) 있음' 비율은 각각 22.9%와 29.2%인 반면, '거의 안 먹음(주 1회 이하)', '전혀 안 먹음'인 사람은 16.3%와 14.6%로 낮다는 것을 알 수 있습니다.

그리고 '(충치) 전혀 없음'이면서 '거의 매일' 간식을 먹는 비율은 8.6%인 반면에 '전혀 안 먹음'은 39.6%로 훨씬 높다는 점으로부터 간식과 충치 발생에 관련이 있다는 것을 알아낼 수 있습니다.

단, 조사 데이터에는 나와 있지 않아도 저녁식사 후 간식을 먹고 자기 전에 올바르게 양치질을 하는지가 충치 유무에 얼마나 큰 영향을 미치는지는 다들 알 것입니다.

다음 [표 5-12]의 〈남성〉과 〈여성〉의 표를 보면 모두 '가족'보다는 '독신' 쪽이 야채 중심의 식생활을 하고 있다는 결과가 나옵니다. 하지만 〈전체〉 표를 보면 '가족' 쪽이 야채 중심의 식생활을 하고 있다는 정반대의 결과가 나오고 맙니다. 이와 같이 전체의 결과와 몇몇 집단으로 나눈 결과에 큰 차이가 나는 현상을 **심슨의 역설**Simpson's Paradox이라고 부릅니다.

> 교차표는 전체 집계와 같이 속성별 경향 등을 파악하기엔 간단하고 편리한 방법이지만, 교차표에만 의존해서는 안 됩니다. 얕은 시각은 위험할 수 있으므로 주의해야 합니다.

심슨의 역설뿐만이 아닙니다. 겉보기에 관계가 있어 보이더라도 두 변수 간의 관계만 분석해봤자 그걸로는 충분하지 않은 경우가 많습니다.

이런 경우에는 3개 이상의 변수의 관련성을 동시에 파악하는 **다변량 해석**(또는 다변량 분석)이라 불리는 방법이 필요합니다.

표 5-12 남녀별 결과와 남녀를 합친 결과가 정반대가 되는 예시

〈남성〉

가족 구성＼식생활	야채 중심	고기 중심	합계 100% = (명)
가족	10.0	90.0	300
독신	20.0	80.0	1,000
합계	17.7	82.3	1,300

〈여성〉

가족 구성＼식생활	야채 중심	고기 중심	합계 100% = (명)
가족	70.0	30.0	1,000
독신	90.0	10.0	300
합계	74.6	25.4	1,300

〈전체〉

가족 구성＼식생활	야채 중심	고기 중심	합계 100% = (명)
가족	56.0	44.0	1,300
독신	36.0	64.0	1,300
합계	46.0	54.0	2,600

1분 마무리

❶ 성별×설문과 같이 변수가 2개인 데이터로 집계해보면 전체 집계로는 알 수 없었던 새로운 특징(예를 들자면 남녀나 연령에 따른 취향의 차이) 등이 보이게 됩니다. 이처럼 2가지 변수로 집계한 표를 가리켜 '교차표'라고 부릅니다.

❷ 엑셀에서 교차표를 만들 때에는 피벗 테이블을 사용하면 편리합니다.

분석 목적	사용 방법	엑셀 함수 · 메뉴
속성별 응답 경향 파악	교차표	삽입 → 피벗 테이블

혼자 해보기 [혼자 해보기] 해답 – 303쪽

❶ '데이터 01'(292~293쪽)의 수면 시간(Q1)에 대해 성별 · 연령(10살 단위)별 교차 집계를 구해보고, 그 결과로부터 어떤 점을 파악할 수 있는지 생각해보세요.

❷ '데이터 01'의 식습관(Q5~Q8), 기호식품(Q9~Q12)에서 적당한 것을 골라 성별 · 연령(10살 단위)별 교차 집계를 구해보고, 그 결과로부터 어떤 점을 파악할 수 있는지 생각해보세요.

❸ '데이터 01'의 식습관(Q5~Q8)과 기호식품(Q9~Q12)에서 적당한 것을 골라 교차 집계를 구해보고(설문 간 교차 집계), 그 결과로부터 어떤 점을 파악할 수 있는지 생각해보세요.

통계 그래프 만드는 방법

집계한 결과로 통계 그래프 만들기

이번 장에서는 통계 그래프에 어떠한 종류가 있으며, 데이터 특징에 따라 어떤 통계 그래프가 적합한지에 대해 배워볼 것입니다.

◑ 1분 문제 정리

◀ **Point 1** ▶ **데이터를 그래프로 시각화하여 데이터의 특징을 파악한다**

전체 집계와 교차 집계에서는 전체 응답이나 속성별 결과를 수치화한 것을 통해 결과를 파악합니다. 이번 장에서는 기본적인 통계 그래프에 대해서 배우고, 데이터 특징에 맞는 그래프를 사용할 수 있게 되는 것을 목표로 합니다.

그리고 통계 그래프로부터 데이터 구조를 파악하고 데이터의 특징을 읽어내는 방법도 배울 것입니다. 국가에서 진행하는 다양한 조사도 통계 그래프를 사용해서 결과를 공개하고 있습니다.

[그림 6-1] ~ [그림 6-3]에서 그 예시를 살펴보겠습니다.

[예시] 전체 집계 통계 그래프(2014년도 후생노동백서)
    http://www.mhlw.go.jp/wp/hakusyo/kousei/14/

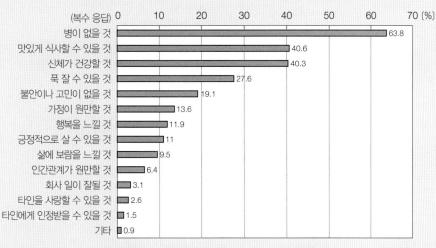

그림 6-1 건강관을 판단하는 데 있어서 중시하는 사항

출처 : 후생노동성 정책통괄관부 정책평가관실 위탁 '건강 의식에 관한 조사(2014)'

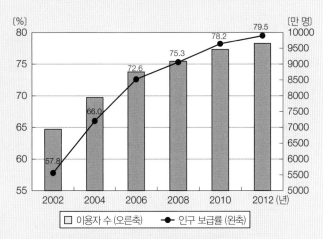

그림 6-2 인터넷 이용자 및 인구 보급률 추이

출처 : 2012년도 정보통신백서(2012)

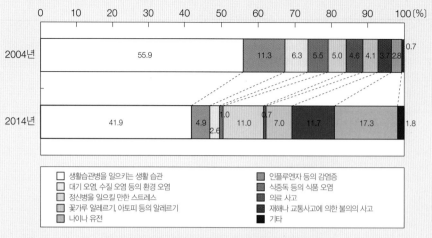

그림 6-3 건강에 가장 리스크가 되는 것(과거 조사와의 비교)

출처 : 2004년 – 후생노동성 정책통괄관부 정책평가관실 위탁 '생활과 건강 리스크에 관한 의식 조사'
2014년 – 후생노동성 정책통괄관부 정책평가관실 위탁 '건강 의식에 관한 조사'

통계에서는 조사로 얻은 데이터를 집계 · 분석해서 그 결과를 파악해나갑니다. 그리고 결과를 해석할 때에는 그래프를 통해 데이터의 구조를 알기 쉽게 만드는 것이 매우 중요합니다. 이처럼 통계 그래프는 매우 중요한 도구입니다.

엑셀에는 '세로 막대', '꺾은선', '원', '가로 막대', '영역', '분산', '주식', '표면', '방사', '혼합' 등의 그래프가 준비되어 있지만, 기본적인 그래프는 '원 그래프'와 '막대 그래프(세로 막대 · 가로 막대)', '꺾은선 그래프'입니다.

원 그래프

원 그래프는 전체에서 각 설문이 차지하는 비율(구성비)을 부채 모양으로 나타낸 것입니다. 부채 모양의 면적을 가지고 구성비의 크고 작음을 알 수 있습니다. 통상적으로는 구성비가 큰 순서대로 시계방향으로 나열합니다.

[그림 6-4]는 어떤 설문조사의 질문(단일 응답)에 대한 응답 비율을 원 그래프로 나타낸 것입니다. 응답의 선택지는 A, B, C, 기타의 4가지입니다.

참고로 '기타', '이 중에 없음', '불명' 등은 값이 크더라도 가장 마지막에 표시합니다.

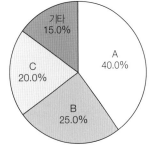

그림 6-4 원 그래프

구성비에서 비중이 작아서 그래프로 보기 어려운 항목은 '기타'로 병합합니다.

띠 그래프

구성비를 비교할 때에는 원 그래프를 여러 개 그리기보다는 띠 그래프로 표현하는 편이 보기 쉬울 수도 있습니다.

[그림 6-5]는 [그림 6-4]에서 사용했던 데이터를 남녀별로 나누어서 띠 그래프로 나타낸 것입니다.

띠 그래프는 길이를 똑같이 맞춘 가로 막대 그래프(전체가 100%)로, 그 내역을 늘어놓고 비교할 수 있습니다. 따라서 여러 대상을 비교하는 경우에도 한눈에 파악하기 쉽습니다.

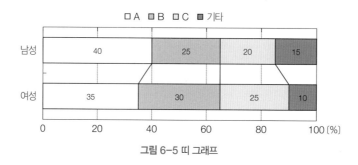

그림 6-5 띠 그래프

막대 그래프

막대 그래프는 구성비뿐만 아니라 막대의 높이로 값의 크고 작음을 비교하는 데 적합합니다.

[그림 6-6]은 초등학생을 대상으로 진행한 설문조사의 질문(복수 응답)에 대한 응답 비율을 막대 그래프로 나타낸 것입니다. 응답 선택지는 A, B, C, D, E, F의 6가지입니다. [그림 6-6]의 (a)는 남녀별, (b)는 학년별 데이터를 각각 다른 유형의 막대 그래프로 나타낸 것입니다.

막대를 늘어놓을 때에는 순서 관계가 있다면 해당 순서로 나열하고, 순서 관계가 없다면 구성비에서 비중이 큰 순서대로 나열하는 편이 비교하기 쉽습니다(그림 6-6의 (a)).

> 순서를 정할 때는 원 그래프 때와 마찬가지로 '기타', '이 중에 없음', '불명'은 맨 마지막에 배치합니다.

막대 그래프로 값을 비교해보면 계열이 많은 경우(이 예시의 경우, 남성과 여성의 2가지 계열이 사용됨)는 그래프를 보기가 어려워지므로 누적 막대 그래프(그림 6-6의 (b)) 또는 막대 그래프와 꺾은선 그래프의 혼합 그래프를 사용합니다.

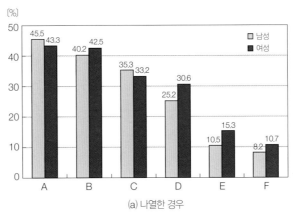

(a) 나열한 경우

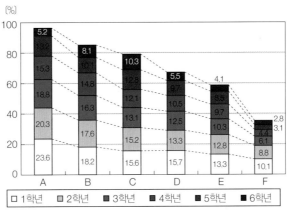

(b) 쌓아 올린 경우

그림 6-6 막대 그래프

꺾은선 그래프

꺾은선 그래프는 값이 늘어나고 줄어드는 '변화의 방향'을 파악하는 데 적합합니다.

[그림 6-7]은 남녀 각 300명씩을 대상으로 한 설문조사의 질문(단일 응답) 결과를 꺾은선 그래프로 나타낸 것입니다. 질문에는 '찬성'과 '반대'의 2가지 선택지가 있으며, [그림 6-7]의 꺾은선

그래프에서는 1995년부터 2015년까지 5년마다 '찬성'이라고 응답한 사람을 집계하여 표시하였습니다.

가로축을 연도, 세로축을 찬성 응답자 수로 지정해서 꺾은선이 오른쪽 위로 올라가는지 오른쪽 아래로 내려가는지를 통해 데이터의 증감을 시각적으로 파악할 수 있습니다.

그리고 현재 상태뿐만 아니라 앞으로 데이터가 어떻게 변화할지 예상하는 데에도 사용됩니다.

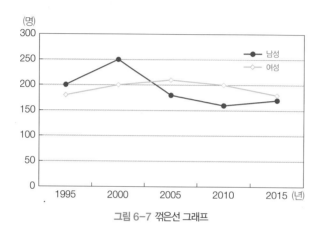

그림 6-7 꺾은선 그래프

남성, 여성과 같이 2가지 계열을 가진 데이터가 아니라 10대, 20대, 30대, …, 60대, 70대와 같이 계열이 여러 개인 데이터를 표현할 경우에는 선을 구별하기 쉽도록 색이나 형태를 바꾸는 등의 방법이 필요합니다.

산포도

산포도는 데이터가 흩어져 있는 정도를 나타내는 그래프로, 신장이나 체중과 같이 2가지 데이터의 관련성(그림 6-8)을 파악하는 데 적합합니다.

변수가 2개인 산포도는 위치 관계 파악에 매우 효과적이므로, 표본마다(또는 변수마다) 그룹을 나누는 데에도 자주 사용됩니다.

산포도는 다변량 분석 중 하나인 주성분 분석이나 클러스터 분석, 대응 분석 등을 수행한 뒤에 그 결과를 분석하는 데 자주 사용됩니다.

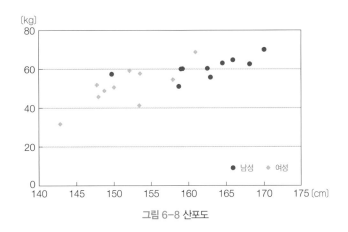

그림 6-8 산포도

레이더 차트

레이더 차트는 복수의 집계 결과(평균값이나 % 등)를 정다각형 위에 배치하고 선으로 연결한 그래프입니다. 값의 크고 작음뿐만 아니라 정다면체의 형태를 통해서 데이터에 어떠한 특징이 있는지 비교하는 데 사용됩니다.

[그림 6-9]는 어느 고등학교 학급의 기말고사 평균 점수를 성별로 나타낸 레이더 차트입니다. A는 수학, B는 국어, C는 과학, D는 사회, E는 영어의 평균 점수를 가리킵니다.

정다각형의 중심에서부터 지표를 배치한 뒤, 비교하고자 하는 주체의 각 점수를 점으로 찍어서 선으로 연결합니다. 그리고 완성된 도형의 모양을 비교하며 전체의 경향을 파악합니다.

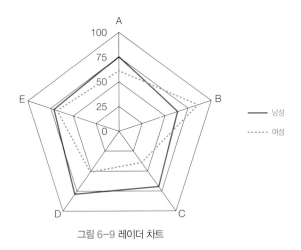

그림 6-9 레이더 차트

상자 수염 그림

데이터의 분포 상태를 알기 쉽게 표현하기 위해 사용되는 것이 바로 상자 수염 그림box-and-whisker plot입니다. 상자 수염 그림은 **다섯 수치 요약**이라고 불리는 요약 통계량을 나타내는 그래프입니다.

다섯 수치 요약

데이터의 분포 상태를 아래의 5가지 값으로 나타낸 것입니다.

• 최소값

• 제 1사분위수 Q_1 : 데이터를 작은 순으로 나열해서 반으로 나누었을 때, 작은 쪽 데이터의 중앙값을 말합니다.

• 중앙값 Q_2 : 제 2사분위수와 같습니다.

• 제 3사분위수 Q_3 : 데이터를 작은 순으로 나열해서 반으로 나누었을 때, 큰 쪽 데이터의 중앙값을 말합니다.

• 최대값

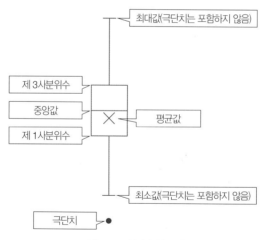

그림 6-10 상자 수염 그림

데이터의 값을 크기순으로 나열했을 때, 데이터를 4등분하는 값을 **사분위수**라고 합니다. 작은 것부터 제 1사분위수, 제 2사분위수(중앙값과 같은 값), 제 3사분위수라고 하며, 순서대로 Q_1, Q_2, Q_3으로 표기합니다.

[그림 6-10]에서 **사분위수**는 데이터를 4등분하는 3개의 값을 의미합니다. 작은 것부터 제 1사분위수, 제 2사분위수(중앙값), 제 3사분위수로 불립니다(그림 6-11).

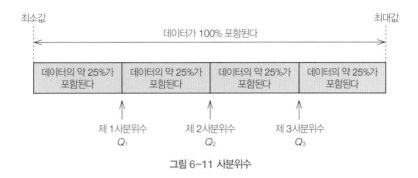

그림 6-11 사분위수

그래프를 이용하면 예상치 못했던 것들이 보인다

데이터를 그래프로 시각화해보면 숫자만 볼 때는 미처 몰랐던 것을 눈치채게 되기도 합니다. 존 튜키(John W. Tukey, 1915~2000)라는 수학자는 이렇게 말했습니다.

"그래프는 우리들로 하여금 예상치 못했던 것을 눈치채게 해준다. 이보다 중요한 것은 없지 않을까?"

모아 놓은 데이터를 정리할 때는 맨 처음에 구하려 했던 결과에 구애되어선 안 됩니다. 지금 눈앞에 있는 그래프를 잘 살펴보고 냉정하게 결론을 내야 한다는 것을 명심하세요.

그리고 현실의 데이터를 모으다 보면 극단치는 항상 나오기 마련입니다. 수학 이론에만 너무 신경 쓰다 보면 벗어난 값이나 사소한 데이터의 차이로 인해 결과가 크게 바뀌어버리거나 너무 복잡한 결과가 나오기도 합니다.

알기 쉬운 그래프를 만들어서 보는 사람으로 하여금 자연스럽게 답을 찾아낼 수 있도록 돕는 것에 집중해야 합니다. 튜키는 데이터를 다양한 시점에서 다루기 위해 줄기 잎 그림이나 상자 수염 그림 등의 여러 가지 방법을 개발하였습니다.

상자 수염 그림은 관측값으로부터 크게 벗어난 값(극단치)을 검출하는 용도로도 자주 사용됩니다.

여기서 **극단치**란 다른 값들로부터 크게 떨어져 있는 값을 말합니다. 측정 실수나 기록 실수 등으로 인한 이상치와는 개념적으로 다르지만, 사실상 이 둘을 구별하기 힘든 경우도 있습니다. 극단치가 존재하면 분석 결과 등의 해석이 어려워지기도 하므로 데이터 취급에 주의를 기해야 합니다.

극단치의 기준으로 곧잘 사용되는 것이 상자 수염 그림의 상한($Q_3+1.5\times IQR$)과 하한($Q_1-1.5\times$ IQR)입니다. 여기서 IQR이란 사분위범위(Q_3-Q_1)를 말하며 데이터의 분포 상태를 나타내는 척도입니다. 상한과 하한을 넘는 값을 극단치로 취급합니다.

직접 해보기 **1**

엑셀 버전이 2016 이상이라면 엑셀에서도 상자 수염 그림을 만들 수 있습니다(그림 6-12). [삽입] 탭의 [차트] 그룹에서 [통계 차트 삽입] - [상자 수염 그림]을 선택합니다.

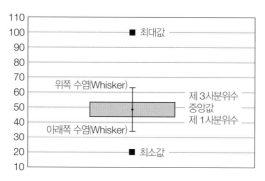

그림 6-12 상자 수염 그림

엑셀 2016에서 상자 수염 그림(다섯 수치 요약을 포함)을 만들 수 있지만, 상한과 하한의 경계는 표시되지 않으므로 주의하세요.

6.2 통계 그래프 작성의 기본

엑셀에서 통계 그래프 만드는 방법

이번에는 엑셀에서 직접 통계 그래프를 만들어보겠습니다.

직접 해보기 **2**

예제 파일 Chapter 06 \ 06-02.xlsx

01 먼저 그래프로 만들고자 하는 데이터의 셀 범위를 선택합니다.

데이터의 범위를 선택

▲	A	B	C	D	E	
1		6시간 미만	6~8시간	8시간 이상	무응답	합계
2	전체(n=1,015)	3.6	71.1	20.9	4.3	1015
3	남성(n=469)	3.6	74.8	20.5	1.1	468
4	여성(n=547)	3.7	68	21.2	7.1	547
5						

그래프로 만들 데이터의 셀 위치가 모여 있지 않고 서로 떨어져 있을 경우, [Ctrl]키를 누른 상태로 클릭해서 셀 범위를 지정할 수 있습니다.

02 [삽입] 탭 – [차트] 그룹에서 만들고자 하는 그래프의 버튼(막대 그래프나 꺾은선 그래프 등)을 클릭하면 스타일 목록이 나타납니다(막대 그래프의 경우 2차원과 3차원 등이 있습니다). 여기서는 [묶은 세로 막대형]을 적용하였습니다.

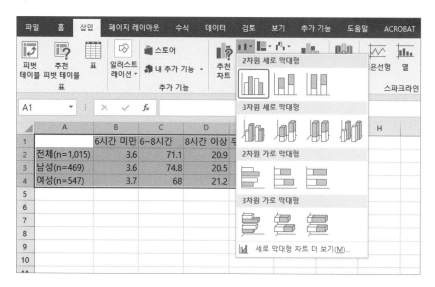

스타일을 선택한 뒤 만들어진 그래프를 보고 필요할 경우 레이아웃을 변경합니다.

03 그래프를 가로나 세로로 변경하기 위해서 그래프를 마우스 오른쪽 버튼으로 클릭하고 [데이터 선택]을 선택합니다. [데이터 원본 선택] 대화상자가 나타나면 [행/열 전환] 버튼을 클릭하고 [확인] 버튼을 클릭합니다.

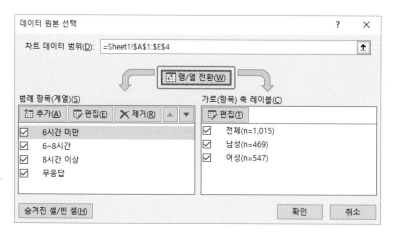

04 그 외의 변경은 그래프를 선택할 때 나타나는 상단 메뉴의 [차트 도구]에서 할 수 있습니다.

예를 들어, 그래프의 세로축 배율은 수정하려는 세로축을 선택하고 [차트 도구] – [서식] 탭의 [현재 선택 영역] 그룹에서 [선택 영역 서식]을 클릭하면 우측에 나타나는 [축 서식]을 통해서 변경할 수 있습니다.

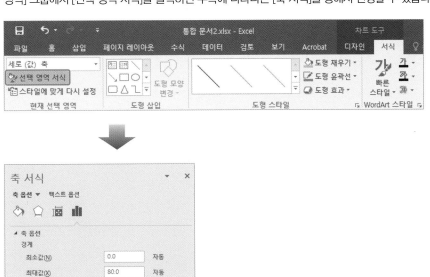

전체 집계, 교차 집계 엑셀 그래프 만들기

4장에서 설명했던 전체 집계에서 자주 이용되는 그래프는 단일 응답 설문의 경우(표 6-1, 표 6-2), 원 그래프(그림 6-13) 또는 띠 그래프(그림 6-14)입니다.

한편, 복수 응답 설문의 경우(표 6-3)에는 막대 그래프(그림 6-15) 또는 꺾은선 그래프(그림 6-15)가 자주 이용됩니다.

그리고 교차 집계에서는 단일 응답의 경우 띠 그래프, 복수 응답의 경우 막대 그래프와 꺾은선 그래프가 자주 이용됩니다.

아래의 2가지 표는 '생활 습관에 관한 질문'에서 가져온 '성별'의 전체 집계(표 6-1)와 '성별×수면 시간'의 교차표(표 6-2)입니다.

[그림 6-13]과 [그림 6-14]는 [표 6-1], [표 6-2]를 각각 원 그래프와 띠 그래프로 나타낸 것입니다. 둘 다 원 그래프로 나타낼 수도 있지만, 합쳐서 띠 그래프로 만들면 보다 비교하기가 쉬워집니다.

표 6-1 성별(%)

성별	%
남성	46.1
여성	53.9
합계 100% =	1,015명

표 6-2 성별×수면 시간 교차표(%) (단일 응답의 경우)

성별 \ 수면 시간	1. 6시간 미만	2. 6시간 이상~ 8시간 미만	3. 8시간 이상	4. 무응답	합계 (100% = 명)
전체	3.6	71.1	20.9	4.3	1,015
남성	3.6	74.8	20.5	1.1	468
여성	3.7	68.0	21.2	7.1	547

집계 결과를 각각 원 그래프로 나타내보면 다음과 같습니다.

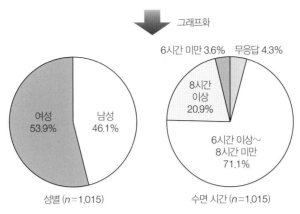

그림 6-13 성별 및 수면 시간의 원 그래프

이 2개의 원 그래프를 [그림 6-14]와 같이 띠 그래프로 나타내면 더 비교하기 쉬워집니다.

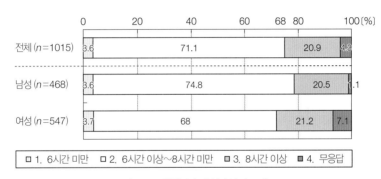

그림 6-14 성별과 수면 시간의 띠 그래프

아래의 [표 6-3]은 '아이들의 학교 외 체험 활동'에 대해 '성별'로 교차 집계를 한 것입니다.

표 6-3 성별×체험 활동 교차 집계(%) (복수 응답의 경우)

카테고리	전체	남성	여성
1. 생선 다듬기	7.4	4.7	8.5
2. 산나물 채집	64.5	62.4	65.9
3. 야채 등의 재배	63.5	58.8	68.2
4. 귤 따기 체험	38.5	34.7	41.3
5. 딸기 따기 체험	51.9	48.8	53.8
6. 그 밖의 농어업 체험	18.4	21.8	15.2
7. 해본 적 없다	7.7	10.6	5.8
합계 100% = (명)	403	170	223

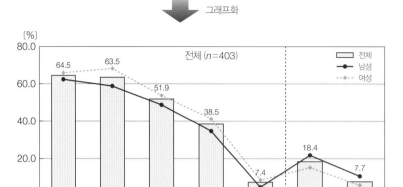

그림 6-15 식사 교육에 관한 설문조사 막대 그래프 및 꺾은선 그래프

복수 응답의 경우, 한 사람이 여러 개를 선택할 수 있으므로 선택지의 비율을 모두 더하면 100%를 넘어버리기 때문에 막대 그래프로 나타냅니다. 이때, '그 외', '이 중에 없음', '불명' 등을 제외하고 높은 값부터 순서대로 정렬하면 선택지의 응답 수를 시각적으로 파악하기 쉬워지므로 결과를 이해하기가 편해집니다.

[표 6-3]의 경우 전체, 남성, 여성을 모두 막대 그래프로 나타내는 방법도 있지만, 가독성을 위해서 전체를 막대 그래프, 남성과 여성을 꺾은선 그래프로 조합해보는 것도 좋습니다(그림 6-15).

그 밖에는 [표 6-4]와 같이 성별 · 연령대별로 평균 최고 혈압을 계산해서 꺾은선 그래프(그림 6-16)로 나타내는 방법도 있습니다. 이렇게 하면 꺾은선 그래프를 통해서 각 성별의 연령대가 올라감에 따라 최고 혈압이 상승하는 경향을 읽어낼 수 있습니다. 또한, 최고 혈압에 오차 막대를 추가함으로써 연령대별 최고 혈압의 분포도 읽어낼 수 있습니다.

표 6-4 성별×연령대별 최고 혈압 교차표

최고 혈압 연령대	남성		여성		합계 (명)
	평균	표준편차	평균	표준편차	
20 · 30대	120.6	15.8	110.1	14.6	243
40대	128.0	19.9	114.2	19.2	324
50대	133.3	20.4	126.1	21.7	298
60대 이상	139.7	20.3	137.7	24.0	150
전체	129.5	20.2	120.3	22.2	1,015

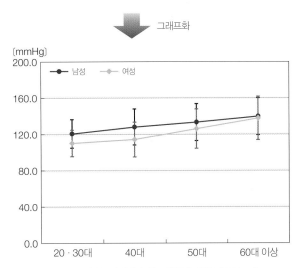

〔mmHg〕

그림 6-16 성별×연령대별 최고 혈압에 대한 꺾은선 그래프

예제 파일 Chapter 06 \ 06-03.xlsx

직접 해보기 **3**

01 [그림 6-16]처럼 꺾은선 그래프의 각 플롯에 '표준편차'의 오차 막대를 표시하려면 그래프를 선택하고 [차트 도구] – [디자인] 탭의 [차트 레이아웃] 그룹에서 [차트 요소 추가]를 클릭합니다. 메뉴가 나타나면 [오차 막대]의 [표준 편차]를 선택합니다.

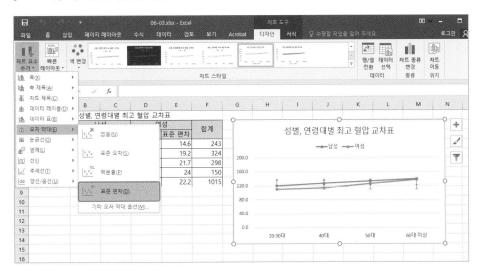

02 추가된 오차 막대를 선택한 뒤, 다시 [차트 요소 추가] − [오차 막대]의 하단에 있는 [기타 오차 막대 옵션]을 선택합니다. [오차 막대 서식]에서 [사용자 지정]을 선택한 후 [값 지정] 버튼을 클릭합니다.

03 그러면 [오차 막대 사용자 지정] 대화상자가 나타나는데, [표 6-4]에서 구한 '표준편차' 셀을 여기에 지정해 넣으면 표준편차 막대가 함께 표시됩니다. 이를 통해 평균값뿐만 아니라 데이터 분포도 동시에 확인할 수 있습니다(꺾은선 그래프뿐만 아니라, 막대 그래프에서도 필요한 경우에 사용하기도 합니다).

[그림 6-17]은 성별 데이터에 가로축을 신장, 세로축을 체중으로 하여 산포도로 나타낸 것입니다.

이 분포도는 신장과 체중에 어떠한 관계가 있는지를 알아내고자 만들어진 것입니다. 남녀 모두 신장이 커짐에 따라 체중이 무거워지는 경향이 있는데, 이렇게 보니 신장, 체중 모두 남녀로 그룹이 나누어져 있어서 서로 차이가 있다는 것을 알 수 있습니다.

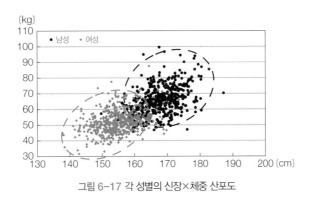

그림 6-17 각 성별의 신장×체중 산포도

참고로 점을 찍을 때에 남성, 여성을 다른 색으로 표기하면 남녀 데이터의 경향 차이를 더욱 명확히 나타낼 수 있습니다.

산포도로 나타낸 결과, 남녀로 그룹이 나뉘어 있으며 둘 다 신장이 커짐에 따라 체중이 무거워지는 경향을 보인다는 것을 알 수 있었습니다. 그리고 상관계수나 회귀식을 구해서 두 변수의 관계성을 상세히 알아볼 수도 있습니다.

1분 마무리

❶ 통계 데이터의 특징을 파악하려면 집계 등의 계산뿐만 아니라 집계 결과를 그래프로 나타내어 시각적으로 다루는 것이 중요합니다.

❷ 그래프에는 다양한 종류가 있으며, '무엇을 밝혀내고자 하는가', '어떠한 통계 데이터를 그래프로 나타낼 것인가'에 따라 통계 데이티의 특징이 뚜렷이 보이게 됩니다.

❸ 1가지 통계 데이터의 특징을 알아보려면 원 그래프, 막대 그래프, 꺾은선 그래프가 편리하지만, 동시에 2가지 통계 데이터의 특징을 알아보고자 할 때는 산포도가 편리합니다.

❹ 데이터의 변화나 분포 상태를 파악하고자 할 때는 [상자 수염 그림]을 사용하면 편리합니다(엑셀 2016부터 사용 가능).

분석 목적	사용 방법	엑셀 메뉴
응답 경향의 파악 및 시각화	통계 그래프	삽입 → 차트 (원 그래프, 막대 그래프, 꺾은선 그래프)

혼자 해보기 [혼자 해보기] 해답 – 304쪽

❶ '데이터 01'(292~293쪽)에서 수면 시간(Q1)에 대한 연령(10세 단위)별 교차 집계 결과를 통계 그래프로 나타내고, 무엇을 알아낼 수 있는지 생각해보세요.

❷ '데이터 01'의 식습관(Q5~Q8), 기호식품(Q9~Q12) 중에서 적당한 것을 골라 성별·연령(10세 단위)별 교차 집계 결과를 통계 그래프로 나타내고, 무엇을 알아낼 수 있는지 생각해보세요.

❸ '데이터 01'의 식습관(Q5~Q8)과 기호식품(Q9~Q12) 관계에서 적당한 것을 골라 교차 집계 결과를 통계 그래프로 나타내고, 무엇을 알아낼 수 있는지 생각해보세요.

통계학의 기초

양적 자료 정리하기

양적 자료를 표로 나타내는 방법은 4장에서, 그래프로 나타내는 방법은 6장에서 학습하였습니다. 하지만 표나 그래프에서 얻은 결과만으로는 분석에 사용할 수가 없습니다. 이번 장에서는 양적 자료를 수치로 정리하는 방법에 대해 배워보도록 하겠습니다.

몇 가지 값을 이용해서 '데이터 01'(292~293쪽)에 기재된 건강진단 수험자 60명의 연령을 정리해보겠습니다.

아래에 기재된 것은 건강진단을 받은 중장년 남녀 60명의 연령 데이터입니다. 하지만 이대로는 단순한 수치의 나열에 지나지 않으므로 이것만 가지고는 아무것도 알 수 없습니다.

41	30	44	54	57	48	53	35	38	46	46	35	54	58	52	35	42	57	43	52
48	56	51	35	50	37	34	54	40	37	46	54	42	31	33	47	52	39	43	55
47	38	30	54	38	35	35	59	39	42	48	59	52	59	39	45	46	36	40	40

이러한 데이터를 도수분포표나 히스토그램으로 나타내는 방법은 앞에서 이미 배웠습니다.

도수분포표를 [표 7-1]에, 히스토그램을 [그림 7-1]에 실어두었습니다.

표 7-1 연령의 도수분포표

계급	도수
30세 이상 35세 이하	11
36세 이상 40세 이하	12
41세 이상 45세 이하	8
46세 이상 50세 이하	10
51세 이상 55세 이하	12
56세 이상 60세 이하	7

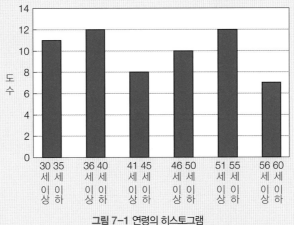

그림 7-1 연령의 히스토그램

하지만 표나 그림에서 얻은 결과는 재사용하기가 곤란합니다. 그렇기 때문에 표나 그림으로 나타내는 것이 아니라 수치로 나타내는 방법이 필요한 것입니다.

건물이나 시설 등의 정보를 설명하려면 위치와 크기를 전달하면 됩니다. 데이터에도 이와 같이 '크기'를 나타내는 대표값과 '산포도(면적)'를 나타내는 대표값이 있습니다.

1분 문제 정리

데이터의 개요를 나타내려면 그 크기와 면적을 제시해야 합니다.

이와 관련해서 다음과 같은 3가지 문제가 발생합니다.

Point 1 ▶ 크기를 나타내는 대표값에는 어떤 것이 있나요?

통계학에서는 크기를 나타내는 대표값을 위치 모수location parameter라고 부릅니다. 여기에는 평균값, 중앙값, 최빈값, 최소값, 최대값 등이 포함됩니다.

그렇다면 이 값들을 어떻게 산출해서 어떤 경우에 사용해야 할까요? 이 질문이 바로 첫 번째 문제입니다.

◀ Point 2 ▶ **산포도를 나타내는 대표값에는 어떤 것이 있나요?**

통계학에서는 면적, 다시 말해 산포도를 나타내는 대표값을 가리켜 척도 모수scale parameter라고 부릅니다. 여기에는 변동, 분산, 표준편차, 범위, 사분위범위 등이 포함됩니다.

그렇다면 이 값들을 어떻게 산출해서 어떤 경우에 사용해야 할까요? 이 질문이 바로 두 번째 문제입니다.

◀ Point 3 ▶ **산포도를 비교하려면 어떻게 해야 하나요?**

크기의 대표값은 크고 작음을 직접 비교하면 되겠지만, 산포도의 대표값을 비교하려면 어떻게 해야 할까요? 이 질문이 바로 세 번째 문제입니다.

크기의 대표값

크기의 대표값(위치 모수)에는 평균값, 중앙값, 최빈값, 최소값, 최대값 등이 있습니다. 지금부터 이 값들에 대해 설명하겠습니다.

평균값과 산출 방법

대상자들의 연령에 대한 평균값을 구해보겠습니다.

평균값은 아래의 식과 같이 데이터의 합계를 인원수로 나누어서 산출합니다. 이때 각각의 대상자를 1, 2, ⋯, n(모두 합쳐서 n명)으로 가정하고, 각 데이터를 x_1, x_2, ⋯, x_n이라고 나타내기로 하겠습니다.

$$\bar{x} = \frac{x_1 + x_2 + \cdots + x_n}{n}$$

사실 평균값이 가장 일반적으로 사용되는 이유는 산출식이 존재하기 때문입니다.

엑셀의 워크시트에서 연령의 평균값을 산출해보겠습니다.

01 구하고자 하는 연령 데이터의 셀 범위([B2]셀에서 [B61]셀까지)를 드래그합니다.

	A	B	C	D	E
1	No	연령			
2	1	41			
3	2	30			
:	3	44			
:	:	:			
60	:	:			
61	60	40			
62					
63					

02 [홈] 탭의 [편집] 그룹에서 [자동 합계] – [합계]를 선택합니다.

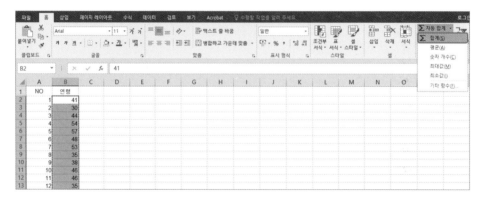

03 [B62]셀에 연령의 합계가 표시됩니다.

	A	B	C	D	E
1	No	연령			
2	1	41			
3	2	30			
:	3	44			
:	:	:			
60	:	:			
61	60	40			
62	합계	2685			
63					

04 [B63]셀에서 연령의 합계를 인원수(60명)로 나눕니다.

	A	B	C	D	E
1	No	연령			
2	1	41			
3	2	30			
:	3	44			
:	:	:			
60	:	:			
61	60	40			
62	합계	2685			
63	평균	= B62/60			

05 평균값이 산출됩니다.

	A	B	C	D	E
1	No	연령			
2	1	41			
3	2	30			
:	3	44			
:	:	:			
60	:	:			
61	60	40			
62	합계	2685			
63	평균	44.75			

이와 같이 엑셀의 [자동 합계] 기능을 사용하면 데이터의 합계를 간단하게 산출할 수 있습니다. 평균값을 구하고자 하는 연령 데이터(예를 들자면 [B2]셀부터 [B61]셀까지)를 드래그하고 [홈] 탭 – [편집] 그룹의 [자동 합계] – [합계]를 클릭하면 [B62]셀에 합계가 표시됩니다.

이 합계를 인원수(60명)로 나누면([B63]셀에 =B62/60이라고 입력) [B63]셀에 평균값(이 예시에서는 44.75)이 표시됩니다. 보고서 등으로 정리할 때는 소수점 2자리에서 반올림해서 44.8과 같이 표기하는 것이 일반적입니다.

> 일반적으로 평균 계산 등으로 구한 값은 주어진 데이터보다 소수점 1자리만 늘어나도록 반올림합니다. 이 경우 연령은 정수값이므로 소수점 1자리까지만 사용하도록 소수점 2자리에서 반올림합니다.

그리고 평균값은 위에서 합계를 구할 때 사용했던 [자동 합계] – [평균]으로 산출할 수도 있고, 평균값을 구하는 통계 함수 'AVERAGE'를 사용해서 산출할 수도 있습니다. 'AVERAGE'를 사용할 때는 평균값을 표시할 셀에

　　　＝AVERAGE(B2:B61)

과 같이 입력하면 됩니다.

중앙값과 산출 방법

데이터를 크기순으로 정렬하였을 때 가운데에 위치하는 값을 가리켜 중앙값Median이라고 부릅니다. 데이터의 개수가 홀수인 경우는 가운데에 해당하는 값이 하나이므로 그 값을 그대로 사용하지만, 짝수인 경우에는 가운데에 낀 두 값의 평균값을 사용합니다.

직접 해보기 **2** 예제 파일 Chapter 07 \ 07–02.xlsx

건강진단을 받은 중장년 남녀의 연령에서 중앙값을 구해보겠습니다.

연령 데이터를 크기순으로 나열해보면 아래와 같습니다. 여기서 30번째 데이터는 44, 31번째 데이터는 45이므로 중앙값은 두 값의 평균인 44.5가 됩니다.

```
30  30  31  33  34  35  35  35  35  35  35  36  37  37  38  38  38  39  39  39
40  40  40  41  42  42  42  43  43 (44)(45) 46  46  46  46  47  47  48  48  48
50  51  52  52  52  52  53  54  54  54  54  55  56  57  57  58  59  59  59
```

이처럼 중앙값 산출에는 계산식이 없기 때문에, 중앙값을 구하는 엑셀의 통계 함수인 'MEDIAN'을 사용해야 합니다. [B2:B61] 셀 범위에 있는 연령 데이터의 중앙값을 구하려면 중앙값을 표시할 셀에

= MEDIAN(B2:B61)

과 같이 입력하면 됩니다.

최빈값과 산출 방법

데이터에서 가장 자주 나오는 값을 가리켜 최빈값Mode이라고 합니다.

최빈값을 구해보겠습니다.

01 연령 데이터가 들어 있는 워크시트를 준비합니다.

	A	B	C	D	E
1	No	연령			
2	1	41			
3	2	30			
:	3	44			
:	:	:			
60	:	:			
61	60	40			
62					
63					

02 최빈값을 표시할 셀(여기서는 [B62]셀)에 통계 함수인 'MODE.SNGL'을 사용해서 =MODE.SNGL (B2:B61)이라고 입력합니다.

	A	B	C	D	E
1	No	연령			
2	1	41			
3	2	30			
:	3	44			
:	:	:			
60	:	:			
61	60	40			
62	최빈값	= MODE.SNGL(B2:B61)			
63					

03 최빈값이 산출됩니다.

	A	B	C	D	E
1	No	연령			
2	1	41			
3	2	30			
:	3	44			
:	:	:			
60	:	:			
61	60	40			
62	최빈값	35			
63					

연령의 최빈값을 구해보았습니다. 앞에서 크기순으로 정렬했던 연령 리스트를 살펴보면 35가 6명, 54가 5명, 46과 52가 각각 4명이므로 이번 예시에서는 35가 최빈값입니다.

이처럼 최빈값 또한 계산으로 산출할 수 없기 때문에, 구하려면 함수를 사용해야 합니다. 최빈값을 구하는 함수는 'MODE.SNGL'입니다. 연령의 최빈값을 구하기 위해 최빈값을 표시할 셀에

= MODE.SNGL(B2:B61)

과 같이 입력하여 산출하였습니다.

최빈값은 마케팅 등의 영역에서 주목하는 경우가 많습니다. 물건을 팔 때 중요한 것은 평균값이나 중앙값이 아니라 구매자의 수이기 때문입니다.

평균값, 중앙값, 최빈값의 비교

앞서 사용한 연령 데이터는 평균값이 44.8, 중앙값이 44.5로 큰 차이가 없지만 최빈값은 35로 큰 차이를 보이고 있습니다. 연령분포가 좌우대칭이 아니라 30대와 50대에 봉우리가 있는 쌍봉형 분포이기 때문입니다.

형태가 좌우대칭이고 가운데에 봉우리가 있는 분포의 경우 평균값, 중앙값, 최빈값이 거의 동일합니다.

한편 데이터 중에 **극단치**라고 해서 다른 데이터에 비해 현저한 차이를 보이는 값이 있는 경우, 평균값은 그 영향을 받기 쉽지만 중앙값이나 최빈값은 거의 영향을 받지 않습니다.

예를 들어 연령 데이터에 61명째로 100세의 고령자를 추가해보면 평균값은 45.7이 되지만, 중앙값은 45, 최빈값은 35 그대로입니다. 이 경우만 보아도 평균값이 극단치의 영향을 받기 쉽다는 것을 명확하게 알 수 있습니다.

극단치(Outlier)

극단치란 다른 값에서 대폭 떨어져 있는 값을 말하며, 측정 실수나 기록 실수 등의 인위적인 이유에 따라 발생한 '이상치'와는 다른 개념입니다.

하지만 이를 구별할 수 없는 경우도 있습니다. 의료 데이터의 경우 환자 데이터가 섞이거나, 공복으로 측정해야 하는데 식후에 측정이 이루어져서 측정 조건이 잘못되는 등 다양한 이유에 의해 발생하므로 주의해서 취급해야 합니다.

극단치가 평균값에 영향을 준다는 것은 앞서 설명하였지만, 분산이나 표준편차에 미치는 영향은 더 큽니다.

분산, 표준편차를 산출하는 워크시트를 보면 이를 명확하게 알 수 있습니다(7.2절의 [직접 해보기 5] 참조). 평균값 44.75에 대해 1번째의 41세는 편차의 제곱이 14.06에 지나지 않는 것에 비해, 2번째의 30세는 217.56으로 매우 큰 값이 됩니다.

분산이나 표준편차에서는 계산 중에 평균과의 차를 제곱하기 때문에 그 영향이 매우 커지는 것입니다.

데이터의 산포도를 나타내는 지표로는 범위, 표본분산, 표본표준편차가 있습니다.

범위란 최대값에서 최소값을 뺀 값으로, 값을 산출할 수 있는 함수는 없지만 최대값과 최소값의 산출이 간단하므로 범위 계산 또한 간단하게 할 수 있습니다. 참고로 엑셀에서는 최대값, 최소값을 구하는 통계 함수 'MAX'와 'MIN'을 사용하면 편리합니다.

분산은 아래 식과 같이 각 데이터로부터 평균값을 뺀 값(편차)을 제곱해서 서로 더한 뒤, 그 값(변동)을 자유도로 나누어서 산출합니다.

$$\text{Var}(x) = S^2 = \frac{(x_1-\bar{x})^2+(x_2-\bar{x})^2+\cdots+(x_n-\bar{x})^2}{n-1} \quad \boxed{(\text{각 데이터}-\text{평균})=\text{편차}}$$

편차를 제곱하기 때문에 각 값이 평균보다 크든 작든 모두 정수가 됩니다.

자유도

데이터 중에서 자유롭게 조작할 수 있는 변수의 개수를 **자유도**라고 부릅니다.
평균값은

$$\frac{x_1+x_2+\cdots+x_n}{n} = \bar{x}$$

로 산출되지만, 위 식은 좌변의 값에 따라서 일방적으로 우변이 정해지므로 x_1, x_2, $\cdots$, x_n은 아무런 제약도 받지 않습니다. 따라서 이 경우 자유도는 n이 됩니다.
한편, 표본분산의 경우에는

$$\frac{(x_1-\bar{x})^2+(x_2-\bar{x})^2+\cdots+(x_n-\bar{x})^2}{n-1} = \text{Var}(x)$$

이므로 좌변의 분자에
$(x_1-\bar{x})+(x_2-\bar{x})+\cdots+(x_n-\bar{x})=0$과 같은 관계(모집단의 평균값에 자유도를 1 빼앗긴다)가 성립되어야 합니다. 따라서 $\bar{x}$는 모집단의 평균값 μ(추출하지 않고 전체 평균을 취한 경우)의 영향을 받습니다(x_1, x_2, $\cdots$, x_n의 평균이 $\bar{x}$이므로 이를 빼면 0이 된다). 그러므로 자유롭게 조작할 수 있는 변수는 하나가 줄어든 $n-1$개가 됩니다.

표본분산 구하기

01 엑셀의 워크시트에서 연령의 표본분산을 구해보겠습니다. 먼저 연령의 평균값을 구해서 [B62]셀에 추가합니다.

	A	B	C	D	E
1	No	연령			
2	1	41			
3	2	30			
:	3	44			
:	:	:			
60	:	:			
61	60	40			
62	평균	= AVERAGE(B2:B61)			
63					

02 각 값에서 평균값을 뺀 편차를 [C]열에 계산합니다.

나머지 연령의 편차를 구하기 위해 [C2]셀의 우측 하단에 마우스 포인터를 놓고 ⬚ 모양으로 변경되면 [C61]셀까지 드래그합니다. [C2]셀의 수식이 자동 복사되어 [C3]셀~[C61]셀의 연령의 편차를 쉽게 구할 수 있습니다.

	A	B	C	D	E
1	No	연령	연령의 편차		
2	1	41	= B2−B62		
3	2	30			
:	3	44			
:	:	:			
60	:	:			
61	60	40			
62	평균	44.75			
63					

03 02와 같은 방법으로 [D]열에서 편차의 제곱을 계산합니다.

	A	B	C	D	E
1	No	연령	연령의 편차	편차제곱	
2	1	41	−3.75	= C2^2	
3	2	30	−14.75		
:	3	44	−0.75		
:	:	:	:		
60	:	:	:		
61	60	40	−4.75		
62	평균	44.75			
63					

04 [D62]셀에 편차의 제곱의 총합(편차제곱합)을 산출합니다.

	A	B	C	D	E
1	No	연령	연령의 편차	편차제곱	
2	1	41	−3.75	14.0625	
3	2	30	−14.75	217.5625	
:	3	44	−0.75	0.5625	
:	:	:	:	:	
60	:	:	:	:	
61	60	40	−4.75	22.5625	
62	평균	44.75	편차제곱합	= SUM(D2:D61)	
63					

셀을 절대참조, 즉 다른 셀에 수식을 복사해도 참조하는 셀을 고정하고 싶다면 해당 셀 주소를 입력하고 [F4]키를 눌러 $ 기호를 추가해주면 됩니다.
(평균값 셀인 B62를 입력하고 [F4]키를 누르면 다른 셀에 수식을 복사해도 [B62]셀이 참조됩니다.)

05 [D63]셀에서 편차제곱합을 자유도로 나눠서 표본분산(69.98729)을 산출합니다. 여기서 말하는 자유도는 데이터의 수로부터 1을 뺀 수입니다.

	A	B	C	D	E
1	No	연령	연령의 편차	편차제곱	
2	1	41	−3.75	14.0625	
3	2	30	−14.75	217.5625	
:	3	44	−0.75	0.5625	
:	:	:	:	:	
60	:	:	:	:	
61	60	40	−4.75	22.5625	
62	평균	44.75	편차제곱합	4129.25	
63			표본분산	= D62/(60−1)	

함수를 이용해서 표본분산을 산출할 경우에는 통계 함수인 'VAR.S'를 사용합니다. 필요한 셀에

    = VAR.S(B2:B61)

이라고 입력하면 됩니다.

분산과 표본분산

자유도는 '데이터가 어떻게 모아진 것인지'에 따라 달라집니다.

예를 들어 학교에서 한 반의 학생들에게만 담임교사가 독자적으로 만든 시험을 보도록 하고, 그 결과를 집계했다면 당연히 그 반의 학생들만 주목하게 될 것입니다. 이처럼 범위가 국한된 경우에는 자유도가 대상자 수와 같습니다.

하지만 그 반의 학생들이 전국의 같은 학년 학생 중에서 선발된 대표이고, 시험도 전국 모의고사처럼 다른 지역과 동일한 문제였다면 경우가 다릅니다. 이 경우에는 데이터가 전체 평균값(모평균)의 영향 하에 있다고 볼 수 있으므로 자유도는 '대상자 수 − 1'이고, 여기서 얻은 분산은 표본분산에 해당하게 됩니다.

표본표준편차 구하기

01 표본분산의 제곱근을 구하면 그 값이 표본표준편차(8.36584)가 됩니다.

	A	B	C	D	E
1	No	연령	연령의 편차	편차제곱	
2	1	41	-3.75	14.0625	
3	2	30	-14.75	217.5625	
:	3	44	-0.75	0.5625	
:	:	:	:	:	
60	:	:	:	:	
61	60	40	-4.75	22.5625	
62	평균	44.75	편차제곱합	4129.25	
63			표본분산	69.98729	
64			표본표준편차	= SQRT(D63)	

함수를 사용해서 표본표준편차를 구하려면 통계 함수인 'STDEV.S'를 사용합니다. 필요한 셀에

= STDEV.S(B2:B61)

이라고 입력하면 됩니다.

사분위범위 구하기

데이터를 크기순으로 정렬했을 때, 전체의 25%, 75%에 해당하는 순위의 값을 각각 **제1 사분위수**, **제3 사분위수**라고 부릅니다.

그리고 제3 사분위수에서 제1 사분위수를 뺀 값을 **사분위범위**interquartile range라고 부릅니다.

사분위범위를 구해보겠습니다.

01 연령 데이터가 들어 있는 워크시트를 준비합니다.

	A	B	C	D	E
1	No	연령			
2	1	41			
3	2	30			
:	3	44			
:	:	:			
60	:	:			
61	60	40			
62					
63					
64					

02 통계 함수 'QUARTILE'을 이용해서 제1 사분위수와 제3 사분위수를 구합니다.

제1 사분위수를 구하기 위해서 [B62]셀에 =QUARTILE(B2:B61,1)을, 제3 사분위수를 구하기 위해서 [B63]셀에 =QUARTILE(B2:B61,3)을 입력합니다.

	A	B	C	D	E
1	No	연령			
2	1	41			
3	2	30			
:	3	44			
:	:	:			
60	:	:			
61	60	40			
62	제1 사분위수	= QUARTILE(B2:B61,1)			
63	제3 사분위수	= QUARTILE(B2:B61,3)			
64					

03 제1 사분위수가 38, 제3 사분위수가 52로 나왔습니다.

	A	B	C	D	E
1	No	연령			
2	1	41			
3	2	30			
:	3	44			
:	:	:			
60	:	:			
61	60	40			
62	제1 사분위수	38			
63	제3 사분위수	52			
64					

04 사분위범위는 제3 사분위수에서 제1 사분위수를 빼면 되므로 [B64]셀에 =B63−B62를 입력합니다.

	A	B	C	D	E
1	No	연령			
2	1	41			
3	2	30			
:	3	44			
:	:	:			
60	:	:			
61	60	40			
62	제1 사분위수	38			
63	제3 사분위수	52			
64	사분위범위	=B63−B62			

05 [B64]셀에 사분위범위가 구해졌습니다.

	A	B	C	D	E
1	No	연령			
2	1	41			
3	2	30			
:	3	44			
:	:	:			
60	:	:			
61	60	40			
62	제1 사분위수	38			
63	제3 사분위수	52			
64	사분위범위	14			

사분위수 역시 산출식이 없기 때문에 QUARTILE 함수를 이용해 산출했습니다. [B2]셀에서 [B61]셀까지의 수치에서 제1 사분위수와 제3 사분위수를 구하기 위해 각각

= QUARTILE(B2:B61,1)

= QUARTILE(B2:B61,3)

과 같이 입력했습니다. 따라서 사분위범위는

= QUARTILE(B2:B61,3) − QUARTILE(B2:B61,1)

과 같이 계산합니다.

표준편차 비교하기

표준편차는 '산포도를 나타내는 모수'입니다.

[표 7-2]에서 수축기 혈압과 확장기 혈압의 표본표준편차는 각각 19.9과 14.8입니다. 그렇다면 이 값을 단순히 비교해서 '수축기 혈압 쪽 데이터가 더 흩어져 있다'라고 보아도 될까요? 아니라면 어느 쪽 데이터가 더 흩어져 있는 걸까요?

이 문제를 해결하기 위해서 단순히 표준편차 값을 비교하는 것은 무의미합니다. 왜냐하면 이 경우 데이터의 값이 크면 클수록 더 많이 흩어진 것으로 보게 되기 때문입니다.

이 점을 보정하기 위해서 표준편차를 평균값으로 나눈 값의 100배인 변동계수를 사용합니다.

수축기 혈압(그림 7-2)과 확장기 혈압(그림 7-3)의 평균값은 각각 122.3과 69.9이므로 변동계수는 각각 16.3과 21.2가 됩니다. 따라서 확장기 혈압 쪽이 더 많이 흩어져 있다고 볼 수 있습니다.

표 7-2 수축기 혈압과 확장기 혈압의 평균값과 표준편차

	평균값	표본표준편차
수축기 혈압	122.3	19.9
확장기 혈압	69.9	14.8

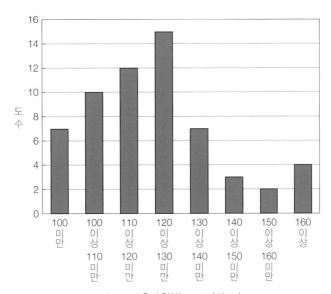

그림 7-2 수축기 혈압(mmHg)의 도수

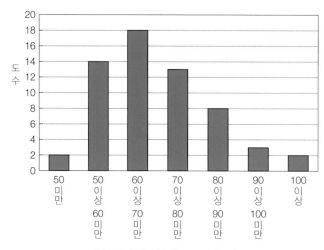

그림 7-3 확장기 혈압(mmHg)의 도수

변화율

데이터 중에는 성별처럼 '일반적으로 변화하지 않는 것', 연령처럼 '단위 기간에 일정량이 변화하는 것', '시간 경과에 따라 변화하는 것'들이 많습니다.

'데이터 01'(292~293쪽)에는 현재의 체중과 5년 전의 체중이 포함되어 있습니다. 따라서 현재 체중에서 5년 전의 체중을 빼면 5년간의 변화량을 계산할 수 있습니다.

하지만 변화 상태를 알고자 하는 경우에는 '단위 기간당 변화량'을 산출해야 합니다. 사용하는 단위 기간은 변수에 따라서 다양하지만, 신체의 변화에는 연 단위를 사용하는 경우가 많으므로 '1년간 얼마나 변화했는지'를 알아야 합니다.

'데이터 01'로는 5년간의 변화량을 계산할 수 있으므로, 그 값을 5로 나누면 1년당 변화량을 알 수 있습니다.

분석 도구 사용

엑셀에는 '데이터 분석'이라고 하는 도구 모음이 내장되어 있습니다. 이 도구를 사용하면 지금까지 구해왔던 것들의 대부분을 수치 결과로 산출할 수 있습니다.

01 먼저, 여러분의 엑셀에서 데이터 분석 도구를 사용할 수 있는지 확인해보세요. [데이터] 탭을 선택했을 때 [분석] 그룹에서 [데이터 분석]이 보이면 문제없습니다.

02 만약 [데이터 분석]이 보이지 않는다면 상단에서 [파일] 탭을 클릭한 뒤, 나타나는 좌측 메뉴 하단에서 [옵션]을 선택합니다.

03 [Excel 옵션] 대화상자가 나타나면 좌측 메뉴에서 [추가 기능]을 선택합니다.

04 하단의 [관리]에서 'Excel 추가 기능'을 선택하고 [이동] 버튼을 클릭합니다.

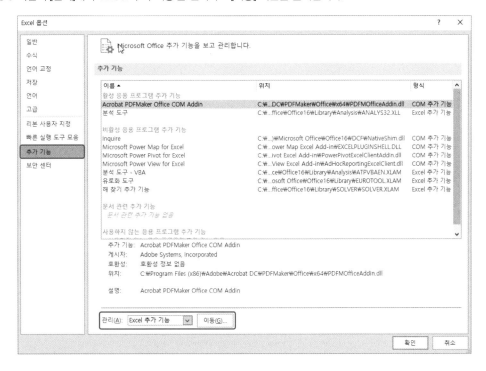

05 [추가 기능] 대화상자가 나타나면 [사용 가능한 추가 기능]에서 '분석 도구'에 체크하고 [확인] 버튼을 클릭합니다. 이제 [데이터 분석] 도구를 사용할 수 있습니다.[1]

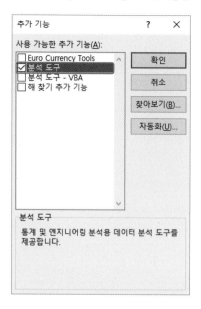

06 [데이터] 탭 – [분석] 그룹에서 [데이터 분석]을 클릭하면 [통계 데이터 분석] 대화상자가 나타납니다. [분석 도구]에서 '기술 통계법'을 선택하고 [확인] 버튼을 클릭합니다.

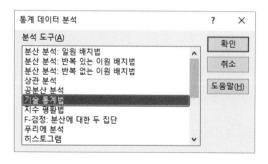

---

1 역자주_ 엑셀의 검색 창에 '추가 기능'을 입력하면 [추가 기능] 대화상자를 더 쉽고 빠르게 실행할 수 있습니다.

07 [기술 통계법] 대화상자가 나타나면 [입력 범위]에 분석 대상 데이터의 범위를 지정하고, [출력 범위]에 결과를 표시할 영역을 지정합니다. 출력에는 2열×15행이 필요하므로 그 이상의 셀 범위를 지정해주세요. 이어서 [요약 통계량]에 체크하고 [확인] 버튼을 클릭합니다.

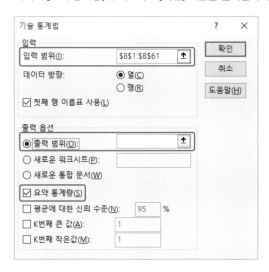

08 다음과 같은 결과가 출력됩니다.

연령(현재)	
평균	44.75
표준오차	1.080025371
중앙값	44.5
최빈값	35
표준편차	8.365840552
분산	69.98728814
첨도	−1.154775618
왜도	0.082797648
범위	29
최소값	30
최대값	59
합	2685
관측수	60

위 결과표에는 아직 설명하지 않은 통계량도 함께 나와 있으므로, 보충 설명을 해두겠습니다.

▶ **표준오차(standard error)**

일반적으로는 데이터에서 산출(추정)된 각종 통계량이 가진 오차를 가리키지만, 여기서 산출된 값은 평균값의 표준오차^{standard error of mean}입니다.

다시 말해 산출된 평균값이 어느 정도의 오차를 가지고 있는지를 나타내는 값으로, 다음 장에서 다루는 구간추정에서도 이 값을 사용합니다.

▶ **첨도(kurtosis)**

데이터 분포의 뾰족한 정도를 나타내는 통계량입니다. 여기서 뾰족한 정도란 데이터 분포에서 봉우리가 얼마나 뾰족하게 솟아있는지를 가리킵니다. 첨도의 산출식은 다음과 같습니다.

$$\frac{\dfrac{\sum_{i=1}^{n}(x_1-\bar{x})^4}{n}}{\sigma^4-3}$$

이 식의 결과가 0일 때, 다음 장에서 설명할 정규분포와 같은 첨도를 가집니다.

결과가 양수인 경우에는 정규분포보다 뾰족하고, 음수인 경우에는 정규분포보다 둥글고 뭉툭한 형태입니다.

▶ **왜도(skewness)**

비대칭도라고도 합니다. 데이터 분포의 비뚤어진 정도를 나타내는 통계량으로, 분포의 대칭성을 나타내는 값입니다.

구체적인 예시로 일본 국민 전체의 연령분포를 구해봅시다. 저출산과 고령화가 진행되고 있기 때문에 데이터는 좌우대칭이 아니라 고령자 쪽으로 치우쳐 있을 것입니다. 이러한 경우를 나타내는 값은 다음 계산식으로 구할 수 있습니다.

$$\frac{\dfrac{\sum_{i=1}^{n}(x_1-\bar{x})^3}{n}}{\sigma^3}$$

이 식의 결과가 양수라면 오른쪽, 다시 말해 값이 큰 쪽(고령자 쪽)으로 꼬리가 길게 늘어져 있을 것이고 반대로 결과가 음수라면 왼쪽, 다시 말해 값이 작은 쪽(아이들 쪽)으로 꼬리가 길게 늘어져 있을 것입니다.

그리고 값의 절대값은 치우친 정도(이 예시에서는 고령화의 진행 정도)를 나타냅니다.

값이 0일 때에는 좌우대칭의 분포(연령분포에 치우침이 없는 분포)를 나타냅니다.

일본의 연령분포 형태는 거의 좌우 대칭(남녀 차이 없음)이고, 정규분포에 비해 덜 뾰족하고 뭉툭한 형태(노동자 인구가 적음)에 해당합니다.

1분 마무리

❶ 크기를 나타내는 대표값으로는 평균값, 중앙값, 최빈값, 최대값, 최소값 등이 있습니다.

❷ 산포도를 나타내는 대표값으로는 분산, 표준편차, 사분위범위, 범위(=최대값−최소값, range) 등이 있습니다.

❸ 산포도의 대표값인 표준편차를 비교하려면 변동계수(=표준편차÷평균값×100)를 사용합니다.

분석 목적	사용 방법	엑셀 함수
위치 모수	평균값 중앙값 최빈값	AVERAGE MEDIAN MODE.SNGL
척도 모수	표본분산 표본표준편차 사분위범위 범위	VAR.S STDEV.S QUARTILE MAX−MIN
산포도의 비교	변동계수	
변화율 산출		

혼자 해보기 [혼자 해보기] 해답 − 305쪽

❶ '데이터 01'(292~293쪽)에서 남녀별로 연령, 신장, 체중의 평균값을 구해보세요.

❷ '데이터 01'에서 신장과 체중의 표본분산, 표본표준편차를 구해서 산포도를 비교해보세요.

　둘 다 엑셀의 표 계산 기능을 사용해서 값을 구하고, 함수를 사용해서 결과를 비교해보세요.

❸ '데이터 01'에서 수축기 혈압과 확장기 혈압의 연간 변화율을 구해보세요.

추측과 판단

통계학에 의한 추측과 판단

이번 장에서는 7장에서 학습했던 대표값을 사용해서 통계학적 추정을 수행하는 방법에 대해 학습합니다.

'데이터 01'(292~293쪽)에서 60명의 중장년층 건강검진 수험자를 대상으로 수축기 혈압을 측정한 결과, 평균 값은 122.3mmHg, 표본표준편차는 19.9mmHg가 나왔습니다.
이때 이 대상자를 전국의 중장년층 중에서 선발한 60명이라고 가정하면, 측정 결과는 전국 중장년층의 수축기 혈압의 참값에 영향을 받고 있다고 볼 수 있습니다.
그렇다면, 반대로 이 측정값으로부터 참값의 정보를 얻을 수는 없을까요?

위 가설을 기반으로 하여, 이 결과를 가지고 전국 중장년층의 수축기 혈압 값을 추측해보겠습니다.

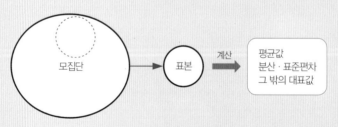

그림 8-1 모집단과 표본의 관계

🔍 1분 문제 정리

'측정으로 얻은 수치'는 어떤 구조로 이루어져 있을까요? 그리고 그 값으로부터 모집단의 값을 알아내려면 어떻게 해야 할까요?

《Point 1》▶ 측정으로 얻은 실제 값이란 어떤 구조일까?

측정값은 참값과 각 측정에서 발생한 오차로 이루어져 있습니다. 이 각각의 성질을 확실히 하는 것이 첫 번째 문제입니다.

《Point 2》▶ 참값은 어떻게 해야 구할 수 있을까?

얻고자 하는 정보에 대해서 정확히 알아야만 그 정보를 구할 수 있을까요?

통계학에서는 어떤 가능성 하에 존재하는 구간을 추정할 수 있습니다. 이를 구간추정이라고 부르는데, 이 구간은 어떻게 해야 구할 수 있을까요? 이것이 두 번째 문제입니다.

《Point 3》▶ 추정한 결과가 올바른지 판단하려면 어떻게 해야 할까?

추정한 결과가 올바른지 아닌지를 통계 이론적으로 판단하는 방법을 검정이라고 부릅니다. 그렇다면 검정은 어떤 행위를 말하는 걸까요? 이것이 세 번째 문제입니다.

어느 모집단에 포함되는 각 대상자(i라고 하겠습니다. $i=1,\cdots,\infty$)의 측정치 x_i는

- 동일한 모집단에 포함되어 있다는 조건
- 개인차가 존재한다는 조건

에 영향을 받습니다.

또한, 측정 시에 발생하는 오차가 합쳐진 상태로 측정값이 얻어집니다.

이를 식으로 나타내면 모집단의 평균값 μ와 피측정자의 특성 f_i에 측정 시의 오차 e_i를 더해서 다음과 같이 됩니다.

$$x_i = \mu + f_i + e_i$$

단, 이 식에서

$$\sum_{i=1}^{\infty} f_i = 0, \quad \sum_{i=1}^{\infty} e_i = 0$$

이 됩니다.

신장으로 예를 들자면, f_i(i가 몇 개이던 모두 더한다는 의미로, 1부터 양의 무한대까지 더합니다)는 '키가 큰 사람도 있고 작은 사람도 있지만 전체적으로 보면 그 차이는 미미하다'라는 의미입니다. 그리고 e_i는 '측정 시 발생하는 오차는 측정을 반복하다 보면 점점 줄어든다'라는 의미입니다.

즉, 모든 대상자의 특성과 오차의 합계는 모두 0이 되므로 '표본을 많이 늘리면 늘릴수록 그 결과가 모집단에 가까워진다'라는 것입니다. 하지만 실제로 모든 대상자를 측정하는 것은 불가능한 경우가 많으므로 참값인 μ를 알 수는 없습니다.

아무리 정밀도가 높은 측정기기를 사용해서 측정을 해도 참값을 얻을 수는 없습니다. 왜냐하면 측정에는 반드시 오차가 동반되기 때문입니다. 하지만 측정을 반복함으로써 오차를 점차 줄여나갈 수는 있습니다.

산출식을 사용하지 않고 추정을 할 수는 있지만, 이 경우 얻은 결과가 올바른지 아닌지를 판정해야 합니다. 이 작업을 **통계적 검정**이라고 부릅니다.

8.2 대표값의 추정

그렇다면 참값이란 어떤 구조로 이루어진 값일까요? 이것만큼은 아무도 정확히 모르기 때문에, 말 그대로 '신만이 아신다'라는 표현이 맞을 것입니다.

하지만 명백히 존재하는 값이기 때문에 값이 어느 정도인지 추측할 수는 있습니다. 이것이 바로 **추정**이라고 불리는 통계학의 '역할' 중 하나입니다.

그리고 모수의 추정에는 점추정과 구간추정이라는 것이 있는데, **점추정**이란 '가장 가능성이 높은 값 하나'를 구하는 방법이고 **구간추정**은 '어느 가능성 하에 존재하는 범위(구간)'를 구하는 방법입니다. 이렇듯 모수가 포함될 가능성이 있는 범위를 신뢰구간이라고 합니다.

신장이나 체중과 같이 음수일 리가 없는 측정치를 예로 들자면, 0보다 큰 범위를 정했을 때 참값은 그 범위의 어딘가에 존재할 것입니다.

> 이를 위한 방법으로 추정을 위한 '통계량'을 준비해서 그 통계량이 기존의 확률분포에 대응된다는 점을 이용합니다.

추정을 하기 위해서는 아래의 [표 8-1]에 나와 있는 정보가 필요합니다. 특히 표본의 대상 수는 반드시 필요하고, 모평균이나 모분산 중 어느 쪽을 쓰더라도 표본 또는 모집단의 평균, 표본 또는 모집단의 분산이 필요합니다.

표 8-1 추정에 필요한 정보

	대상 수	평균	분산
모집단		둘 중 하나	둘 중 하나
표본	필수		

평균값 추정

평균값의 점추정량[1]은 표본의 평균값과 일치하기 때문에 여기에서는 다루지 않습니다.

구간추정은 평균값을 낀 신뢰구간의 폭이 정해지면 구할 수 있습니다. 이 폭은 존재하는 가능성(신뢰계수)에 의해 정해지며, 가능성이 높을수록 폭이 넓어집니다. 그렇다면 신뢰구간을 구하려면 어떻게 해야 할까요?

추정 결과의 신뢰성

여기서는 '데이터 01'(292~293쪽)에서 가져온 60명의 측정 결과로부터 전체 평균값(모평균)을 추정해볼 것입니다.

그렇다면 만약 100명의 측정을 수행한 경우는 어떻게 될까요?

[신뢰구간 산출식]

$$\bar{x} - t_{(\alpha/2,\ n-1)} \times \frac{s}{\sqrt{n}} \leq \mu \leq \bar{x} + t_{(\alpha/2,\ n-1)} \times \frac{s}{\sqrt{n}}$$

위 식에서 알 수 있듯이, 표본표준편차인 s가 작아지면 구간의 폭도 작아집니다.

따라서 사용한 표본집단의 산포도가 작다면 보다 정확한 추정을 할 수 있게 됩니다. 하지만 이 부분은 연구자가 어떻게 할 수 있는 부분이 아닙니다.

한편 표본의 개수인 n이 커져도 구간의 폭이 작아지는데 이 부분은 연구자의 노력에 따라서 대응이 가능합니다. 하지만 $\sqrt{n}$ 이기 때문에 대상자 수를 100배로 늘려도 정밀도는 10배밖에 되지 않으므로 효과는 그리 크지 않습니다. 게다가 일반적으로 데이터를 수집하는 데에는 비용이 들기 때문에 대상자 수를 크게 늘리는 것 또한 불가능합니다. 그렇기 때문에 대상자의 수는 이러한 점을 고려해서 결정해야 합니다.

지금 모집단의 분산 σ^2과 표본의 개수 n, 평균 $\bar{x}$를 알고 있다고 가정하겠습니다. 이 경우, 표본의 평균 $\bar{x}$는 정규분포 $N(\mu,\ \sigma^2/n)$을 따라가므로 $\bar{x}$를 표준화한 통계량

$$\frac{\bar{x} - \mu}{\dfrac{\sigma}{\sqrt{n}}}$$

는 표준정규분포 $N(0,\ 1)$을 따라가게 됩니다.

---

1 역자주_ 관측된 확률변수에 대해 이미 알려진 함수

따라서 표준정규분포의 확률 $1-\alpha$에 대응하는 표준정규분포의 값을 $Z_{1-\alpha}$로 하면

$$-Z_{1-\alpha/2} \leq \frac{\bar{x}-\mu}{\dfrac{\sigma}{\sqrt{n}}} \leq Z_{1-\alpha/2}$$

라는 부등식이 성립됩니다.

여기서 α를 결정하면 $\bar{x}$는 표본의 평균, σ는 이미 알고 있는 모집단의 표준편차, n은 표본의 개수이므로 μ 외의 모든 값을 알게 됩니다. 그러므로 이 식을 μ에 대해 풀어보면 그 범위를 아래와 같이 구할 수 있습니다.

$$\bar{x}-Z_{1-\alpha/2} \times \left(\frac{\sigma}{\sqrt{n}}\right) \leq \mu \leq \bar{x}+Z_{1-\alpha/2} \times \left(\frac{\sigma}{\sqrt{n}}\right)$$

정규분포

정규분포는 독일의 수학자 가우스가 제창한 연속확률분포입니다. 자연이나 인간 사회에서 일어나는 수많은 현상에 적용하기에 적합하기 때문에 통계학 이론 · 응용에서 매우 중요한 역할을 하고 있습니다. 확률 밀도 함수는 다음과 같은 식으로 나타냅니다.

$$f(x) = \frac{1}{\sqrt{2\pi}\,\sigma} \exp\left\{-\frac{(x-\mu)^2}{2\sigma^2}\right\} \qquad (-\infty<x<\infty)$$

위 식은 평균이 μ이고 분산이 σ^2이 되는 좌우대칭의 단봉분포를 나타내며, μ와 σ만으로 결정됩니다. 이를 $N(\mu, \sigma^2)$으로 나타냅니다. 다양한 측정값이 정규분포를 따르는데, 특히 신장, 체중 등의 신체 계측치는 거의 대부분이 그러합니다. 그리고 시험 성적도 정규분포를 따르는 경우가 많습니다.

각 데이터에서 '평균값을 빼거나', '표준편차로 나누는' 등의 표준화를 수행한 데이터는 표준 정규분포(z 분포)를 따른다고 알려져 있습니다. 표준정규분포는 다음과 같은 식으로 나타냅니다.

$$f(x) = \frac{1}{\sqrt{2\pi}} \exp\left\{-\frac{x^2}{2}\right\} \qquad (-\infty<x<\infty)$$

통계학 교과서의 뒷부분에 곧잘 게재되곤 하는 수치표는 아래의 누적 분포 함수로 구한 것입니다. 그리고 이 표준정규분포는 반드시 모평균 0, 모분산 1이 됩니다.

$$\phi(x) = \int_{-\infty}^{z} \frac{1}{\sqrt{2\pi}} \exp\left\{-\frac{x^2}{2}\right\} dx$$

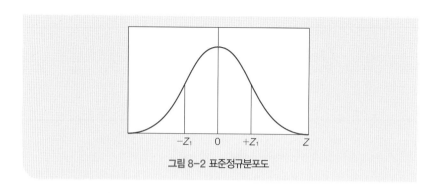

그림 8-2 표준정규분포도

하지만 모집단의 분산을 사전에 알고 있는 경우는 일반적으로 있을 리 없으므로, 실제로는 평균과 같이 표본으로부터 계산해낸 표본분산 s^2을 사용하게 됩니다.

이 경우, 통계량

$$\frac{\bar{x} - \mu}{\frac{s}{\sqrt{n}}}$$

가 자유도 $n-1$의 t 분포에 따른다는 점을 이용합니다. 그리고 t 분포도 [그림 8-3]의 표준정규분포와 같이 좌우대칭입니다.

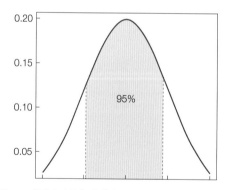

그림 8-3 추정값의 존재 범위(점선 사이의 음영 부분에 존재한다)

이 경우, 모평균값의 신뢰계수인 $1-\alpha$의 신뢰구간은 표본의 평균을 x, 표본표준편차를 s로 지정하면

$$\bar{x} - t_{(\alpha/2,\, n-1)} \times \left(\frac{s}{\sqrt{n}}\right) \leq \mu \leq \bar{x} + t_{(\alpha/2,\, n-1)} \times \left(\frac{s}{\sqrt{n}}\right)$$

가 됩니다.

모평균값의 95% 신뢰구간을 구해보겠습니다.

01 먼저 수축기 혈압의 평균값과 표본표준편차를 구합니다.

	A	B	C	D
1	No	수축기 혈압		
2	1	137		
3	2	126		
:	3	165		
:	:	:		
60	:	:		
61	60	153		
62		=AVERAGE(B2:B61)		
63		=STDEV.S(B2:B61)		
64				

02 그다음에는 앞에서 설명했던 방법대로 자유도 59의 t 분포 0.025의 값을 구합니다.

	A	B	C	D
1	No	수축기 혈압		
2	1	137		
3	2	126		
:	3	165		
:	:	:		
60	:	:		
61	60	153		
62		122.2667		
63		19.89623		
64		=T.INV.2T(0.025,59)		

03 t값이 2.300047로 구해졌으므로, 신뢰구간의 식을 적용해서 하한과 상한을 계산합니다.

	A	B	C	D
1	No	수축기 혈압		
2	1	137		
3	2	126		
:	3	165		
:	:	:		
60	:	:		
61	60	153		
62		122.2667	=B62−B64*B63/SQRT(59)	
63		19.89623	=B62+B64*B63/SQRT(59)	
64		2.300047		

04 이 표에서는 하한이 [C62]셀에, 상한이 [C63]셀에 출력되었습니다.

	A	B	C	D
1	No	수축기 혈압		
2	1	137		
3	2	126		
:	3	165		
:	:	:		
60	:	:		
61	60	153		
62		122.2667	116.3089	
63		19.89623	128.2244	
64		2.300047		

여기서 $t_{(\alpha/2,\,n-1)}$은 자유도 $n-1$의 t 분포 $\alpha/2$의 값을 나타내며, 엑셀에서는 통계 함수 'T.INV.2T'를 사용해서

$$= \text{T.INV.2T}(\alpha/2,\ n-1)$$

과 같이 계산할 수 있습니다.

지금 $1-\alpha$가 95%이므로 α=0.05, $\alpha/2$=0.025가 되고, n=60이므로 계산 결과를 출력할 셀에 =T.INV.2T (0.025,59)라고 입력한 것입니다.

엑셀을 사용해서 실제로 계산해보면 수축기 혈압의 모평균값 μ의 95% 신뢰구간은

$$116.31 \leq \mu \leq 128.22$$

가 됩니다. 참고로 모평균값 μ의 99% 신뢰구간은

$$114.71 \leq \mu \leq 129.82$$

가 됩니다(그림 8-3).

분산 추정

한편, 모분산의 신뢰계수 $1-\alpha$의 신뢰구간을 구하기 위해서는 평균값 $\bar{x}$, 모분산 σ^2, 표본분산 s^2에서 통계량

$$T = \frac{(x_1-\bar{x})^2+(x_2-\bar{x})^2+\cdots+(x_n-\bar{x})^2}{\sigma^2} = \frac{(n-1)s^2}{\sigma^2}$$

이 자유도 $n-1$의 χ^2(카이제곱) 분포에 따르는 점을 이용해서

$$\frac{(n-1)s^2}{\chi^2_{(\alpha/2,\, n-1)}} \leq \sigma^2 \leq \frac{(n-1)s^2}{\chi^2_{(1-\alpha/2,\, n-1)}}$$

과 같이 구할 수 있습니다.

모분산의 95% 신뢰구간을 구해보겠습니다.

01 먼저 수축기 혈압의 표본분산을 구합니다.

	A	B	C	D
1	No	수축기 혈압		
2	1	137		
3	2	126		
:	3	165		
:	:	:		
60	:	:		
61	60	153		
62		=VAR.S(B2:B61)		
63				
64				

02 그다음에는 앞에서 설명했던 방법에 따라 자유도 59의 χ^2 분포 0.025와 0.075의 값을 구합니다.

	A	B	C	D
1	No	수축기 혈압		
2	1	137		
3	2	126		
:	3	165		
:	:	:		
60	:	:		
61	60	153		
62		395.8599		
63		=CHISQ.INV.RT(0.025,59)		
64		=CHISQ.INV.RT(0.075,59)		

03 0.025와 0.075의 값이 구해졌으므로, 신뢰구간의 식에 대입해서 신뢰구간의 하한과 상한을 구합니다. 여기서는 [C63]셀에 하한을, [C64]셀에 상한을 출력할 것입니다.

	A	B	C	D
1	No	수축기 혈압		
2	1	137		
3	2	126		
:	3	165		
:	:	:		
60	:	:		
61	60	153		
62		395.8599		
63		82.11741	=59*B62/B63	
64		75.27869	=59*B62/B64	

04 하한과 상한의 값이 구해졌습니다.

	A	B	C	D
1	No	수축기 혈압		
2	1	137		
3	2	126		
:	3	165		
:	:	:		
60	:	:		
61	60	153		
62		395.8599		
63		82.11741	284.4188	
64		75.27869	210.2569	

위 식에서 $\chi^2_{(\alpha/2,\,n-1)}$은 자유도 $n-1$의 확률 $\alpha/2$의 χ^2값으로, 엑셀에서는 통계 함수 'CHISQ.INV.RT'를 사용해서

$$= \text{CHISQ.INV.RT}(\alpha/2,\, n-1)$$

과 같이 구할 수 있습니다.

지금 $1-\alpha$가 95%이고 $\alpha/2=0.025$, $n=60$이므로 값을 구하고자 하는 셀에 =CHISQ.INV.RT(0.025, 59)라고 입력한 것입니다.

실제로 엑셀을 사용해서 값을 구해보면 수축기 혈압의 모분산 σ^2의 95% 신뢰구간은 $284.42 \le \sigma^2 \le 310.26$이 됩니다.

비율 추정

n명 중 m명이 어느 조건에 해당할 경우, 그 비율(p)은

$$p = \frac{m}{n}$$

과 같이 구할 수 있습니다. 이 비율의 $1-\alpha$ 신뢰구간을 구하려면 m이 이항분포 $B(n, p)$를 따를 때 통계량

$$\frac{m-np}{\sqrt{np(1-p)}}$$

가 표준정규분포 $N(0, 1^2)$에 따른다는 점을 이용합니다.

이항분포

동전을 던졌을 때 앞면이나 뒷면이 나오는 것처럼 결과가 둘 중 하나이고(A, B) 각각의 확률이 p, $1-p$로 일정할 경우, 이를 n번 반복해서 시행한다고 하겠습니다.

이때 A가 x번 일어난다면 B는 $n-x$번 일어나게 됩니다. 따라서 그 확률은

$$f(x) = {}_nC_x p^x (1-p)^{n-x} \qquad x = 0, 1, \cdots, n$$

과 같이 주어집니다.

이 확률분포를 이항분포[binomial distribution]라고 부르며, $B_i(n, p)$와 같이 표현합니다.

X가 이항분포 $B_i(n, p)$에 따르는 경우, 그 기대값과 분산은 각각

$$E(X) = np, \qquad V(X) = np(1-p)$$

가 됩니다.

이때, 이 비율의 신뢰구간은

$$\frac{m - Z_{1-\alpha/2}\sqrt{np(1-p)}}{n} \leq p \leq \frac{m + Z_{1-\alpha/2}\sqrt{np(1-p)}}{n}$$

가 됩니다.

직접 해보기 3

예제 파일 Chapter 08 \ 08-03.xlsx

총 콜레스테롤이 220 이상이면 '콜레스테롤 이상'으로 판정됩니다. 따라서 건강검진 데이터를 이용해서 총 콜레스테롤 이상자 비율의 95% 신뢰구간을 추정해보겠습니다. 건강검진 수험자 60명(n) 중 23명(m)이 220 이상입니다.

01 필요한 정보를 워크시트에 준비합니다.

	A	B	C
1	n	60	
2	m	23	
3	p=m/n	=B2/B1	
4	1-p	=1-B2/B1	
5	Z	=NORM.S.INV(0.975)	
6		=B5*SQRT(B1*B3*B4)	
7	하한	=(B2-B6)/B1	
8	상한	=(B2+B6)/B1	

02 순서대로 계산해보면 다음과 같습니다.

	A	B	C
1	n	60	
2	m	23	
3	p=m/n	0.383333333	
4	1−p	0.616666667	
5	Z	1.959963985	
6		7.381374597	
7	하한	0.260310423	
8	상한	0.506356243	

171쪽의 $Z_{1-\alpha/2}$는 표준정규분포의 확률 $1-\alpha/2$의 값으로, 엑셀에서는 통계 함수 'NORM.S.INV'를 이용해 구할 수 있습니다.

엑셀을 사용해서 실제로 계산해본 결과, 95% 신뢰구간은

$$0.260 \leq p \leq 0.506$$

이 됩니다.

8.3 검정 순서

문제가 발생하거나 어떠한 사건이 일어날 것으로 예상할 때는 그 사건이 무조건 발생해도 이상하지 않은 사건인지, 아니면 보통은 거의 발생하지 않고 무언가 특별한 이유(배경 요인)로 인해 발생하는 사건인지를 명확히 해두어야 합니다. 여기서 사용되는 방법이 바로 **통계적 검정**입니다.

그렇다면 이 통계적 검정이란 어떤 절차에 따라서 수행되는 것일까요? 먼저 검정을 수행할 때의 전제 조건으로서 **귀무가설**을 설정합니다.

귀무가설과 대립가설

귀무가설이란 검정을 수행할 때의 가정이 되는 것을 말합니다. 보통 설문조사나 연구에서는 차이를 명확히 검증하고자 하는 경우가 많습니다. 이때 검증을 위해서 '차이가 없다', '같다'라는 가설을 설정하는데, 이 가설을 귀무가설이라고 합니다. 그리고 귀무가설의 정반대인 내용의 가설을 **대립가설**이라고 합니다.

그렇다면 왜 '차이가 없다'라는 가설을 설정하는 것일까요?

앞서 설명했듯이, 검정이란 귀무가설을 기반으로 '보통 일어날 리 없는 사건이 일어났다'라는 모순을 입증하는 것입니다. 즉, '같다 또는 차이가 없다는 가정을 했더니 모순이 발생했으므로 차이가 있다'라는 논리를 성립시키기 위해서 '차이가 없다'라는 가설을 설정하는 것입니다.

이 가설을 기반으로 해서 실제로 일어난 현상이 '일어날 확률'을 구하는데, 이때 다양한 통계학 이론이 응용됩니다. 구체적으로 설명하자면 추정 때처럼 기존의 어떠한 확률분포에 따르는 검정 통계량을 구하고, 거기서 구해낸 확률이 사전에 정해둔 유의 수준보다 높다면 일어날 만해서 일어났던 것이므로 최초의 가설이 보증됩니다. 이를 '귀무가설이 채택되었다'라고 표현합니다.

유의 수준이란 검정에서의 '판단 기준'과 동시에 '판단을 실수할 가능성'을 나타내기도 합니다. 통상적으로는 5%(0.05)가 사용되지만, 신약 승인과 같이 엄격한 기준이 필요한 경우에는 1%나 0.1%가 사용되기도 합니다. '이 기준을 만족하지 못했으니까 다음에는 다른 기준으로 해봐야지' 하는 식으로 뒤늦게 유의 수준을 정하지 말고 사전에 정해두어야 합니다.

한편, 일어날 확률이 유의 수준보다 낮다면 보통 일어날 리 없는 사건이 일어났다는 것인데, 이미 사건이 일어났다는 사실은 되돌릴 수 없습니다.

그렇다면 최초의 가정인 귀무가설이 잘못되었다는 것과, 귀무가설의 반대인 대립가설이 옳다는 것이 증명됩니다. 이를 가리켜 '귀무가설이 기각되고 대립가설이 채택되었다'라고 표현합니다.

그렇다면 '데이터 01'(292~293쪽)에서 도출한 환자 60명의 수축기 혈압 평균값이 122.3mmHg, 표본표준편차가 19.9mmHg일 때 모평균값이 120mmHg이어도 될까요? 아니면 130mmHg일 가능성도 있을까요? 둘 다 유의 수준 5%로 검정해보겠습니다.

먼저, 각 경우에 해당하는 귀무가설과 대립가설을 준비합니다.

모평균값 μ_0=120mmHg의 경우에는

> **귀무가설** H_0 : 모평균값은 120mmHg와 같다.
> **대립가설** H_1 : 모평균값은 120mmHg가 아니다.

가 됩니다. 이는 μ=130mmHg의 경우에도 마찬가지입니다.

평균값을 $\bar{x}$, 표본표준편차를 s, 모평균을 μ, 표본 수를 n으로 했을 경우 통계량

$$T = \frac{\bar{x} - \mu}{\frac{s}{\sqrt{n}}}$$

는 **8.2 대표값의 추정**에서 살펴보았듯이, 자유도 $n-1$의 t 분포에 따른다고 알려져 있습니다.

모평균값을 검정해보겠습니다.

01 필요한 정보가 담긴 워크시트를 준비합니다.

	A	B	C
1	No	수축기 혈압	
2	1	137	
3	2	126	
:	3	165	
:	:	:	
60	:	:	
61	60	153	
62	평균값	=AVERAGE(B2:B61)	
63	표본표준편차	=STDEV.S(B2:B61)	
64	모평균값	120	
65	T값	=(B62-B64)/(B63/SQRT(60))	
66	t분포값	=T.INV.2T(0.025,59)	

02 순서대로 계산해보면 다음과 같습니다.

	A	B	C
1	No	수축기 혈압	
2	1	137	
3	2	126	
:	3	165	
:	:	:	
60	:	:	
61	60	153	
62	평균값	122.2666667	
63	표본표준편차	19.89622796	

64	모평균값	120	
65	T값	0.882454933	
66	t분포값	2.300046899	
67			

엑셀에서 위 식에 해당하는 값을 대입해서 T를 계산하여 그 값(절대값)과 자유도 59,

$$p = \frac{a}{2} = 0.025$$

를 t 분포값과 비교하면 됩니다.

$T < \text{T.INV.2T}(0.025, 59) = 2.30$

이라면 귀무가설을 채택하고,

$T > \text{T.INV.2T}(0.025, 59)$

라면 귀무가설을 기각합니다. $\mu = 120$의 경우에는 $T = 0.8824$가 되고, $\mu = 130$의 경우에는 $T = 3.01$이 되어서

$T < \text{T.INV.2T}(0.025, 59) = 2.30$

과 같이 $\mu_0 = 120$의 경우 귀무가설이 채택되므로 모평균값은 120mmHg라고 할 수 있습니다.

한편, $\mu_0 = 130$의 경우 귀무가설이 기각되고 대립가설이 채택되므로 모평균값은 130mmHg라고 할 수 없습니다.

모평균값, 모분산, 모비율의 검정은 조건에 따른 신뢰구간을 추정해서, 검정 대상인 대표값이 산출한 신뢰구간에 포함되는지 아닌지로 판정하면 됩니다.

신뢰구간

구간추정이란 그 상한(U)과 하한(L)을 정해서 존재 범위($L \leq x \leq U$)를 밝혀내는 방법입니다. 그리고 하한 L을 **좌측 신뢰 한계**, 상한 U를 **우측 신뢰 한계**라고 부릅니다. U와 L을 구하기 위한 존재 확률은 **신뢰계수**라고 부릅니다.

최근에는 '검정 결과가 유의한지'의 결과보다 대표값의 신뢰구간을 명시하라는 요구가 종종 있습니다. 앞서 '검정' 부분에서 설명했듯이, 검정에서 수행하는 작업은 구간추정에서 수행하는 작업과 같이 문제의 대표값이 신뢰구간에 포함되는지를 판단합니다. 그러므로 검정 결과와 구간추정의 결과는 같은 내용이라고 할 수 있습니다.

검정 결과의 유의 수준보다 대표값의 신뢰구간이 더 중요시되는 이유는 0 혹은 1로만 나오는 결과보다 신뢰구간 쪽의 정보가 더 많고, 제3자에 의한 결과 재현이 가능하다는 점 때문입니다. 즉, 결과의 객관성이 더 높다는 것이지요.

1분 마무리

❶ 측정으로 얻은 실제 값은 참값과 오차의 합으로 이루어져 있습니다.

❷ 참값을 정확히 알 수는 없지만, 어느 범위에 존재하는지 추정할 수는 있습니다. 이 작업을 '구간추정'이라고 하며, 존재하는 범위를 가리켜 '신뢰구간'이라고 합니다.

❸ 공식에 의해서 산출되지 않은 추정 결과가 올바른지 판정하는 작업을 '통계적 검정' 이라고 합니다.

분석 목적	사용 방법	엑셀 함수
대표값의 추정	모평균값의 구간추정 모표준편차의 구간추정 모비율의 추정	T.INV.2T CHISQ.INV.RT
대표값의 검정 (추정 결과의 진위)	모평균값의 검정	

혼자 해보기 [혼자 해보기] 해답 – 306쪽

❶ '데이터 01'(292~293쪽)에서 확장기 혈압의 모평균값의 95% 신뢰구간을 구해보 세요.

❷ '데이터 01'에서 확장기 혈압의 모평균값은 60mmHg라고 할 수 있을까요? 또는 75mmHg라고 할 수 있을까요? 유의 수준 5%로 검정해보세요.

❸ 간 기능 검사 결과인 GOT는 30U/L이, GPT는 40U/L이 정상치라고 합니다. 전체 60명 중 GOT에 이상이 있는 사람은 2명, GPT에 이상이 있는 사람은 1명입니다. 이 두 검사 결과에서 이상이 있는 사람의 비율에 대해 95% 신뢰구간을 산출해보 세요.

평균값 비교하기

평균값 비교하기

이번 장에서는 8장에서 학습했던 검정 이론을 응용해서 집단의 평균값을 비교하고 통계학
적 판단을 내리는 방법에 대해 공부할 것입니다.

'데이터 01'(292~293쪽)로부터 가져온 중장년층 건강검진 수험자 60명의 수축기 혈압 측정값
을 대상자의 속성별로 비교하고 남녀별로 대표값을 산출하였습니다. 그랬더니 남녀의 평균값
과 표본표준편차가 각각 125.2mmHg와 17.3, 119.3mmHg와 22.1로 나왔습니다.

지금부터 이 결과를 바탕으로 중장년층 남녀의 수축기 혈압 평균값에 차이가 있는지에 대한 판
단을 내려보겠습니다.

혈압 값은 연령과 관계가 있다고 알려져 있습니다.

여기서 중장년층 60명은 각각 30대, 40대, 50대 20명씩으로 구성되어 있습니다. 이 경우 연령
대별 차이는 없을까요?

그리고 이 60명에게는 5년 전에도 동일한 측정을 수행하였습니다. 따라서 5년간 측정값에 변
화가 있었는지에 대해서도 판단을 내려보고자 합니다.

🅐 1분 문제 정리

측정값의 평균을 비교하려면 어떻게 해야 할까요?

◀ Point 1 ▶ 두 집단의 평균값을 비교하려면 어떻게 하지?

중장년층 60명의 수축기 혈압 측정값을 남녀별로 나누어 대표값을 산출했더니 평균값과 표본 표준편차가 [표 9-1]과 같이 나왔습니다.

표 9-1 수축기 혈압의 평균값 · 표본분산 · 표본표준편차(남녀별)

	인원수	평균값	표본분산	표본표준편차
남성	30	125.2	229.5	17.3
여성	30	119.3	488.0	22.1

이 결과를 가지고 전국의 중장년층 남녀의 수축기 혈압 평균값에 차이가 있는지를 판단하려면 어떻게 해야 할까요? 이것이 첫 번째 문제입니다.

◀ Point 2 ▶ 서로 대응관계인 두 평균값을 비교하려면 어떻게 하지?

중장년층 60명의 수축기 혈압을 5년 전과 이번에 2회 측정하였습니다. 이 결과를 가지고 5년 간 수축기 혈압의 평균값에 차이가 있는지를 판단하려 하는데, 어떻게 해야 할까요? 이것이 두 번째 문제입니다.

◀ Point 3 ▶ 셋 이상의 집단의 평균값을 비교하려면 어떻게 하지?

중장년층 60명의 수축기 혈압의 측정값에 대해서 30대, 40대, 50대의 세 집단에 차이가 있는 지 판단을 내리려 합니다. 그러려면 어떻게 해야 할까요? 이것이 세 번째 문제입니다.

남녀별로 수축기 혈압을 측정했더니 [표 9-2]와 같은 결과가 나왔습니다. 평균값을 보면 남성이 크지만, 표준편차는 작습니다.

이때 정말로 평균값에 차이가 있고, 남성의 수축기 혈압 평균값이 여성에 비해서 크다고 할 수 있을까요(그림 9-1)?

표 9-2 수축기 혈압의 평균값 · 표본분산 · 표본표준편차(남녀별)

	인원수	평균값	표본분산	표본표준편차
남성	30	125.2	299.5	17.3
여성	30	119.3	488.0	22.1

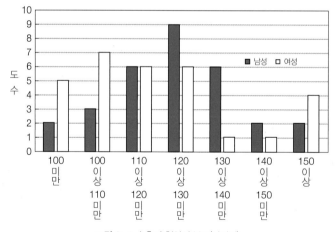

그림 9-1 수축기 혈압의 분포(남녀별)

두 집단 중 하나에 속하는 대상에 대해서 같은 방법으로 무언가를 측정했을 때, 집단별로 '평균값에 차이가 있는지'를 비교해야 하는 경우가 있습니다. 이런 때 사용되는 것이 **두 집단 평균 차이 검정**(2-표본 t 검정)이라는 방법입니다. 이 방법은 두 집단의 차이를 '공평하고 중립적으로 평가한다'라고 할까요, '판단을 통계학이라는 이론적 방법에 맡기는 것'을 의미합니다.

[그림 9-2]는 A 집단에 속하는 대상의 평균값과 B 집단에 속하는 대상의 평균값에 차이가 있는지 없는지를 비교하기 위한 것입니다.

이 경우, 검정은 두 단계로 수행됩니다. 먼저 두 집단의 '산포도에 차이가 있는가', 즉 '분산이 같은가'에 대해서 검정합니다. 이 검정을 위해서는 두 집단의 표본분산의 비율을 구하고, 그 비율이 두 집단의 자유도의 F 분포에 따른다는 점을 이용합니다.

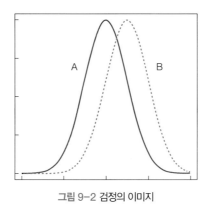

그림 9-2 검정의 이미지

엑셀로 계산하려면 통계 함수 'FTEST'를 이용해서 비교할 두 데이터를 지정합니다.

분산이 동일한지 아닌지에 따라 검정 통계량을 구하는 식이 다르기 때문에 이 과정을 건너뛸 수는 없습니다. 그 때문에 분산의 비율을 구해서 F 분포에 따른 검정을 수행하는 것입니다.

다음 단계로, 두 집단의 평균값과 표본분산을 각각 x, s_x^2, y, s_y^2으로 두고 평균값의 차를 검정합니다. 두 집단 간에 등분산[1]이 성립할 경우, 두 집단을 합친 분산은

$$s^2 = \frac{(n_x-1)s_x^2+(n_y-1)s_y^2}{n_x+n_y-2}$$

이 되어 검정 통계량

$$T = \frac{x-y}{s\sqrt{\dfrac{1}{n_x}+\dfrac{1}{n_y}}}$$

가 자유도 n_x+n_y-2의 t 분포 $t(n_x+n_y-2)$에 따르는 점을 이용해서 검정을 수행합니다.

---

1 역자주_ 등분산이란 두 집단에서 추출된 표본의 분산이 서로 같다는 의미입니다.

두 집단 간에 등분산이 성립하지 않을 경우, 검정 통계량

$$T = \frac{x-y}{s\sqrt{\dfrac{s_x^2}{n_x} + \dfrac{s_y^2}{n_y}}}$$

가 자유도

$$\frac{\left(\dfrac{s_x^2}{n_x} + \dfrac{s_y^2}{n_y}\right)^2}{\dfrac{\left(\dfrac{s_x^2}{n_x}\right)^2}{n_x-1} + \dfrac{\left(\dfrac{s_y^2}{n_y}\right)^2}{n_y-1}}$$

의 t 분포에 따른다는 점을 이용해서 검정을 수행합니다.

엑셀에서 계산하려면 통계 함수 'TTEST'를 =TTEST$(x,\ y,\ 2,\ m)$과 같이 사용해서 구합니다. 등분산의 경우에는 $m=2$, 그렇지 않은 경우에는 $m=3$을 넣고 비교할 두 데이터를 지정하면 검정을 위한 확률이 구해집니다.

검정 결과에 영향을 미치는 요인

두 집단의 평균 차이를 검정할 때 검정 결과가 유의한지는 검정 통계량

$$T = \frac{x-y}{s\sqrt{\dfrac{1}{n_x} + \dfrac{1}{n_y}}}$$

의 크기에 의존합니다. 이 T가 크면 클수록 검정 결과가 유의하다는 것입니다.

이는 검정 전반에 공통으로 적용되므로, 두 집단의 평균 차이 검정에만 한정되지 않습니다.

검정 통계량 T를 키우려면 당연히 두 집단의 차인 $x-y$가 커져야 하지만, 두 집단의 대상 수에도 영향을 받습니다.

반면, 대상 수가 극단적으로 커지게 되면 두 집단 간에 차이가 거의 없더라도 유의차가 발생하게 되므로 주의가 필요합니다.

두 집단의 평균 차이 검정 예시

유의 수준 5%에서 남녀별 수축기 혈압 평균값에 차이가 있는지 검정해보겠습니다.

먼저, 귀무가설 H_0과 대립가설 H_1을 세워보면 아래와 같습니다.

> **귀무가설** H_0 : 남성과 여성의 수축기 혈압 평균값에 차이가 없다.
> **대립가설** H_1 : 남성과 여성의 수축기 혈압 평균값에 차이가 있다.

그다음에 검정을 위한 준비로 '데이터 01'(292~293쪽)을 성별에 따라 오름차순으로 정렬합니다. 이 경우 [Q2]셀부터 [Q31]셀에는 남성의 수축기 혈압이, [Q32]셀부터 [Q61]셀에는 여성의 수축기 혈압이 입력됩니다.

직접 해보기 **1**

예제 파일 Chapter 09 \ 09-01.xlsx

01 성별과 수축기 혈압의 값이 들어 있는 워크시트를 준비합니다. 여기서는 '데이터 01'에서 필요한 데이터만 추출해서 사용합니다. 먼저 FTEST 함수를 이용해서 비교할 두 데이터를 지정합니다.

	A	B	C
1	NO	성별	수축기 혈압
2	1	1	137
3	2	1	126
4	4	1	102
5	5	1	136
:	7	1	131
:	8	1	116
:	:	:	:
60	:	:	:
61	60	2	153
62			=FTEST(C2:C31,C32:C61)

02 등분산이 성립하는 것을 확인했으면, 이번에는 TTEST 함수를 이용해서 검정을 수행합니다.

	A	B	C
1	NO	성별	수축기 혈압
2	1	1	137
3	2	1	126
4	4	1	102
5	5	1	136
:	7	1	131
:	8	1	116
:	:	:	:
60	:	:	:
61	60	2	153
62			0.194754904
63			=TTEST(C2:C31,C32:C61,2,2)

엑셀로 계산하는 경우에는 통계 함수 'FTEST'를 사용해서 =FTEST(x, y)와 같이 입력합니다. 검정을 위한 확률이 유의 수준(0.05)보다 큰 0.195로 구해지므로 두 집단의 모분산에 차이가 없다는 것을 알 수 있습니다.

모분산에 차이가 없다는 것을 확인했으면, TTEST 함수를 사용해서 =TTEST(x, y, 2, 2)와 같이 입력합니다. 검정을 위한 확률이 0.2569로 구해지는데, 유의 수준(0.05)보다 큰 값이므로 귀무가설이 채택되어 '남녀 간의 수축기 혈압 평균값에 차이가 있다고는 할 수 없다'라는 이야기가 됩니다.

두 집단의 평균 차이 검정

앞서 다루었던 검정 방법에서는 분석 대상이 '무언가의 속성에 의해 두 집단으로 분류'되어서 모든 대상에 대해 '동일한 방법으로 동일 항목을 측정한 경우'만 다룰 수 있습니다. 집단에 따라 측정 방법이 달라지는 경우에는 이 분석 방법을 사용할 수 없으므로 주의해주세요. 그리고 검정을 수행할 때에 문제가 되는 것이 '데이터의 분포 상황'입니다. 데이터가 정규분포여야 이 검정 방법을 사용할 수 있다고들 하는데, 이 말은 반은 맞고 반은 틀렸습니다.
[그림 9-2] 검정의 이미지와 같이 두 집단에 차이가 있다면 봉우리가 두 개 존재하게 되므로, 전체적으로 보면 정규분포가 아니게 됩니다.
이런 경우 이 검정의 요구사항은 각 집단의 분포가 정규분포에 근사해야 한다는 것입니다.

9.3 대응표본 평균 차이 검정

중장년층 60명의 수축기 혈압을 5년 전과 이번에 각각 측정하였습니다(그림 9-3, 표 9-3). 평균값은 5년 전에 120.0mmHg, 이번에는 122.3mmHg였습니다. 그렇다면 5년간 수축기 혈압 값에 변화가 있었다고 할 수 있을까요?

이 경우, 동일 대상자에 대해 동일한 측정을 2회 수행하였습니다. 이러한 경우에 측정값의 평균을 비교하는 방법을 **대응표본 평균 차이 검정**(대응표본 t 검정)이라고 합니다.

이 방법에서는 두 개의 '대응 관계인 값의 평균이 0인지'를 검정하게 됩니다.

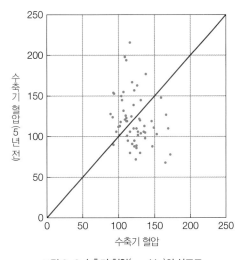

그림 9-3 수축기 혈압(mmHg)의 산포도

표 9-3 수축기 혈압의 평균값과 표준편차

	평균값	표본표준편차
수축기 혈압	122.3	19.9
수축기 혈압 5년 전	120.0	31.2

사용할 '데이터 01'의 [Q2]셀부터 [Q61]셀에는 이번에 측정한 수축기 혈압 값이, [R2]셀부터 [R61]셀에는 5년 전에 측정한 수축기 혈압 값이 들어 있습니다. [Q2]셀과 [R2]셀, [Q3]셀과 [R3]셀과 같이 인접한 두 데이터가 서로 대응 관계입니다. 이 데이터를 유의 수준 5%로 검정해보겠습니다.

먼저 귀무가설 H_0과 대립가설 H_1을 세워보면 아래와 같습니다.

> **귀무가설 H_0** : 5년 전과 지금의 수축기 혈압 평균값에 차이가 없다.
> **대립가설 H_1** : 5년 전과 지금의 수축기 혈압 평균값에 차이가 있다.

직접 해보기 **2**

예제 파일 Chapter 09 \ 09-02.xlsx

대응 관계인 평균값의 차이를 검정해보겠습니다.

01 현재의 수축기 혈압과 5년 전의 수축기 혈압의 값이 들어 있는 워크시트를 준비합니다. 앞에서와 마찬가지로 '데이터 01'에서 필요한 데이터만 추출해서 사용하겠습니다. TTEST 함수로 계산합니다.

	A	B	C	D
1	No	수축기 혈압	수축기 5년 전	
2	1	137	98	
3	2	126	163	
:	3	165	68	
:	:	:	:	
60	:	:	:	
61	60	153	103	
62			=TTEST(B2:B61,C2:C61,2,1)	
63				
64				

02 검정을 위한 확률이 아래와 같이 구해졌습니다.

	A	B	C	D
1	No	수축기 혈압	수축기 5년 전	
2	1	137	98	
3	2	126	163	
:	3	165	68	
:	:	:	:	
60	:	:	:	
61	60	153	103	
62			0.674926402	
63				
64				

엑셀로 계산하는 경우에는 통계 함수 'TTEST'를 사용해서 =TTEST(x, y, 2, 1)과 같이 입력하면 대응표본 평균 차이 검정을 위한 확률을 구할 수 있습니다.

빈 셀에 =TTEST(B2:B61, C2:C61,2,1)이라고 입력하면 검정을 위한 확률이 0.6749로 산출됩니다.

이 값이 유의 수준인 5%(=0.05)보다 크기 때문에 귀무가설이 채택되므로, 5년 전과 지금의 수축기 혈압 평균에 차이가 있다고 할 수는 없습니다.

대응표본 평균 차이 검정

대응표본의 평균 차이를 검정하려면 2가지 조건을 기반으로 모든 분석 대상에 같은 항목을 측정해야 합니다. 유사한 상황으로 예를 들자면, 주로 쓰는 손과 그렇지 않은 손의 악력을 비교하는 경우가 그러합니다. 이 경우에도 동일 대상을 여러 번 측정합니다.

참고로 이 방법은 잘못 사용되는 경우가 많습니다. 예를 들어, 수축기 혈압과 확장기 혈압을 비교하는 것과 같이 2가지 항목을 비교하는 데에 쓰이는 경우가 있습니다. 이러한 경우에 이 방법을 사용하는 것은 명백히 잘못되었습니다. 애초에 측정 항목이 달라서 측정값이 같다는 귀무가설이 성립하지 않으며, 비교 자체가 불가능하기 때문입니다.

9.4 집단이 셋 이상인 경우의 평균 차이 검정

3개 이상의 집단에 대한 평균 차이를 검정할 경우에는 지금까지의 t 검정이 아니라 **일원배치 분산 분석**이라는 방법을 사용합니다. 검정에 필요한 귀무가설은 지금까지와 동일하게 '평균값에 차이가 없다'입니다.

검정을 위한 통계량을 구하려면 먼저 모든 대상의 변동(총변동 S_T)을 구합니다. S_T는 각 데이터 x_i와 전체의 평균 $\bar{x}$로부터

$$S_T = \sum_{i=1}^{n} (x_i - \bar{x})^2$$

과 같이 산출할 수 있습니다.

그리고 모든 대상이 m개($j = 1, \cdots, m$)의 집단으로 나뉜다고 했을 때, 집단 내의 변동의 합(군내변동 S_E)을 구합니다. S_E는 각 데이터 x_{ij}와 집단별 평균($\bar{x}_1, \bar{x}_2, \cdots, \bar{x}_j, \cdots, \bar{x}_m$)으로부터

$$S_E = \sum_{j=1}^{m} \sum_{k=1}^{n_i} (x_{jk} - \bar{x}_j)^2$$

과 같이 산출할 수 있습니다. 집단 간의 변동(군간변동 S_A)은 총변동 S_T로부터 집단 내의 변동 S_E를 빼서

$$S_A = S_T - S_E$$

와 같이 구할 수 있습니다. 지금부터는 집단 간의 평균 제곱(군간분산 V_A)과 집단 내의 평균 제곱(군내분산 V_E)을

$$\begin{cases} V_A = S_A \div (m-1) \\ V_E = S_E \div (n-m-1) \end{cases}$$

과 같이 구하고, 그 비율 V_A / V_E(F값)가 자유도 ($m-1$, $n-m-1$)의 F 분포에 따른다는 점을 이용해 검정을 수행할 것입니다.

엑셀의 경우 통계 함수 'FDIST'를

$$= \text{FDIST}(VA/VE, m-1, n-m-1)$$

과 같이 사용하면 검정에 필요한 확률을 구할 수 있습니다.

하지만 이것만 계산해서는 아무런 의미도 없으므로, 다음 절에서 실제로 검정을 해보도록 하겠습니다.

일원배치 분산분석

두 집단의 평균 차이를 검정할 때에는 평균값의 차이에서 산출한 검정 통계량으로 검정을 수행하였습니다. 하지만 집단이 셋 이상인 경우에는 **군간분산**과 **군내분산**의 비를 검정 통계량으로 삼아 검정을 수행합니다.

아래 식은 8장에서 설명했던 각 측정값이 모평균값과 개인 요인으로 분할되는 점을 응용해서 개인 요인을 집단 요인 g와 개인 요인 f로 나눈 뒤, 그 영향을 비교한 것입니다.

$$x_{ijk} = \mu + g_i + f_i + e_k$$

집단 요인에 의한 차이가 개인의 차이에 비해 크다는 점이 증명된다면, 집단 간에 차이가 있다는 점이 명백해지는 것입니다.

[그림 9-4], [표 9-4]를 가지고 30대, 40대, 50대 간에 수축기 혈압 평균값에 차이가 있는지 유의 수준 5%로 검정해보겠습니다.

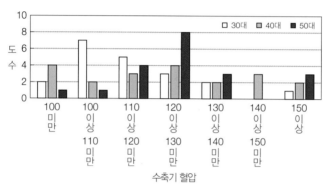

그림 9-4 수축기 혈압(mmHg)의 분포(연령대별)

표 9-4 수축기 혈압의 연령대별 평균값과 표준편차

	30대	40대	50대
평균값	116.8	122.0	128.1
표본표준편차	17.6	22.1	19.1

먼저, 귀무가설 H_0과 대립가설 H_1을 세워보면 아래와 같습니다.

> **귀무가설** H_0 : 30대, 40대, 50대의 수축기 혈압 평균값에 차이가 없다.
> **대립가설** H_1 : 30대, 40대, 50대의 수축기 혈압 평균값에 차이가 있다.

그리고 검정을 위한 준비로, 데이터를 연령순으로 정렬합니다. '데이터 01'의 경우 [Q2]셀부터 [Q21]셀까지가 30대, [Q22]셀부터 [Q41]셀까지가 40대, [Q42]셀부터 [Q61]셀까지가 50대에 해당합니다.

세 집단의 평균값의 차이를 구해보겠습니다.

01 수축기 혈압 값을 연령순으로 정렬한 워크시트를 준비합니다. 그리고 집단별 변동과 총변동을 구한 후 군내변동, 군간변동, 군내분산, 군간분산을 산출합니다.

	A	B	C	D
1	No	연령	수축기 혈압	
2	2	30	126	
3	43	30	112	
:	:	:	:	
21	55	39	107	=DEVSQ(C2:C21)
22	29	40	122	
23	59	40	149	
:				
41	51	48	89	=DEVSQ(C22:C41)
42	25	50	159	
43	23	51	93	
:				
61	54	59	130	=DEVSQ(C42:C61)
62			총변동	=DEVSQ(C2:C61)
63			군내변동	=D21+D41+D61
64			군간변동	=D62-D63
65			군내분산	=D63/(60-3)
66			군간분산	=D64/(3-1)
67			F값	=D66/D65
68			검정용 확률	=FDIST(D67,2,56)
69				

02 값을 순서대로 구해보면 아래와 같이 검정용 확률이 산출됩니다.

	A	B	C	D
1	No	연령	수축기 혈압	
2	2	30	126	
3	43	30	112	
⋮	⋮	⋮	⋮	
21	55	39	107	5905.2
22	29	40	122	
23	59	40	149	
⋮				
41	51	48	89	9252.95
42	25	50	159	
43	23	51	93	
⋮				
61	54	59	130	6928.95
62			총변동	23355.73333
63			군내변동	22087.1
64			군간변동	1268.633333
65			군내분산	387.4929825
66			군간분산	634.3166667
67			F값	1.636975882
68			검정용 확률	0.203739881
69				

엑셀에는 해당 셀의 변동을 구하는 통계 함수 'DEVSQ'가 있으므로, 빈 셀에

=DEVSQ(C2:C21)

이라고 입력해서 30대의 변동을 구할 수 있습니다.

총변동 S_T는 =DEVSQ(C2:C61)로 구할 수 있고, 군내변동 S_E는 30대, 40대, 50대의 변동을 모두 더하면 됩니다. 그 결과 총변동은 23355.73, 군내변동은 22087.1, 군간변동은 1268.633, 군내분산은 387.493, 군간분산은 634.317, F값은 1.637, 검정을 위한 확률은 0.204가 됩니다(표 9-5).

따라서 귀무가설이 채택되므로 30대, 40대, 50대 간에 차이가 있다고는 할 수 없습니다.

표 9-5 연령대별 수축기 혈압의 분산분석표

	변동	분산	F값	유의 확률
군내	22087.1	387.493	1.636976	0.203740
군간	1268.633	634.3167		

9.6 분석 도구를 이용한 일원배치 분산분석

엑셀의 분석 도구를 사용해서도 분산 분석을 수행할 수 있습니다.

직접 해보기 4

예제 파일 Chapter 09 \ 09-04.xlsx

분석을 수행하기 전에 '데이터 01'을 변형해야 합니다. 수축기 혈압 값을 30대, 40대, 50대별로 수정해주세요.

01 비교할 그룹별로 열을 만들고, 분석할 데이터를 해당 열에 각각 배치합니다. 또는 예제 파일을 불러와도 됩니다.

	A	B	C	D
1	30대	40대	50대	
2	126	122	159	
3	112	149	93	
:	:	:	:	
:	:	:	:	
18	94	124	121	
19	138	109	135	
20	103	131	127	
21	107	89	130	
22				

02 [데이터] 탭 – [분석] 그룹에서 [데이터 분석]을 클릭하고, [통계 데이터 분석] 대화상자에서 [분석 도구]의 '분산 분석: 일원 배치법'을 선택한 후 [확인] 버튼을 클릭합니다.

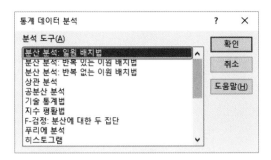

[데이터] 탭에서 [데이터 분석]이 보이지 않는다면 7장을 참고하세요.

03 [분산 분석: 일원 배치법] 대화상자의 [입력 범위]에는 앞서 수정했던 데이터의 셀 범위를 지정합니다. 출력에는 [7]열 [15]행이 필요하므로, [출력 범위]에는 넓이가 그 이상되는 셀 범위를 지정해주세요. 지정이 끝났다면 [확인] 버튼을 클릭합니다.

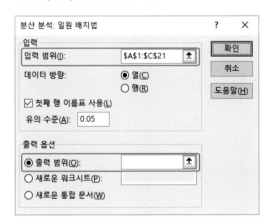

[분산 분석: 일원 배치법] 대화상자에서 [출력 범위]가 아닌 [새로운 워크시트]를 선택하면 새로운 워크시트에 결과가 출력됩니다. 또한, [새로운 통합 문서]도 선택할 수 있습니다.

04 아래와 같이 결과가 출력됩니다.

분산 분석: 일원 배치법

요약표

인자의 수준	관측수	합	평균	분산
30대	20	2336	116.8	310.8
40대	20	2439	121.95	486.9974
50대	20	2561	128.05	364.6816

분산 분석

변동의 요인	제곱합	자유도	제곱 평균	F 비	P-값	F 기각치
처리	1268.633	2	634.3167	1.636976	0.203581	3.158843
잔차	22087.1	57	387.493			
계	23355.73	59				

1분 마무리

❶ 평균값 비교에는 속성의 차이로 나뉘어진 두 집단의 평균을 비교하는 '2-표본 t 검정' 과, 조건을 바꾸어 동일 대상을 측정한 결과의 차이를 검정하는 '대응표본 t 검정'이 있습니다.

❷ 속성 차이로 나누어진 셋 이상의 그룹을 비교할 경우에는 '일원배치 분산분석'을 사용합니다.

분석 목적	사용 방법	엑셀 함수
두 집단의 평균값 비교	2-표본 t 검정	FTEST, TTEST
대응표본의 평균값 비교	대응표본 t 검정	TTEST
셋 이상의 집단의 평균값 비교	일원배치 분산분석	DEVSQ

혼자 해보기 [혼자 해보기] 해답 – 307쪽

❶ '데이터 01'(292~293쪽)에서 심근경색 병력 유무에 따라 수축기 혈압 및 확장기 혈압의 평균값에 차이가 있는지 검정해보세요.

❷ '데이터 01'에서 5년 전과 지금의 확장기 혈압 및 체중의 평균값에 각각 차이가 있는지 검정해보세요.

❸ '데이터 01'에서 Q1의 '수면 시간' 문항에는 '1: 6시간 미만 / 2: 6시간 이상~8시간 미만 / 3: 8시간 이상'이라는 3가지 선택지가 있습니다.
이 응답 그룹에 따라 수축기 혈압 및 확장기 혈압의 평균값에 차이가 있는지 검정해보세요.

CHAPTER

10

질적 자료 분석

질적 자료에서 정보 읽어내기

이번 장에서는 집계된 질적 자료로부터 유익한 정보를 읽어내는 방법에 대해 배웁니다. 질적 자료 집계에 대해서는 이미 4장에서 전체 집계(1변수 데이터)를, 5장에서 교차 집계(2변수 데이터)를 배웠습니다. 이번 장에서는 실제로 이용되는 교차표 분석 방법을 다뤄볼 것입니다.

'데이터 01'(292~293쪽)은 성인 60명의 '건강에 관한 생활 습관'을 조사한 결과입니다. 이 중에서 Q12의 '매일 담배를 10개비 이상 피우시나요?'라는 질문을 전체 집계한 것이 [표 10-1]입니다.

표 10-1 Q12. 매일 담배를 10개비 이상 피우시나요?

응답	네	아니오	합계
도수	17	43	60
행 비율	0.28	0.72	1.00

이 [표 10-1]에서는 담배를 피우는 사람에 비해서 피우지 않는 사람이 꽤 많다는 것을 알 수 있습니다. 하지만 Q11의 '매일 술을 드시나요?'라는 질문을 Q12로 교차 집계해보면 [표 10-2]와 같은 결과를 얻을 수 있습니다.

표 10-2 Q11과 Q12의 교차표

A: 관측 도수

술＼담배	피운다	피우지 않는다	합계
마신다	8	8	16
마시지 않는다	9	35	44
합계	17	43	60

B: 행 비율

술 \ 담배	피운다	피우지 않는다	합계
마신다	0.50	0.50	1.00
마시지 않는다	0.20	0.80	1.00
합계	0.28	0.72	1.00

[표 10-2]를 보면 술을 마시는 습관이 있는 사람은 담배를 피우는 비율이 반반인 데 비해, 술을 마시지 않는 사람은 담배를 피우는 비율이 20%로 비교적 적다는 것을 알 수 있습니다. 즉, 술을 마시는 습관이 있는 사람 중에 담배를 피우는 사람이 많다고 할 수 있습니다.

이는 '담배를 피우는 습관'과 '술을 마시는 습관' 사이에 일정한 관계가 있다는 것을 의미합니다. 통계학에서는 이처럼 교차표로 나타낼 수 있는 관계를 **연관**이라고 부릅니다.
그리고 양적 자료는 질적 자료와의 구별을 위해서 두 변수 간의 관계를 **상관**이라고 부릅니다.
자세한 것은 11장을 참고해주세요.

🔍 1분 문제 정리

질적 자료를 교차 집계하는 주목적은 이번 사례와 같이 '술을 마시는지, 안 마시는지'와 '담배를 피우는지, 안 피우는지'의 2가지 변수 간 연관성을 도출해내기 위해서입니다. 하지만 여기서 다음과 같은 문제가 발생합니다.

◀ Point 1 ▶ 연관성이 얼마나 있는지는 어떻게 측정하지?

교차 집계 결과로 나타난 연관성이 '얼마나 큰지'에 대한 문제입니다.

예를 들어, [표 10-2]의 교차 집계 결과가 [표 10-3]과 같았다고 가정하겠습니다.
[표 10-2]와 같이 '술을 마시지 않는 사람'보다 '술을 마시는 사람' 중에 '담배를 피우는 사람'이 많다는 점은 같습니다. 하지만 [표 10-3]의 경우에는 '술을 마시는 사람 모두가 담배를 피우고', '술을 마시지 않는 사람 모두가 담배를 피우지 않는', 담배 습관에 대한 명확한 차이(연관)가 나타나 있습니다.

담배를 피우는 습관과 술을 마시는 습관 사이에 연관성이 있다고 해도, [표 10-2]와 [표 10-3]의 데이터에는 그 연관성의 '정도'가 명백히 다릅니다. 따라서 이러한 점으로부터 연관성에는 크고 작은 정도의 차이가 있다는 것을 알 수 있습니다.

표 10-3 Q11과 Q12의 교차표

술 \ 담배	피운다	피우지 않는다	합계
마신다	16	0	16
마시지 않는다	0	44	44
합계	16	44	60

그렇다면 [표 10-2]와 [표 10-3] 데이터의 연관성은 얼마나 차이 날까요? 이를 비교하기 위해서는 연관성의 크기를 측정하는 **척도**가 필요합니다.

'데이터로부터 연관성의 크기를 어떻게 측정할지', 이것이 첫 번째 문제입니다.

Point 2 ▶ 연관성을 일반화할 수 있을까?

우리들이 사용하는 데이터의 대부분은 모집단으로부터 일부를 추출한 표본입니다. 그러한 데이터를 교차 집계해서 연관성을 검토해본들, 이는 어디까지나 사용한 데이터에 한정되기 때문에 그 결론이 일반적인지 어떤지는 별개의 문제입니다.

다시 말하자면, [표 10-2]의 표본에서 '술을 마시는 습관'과 '담배를 피우는 습관'의 연관성이 인정되었다고 해서 '모든 성인을 대상으로 조사했을 경우에도 이러한 연관성이 인정될지'에 대한 문제입니다.

이처럼 '데이터로부터 연관성 여부를 어떻게 일반화할지', 이것이 두 번째 문제입니다.

10.1 연관성 측정하기

어느 정도 연관이 있는지 측정하는 지표

먼저 [표 10-2]에서 다루었던 '술을 마시는 습관'과 '담배를 피우는 습관' 사례를 가지고 '연관성이란 무엇인가', '연관성의 크기가 무엇을 의미하는가'에 대해서 보다 자세하게 설명하겠습니다.

[표 10-2]는 '데이터 01'(292~293쪽)의 질적 자료로부터 얻어낸 집계 결과였습니다. 이번에는 완전히 연관성이 있는 경우와 완전히 연관성이 없는 경우를 가정하여 교차표로 나타내보겠습니다.

표 10-4 연관성 사례

사례 A

술 \ 담배	피운다	피우지 않는다	합계
마신다	0	16	16
마시지 않는다	44	0	44
합계	44	16	60

사례 B

술 \ 담배	피운다	피우지 않는다	합계
마신다	16	0	16
마시지 않는다	0	44	44
합계	16	44	60

사례 C

술＼담배	피운다	피우지 않는다	합계
마신다	8	8	16
마시지 않는다	22	22	44
합계	30	30	60

먼저 사례 A와 사례 B는 가장 밀접한 연관이 있는 경우입니다. 단, '연관성의 정도' 측면은 동일하다고 간주할 수 있지만 '연관성의 의미'는 다릅니다.

사례 A는 술은 마시지 않고 담배를 피우는 사람과 술은 마시면서 담배는 피우지 않는 사람에 도수가 집중되어 있습니다. 따라서 '담배를 피우는 사람은 술을 전혀 마시지 않는다'라는 연관성을 의미합니다.

반대로 사례 B는 술도 마시고 담배도 피우는 사람과 술도 안 마시고 담배도 안 피우는 사람에 도수가 집중되어 있어서 사례 A와 정반대의 연관성을 의미합니다.

한편, 사례 C는 술을 마시는 사람과 마시지 않는 사람, 담배를 피우는 사람과 피우지 않는 사람의 비율이 동일합니다(각각 50%). 이러한 경우에는 '연관이 없다'라고 간주합니다. 표로 나타내지는 않았지만, 예를 들어 술을 마시는 사람도 마시지 않는 사람도 담배를 피우는 비율이 모두 70%일 경우에도 같은 비율이기 때문에 연관성이 없다는 이야기가 됩니다.

[표 10-2]의 데이터는 술을 마시지 않는 사람보다 술을 마시는 사람의 담배를 피우는 비율이 더 높습니다. 따라서 실제로 문제가 되는 것은 이 데이터가 '얼마나 사례 B에 가까운가' 또는 '사례 C와는 얼마나 다른가'입니다. 그리고 이를 수치화하는 방법이 바로 **연관성 측도**입니다.

2×2 교차표의 경우

[표 10-2]와 같은 2×2(2행 2열) 교차표에 대해서는 비교적 오래전부터 제안된 몇 가지 측도가 있습니다. 그중에서 가장 많이 이용되는 것은 율의 Q$^{\text{Yule's Q}}$라고 불리는 측도입니다. [표 10-5]의 2×2 교차표를 가지고 설명하겠습니다.

표 10-5 2×2 교차표

술 \ 담배	피운다	피우지 않는다	합계
마신다	a	b	E
마시지 않는다	c	d	F
합계	G	H	N

위의 [표 10-5]에서 a~d 및 E~N은 각각의 셀 도수(관측 도수)를 나타냅니다.

[표 10-5]의 경우, 율의 Q는 아래와 같은 식으로 정의됩니다.

$$Q = \frac{ad-bc}{ad+bc} \quad ❶$$

직접 해보기 ❶

[표 10-2]의 데이터를 사용해서 율의 Q를 실제로 계산해보세요.

$$Q = \frac{ad-bc}{ad+bc} = \frac{8 \times 35 - 8 \times 9}{8 \times 35 + 8 \times 9} = 0.591$$

그런데 이 0.591이라는 결과는 얼마나 밀접한 연관을 나타내는 것일까요?

일반적으로 이 Q는 −1보다 크고 1보다 작은 값이 됩니다($-1 \leq Q \leq 1$). 예를 들면 사례 A는 $Q = -1$, 사례 B는 $Q = 1$, 사례 C는 $Q = 0$이므로, 대략적인 기준을 세워보면 절댓값이 0.5를 넘은 경우 '약한 연관관계가 있다', 절댓값이 0.7을 넘은 경우 '강한 연관관계가 있다'라고 할 수 있습니다.

따라서 [표 10-2]의 경우는 '약한 연관관계가 있다'라고 평가할 수 있습니다.

분류 항목이 2개 이상인 교차표의 경우

율의 Q는 2×2 교차표에만 적용할 수 있는 연관성 측도입니다. 하지만 실제 분석에서는 그 외의 교차표를 다룰 일도 종종 있기 때문에, 이러한 교차표에 적용할 수 있도록 다양한 연관성 측도가 제안되어 왔습니다.

여기서는 크래머의 V$^{Cramer's\ V}$라고 불리는 연관성 측도를 다뤄볼 것입니다. 행의 분류 항목 수가 r개, 열의 분류 항목 수가 c개인 교차표($r \times c$ 교차표)의 경우, 아래와 같은 계산 방법으로 연관성 측도를 구할 수 있습니다.

$$V = \sqrt{\frac{\chi^2}{\min[(r-1),\,(c-1)] \times n}} \quad ❷$$

여기서 χ^2은 검정 통계량이라고 불리는 것으로, 구체적인 계산 방법은 10.2절에서 다시 다루도록 하겠습니다.

> 위 ❷번 식의 $\min[(r-1),\,(c-1)]$은 $(r-1)$과 $(c-1)$ 중 '작은 쪽의 수치'를 의미합니다.

그리고 이 연관성 측도의 값은 율의 Q와는 달리 $0 \leq V \leq 1$이지만, 크래머의 V가 1에 가까울수록 밀접한 연관관계를 의미한다는 점은 같습니다.

직접 해보기 2

크래머의 V를 계산해보겠습니다. '데이터 02'(294~295쪽) Q2의 '규칙적인 생활', Q1의 '수면 시간'에 관한 2×3 교차표인 [표 10-6]을 사용합니다.

주의해야 할 점은 이 데이터에서 '규칙적인 생활을 하는 사람' 중 '수면 시간이 6시간 미만인 사람'이 0명, '규칙적인 생활을 하지 않는 사람' 중 '수면 시간이 6시간 미만인 사람'이 2명이라는 점입니다.

셀 도수가 5를 넘지 않는 경우, 10.2절에서 다루는 독립성 검정(χ^2 검정)을 그대로 사용하는 것은 좋지 않습니다. 자세한 대처 방법은 10.3절에서 다룰 것이므로 참조해주세요.

표 10-6 Q2와 Q1의 교차표

수면 시간 생활	6시간 미만	6시간 이상~ 8시간 미만	8시간 이상	합계
예	0	10	9	19
아니오	2	31	8	41
합계	2	41	17	60

이 교차표로부터 크래머의 V를 계산해보면 아래와 같습니다.

$$V = \sqrt{\frac{5.486}{\min[(2-1),\,(3-1)]\times 60}} = \sqrt{\frac{5.486}{1\times 60}} = 0.302$$

계산 결과 $V=0.302$를 평가해보자면, 크래머의 V도 율의 Q와 동일하게 0.5를 넘으면 약한 연관성이 있다고 봅니다. 따라서 이 경우에는 '규칙적인 생활과 수면 시간 간의 연관성은 거의 보이지 않는다'라고 할 수 있겠습니다.

다르게 말하면, 규칙적인 생활을 하는 사람과 하지 않는 사람을 비교했을 때 수면 시간이 긴 사람과 짧은 사람의 비율이 거의 차이 나지 않는다는 것입니다.

참고로 통계학에서는 '연관이 없거나', '거의 연관이 없는' 경우를 가리켜 **독립적**이라고 부릅니다.

연관성 판단하기

연관이 있는지 없는지 알아내는 방법

앞 절에서는 변수가 2개인 질적 자료로부터 연관성의 정도를 구해보았습니다. 이러한 연관성 측도는 연관성이 '강한지' 또는 '약한지'를 데이터로부터 읽어내는 척도로서, 일반적으로 연관이 '있는지' 또는 '없는지'를 판단하는 것은 아닙니다. 이와 같은 문제에 대처하는 표준적인 방법이 바로 **독립성 검정**인데, 통상 χ^2 검정이라고 불립니다.

독립성 검정은 8장과 9장에서 배웠던 평균값 검정과 같이 '검정'의 일종이므로, 검정 절차도 같습니다. 이 절차를 다시 나타내보자면 아래와 같습니다.

1. 귀무가설과 대립가설을 설정한다.
2. 검정 통계량을 선택하고 계산한다.
3. 유의 수준을 설정한다.
4. 확률분포(χ^2 분포) 이론값을 도출한다.
5. 계산값과 이론값을 조합해서 가설을 채택한다.

검정 절차

앞에서 나타낸 검정 절차에 따라 구체적인 예시를 통해서 독립성 검정을 설명하겠습니다.

직접 해보기 3

[표 10-7]은 [표 10-2]의 교차표를 다시 나타낸 것입니다. '술을 마시는 습관'과 '담배를 피우는 습관'의 연관성을 보기 위해서 교차 집계한 것인데, 10.1절에서는 율의 Q가 0.591로 나와서 이 데이터를 보면 '약한 연관

성이 있다'라는 결론을 얻었습니다.

검정을 통해 이 집계표에서 알아내고자 하는 것은 표본에서 인정되었던 '술을 마시는 습관'과 '담배를 피우는 습관'의 연관성이 모집단 전체에서도 인정될지의 여부입니다. 다시 말해, '술을 마시는 사람과 마시지 않는 사람의 담배를 피우는 비율에는 서로 차이가 있다(독립적이지 않다)는 점을 일반화해서 주장할 수 있는가' 하는 이야기입니다.

표 10-7 Q11과 Q12의 교차표

담배 / 술	피운다	피우지 않는다	합계
마신다	8	8	16
마시지 않는다	9	35	44
합계	17	43	60

▶ 귀무가설과 대립가설 설정

일반적으로 독립성 검정의 대상이 되는 가설은 다음과 같습니다.

> **귀무가설** H_0 : 변수 X와 Y는 독립적이다(연관성이 없다).
> **대립가설** H_1 : 변수 X와 Y는 독립적이지 않다(연관성이 있다).

8장과 9장에서 다루었던 t 검정은 '모집단의 진짜 평균값(모수)과 표본의 평균값이 일치하는가', 다시 말해 '유의한 차이가 있는지, 없는지'를 판정하는 것이었습니다.

하지만 독립성 검정에서는 가설의 내용이 **수치**가 아니라 **기술적**이라는 점에 유의해야 합니다. 따라서 [표 10-7] 예제의 가설은 다음과 같습니다.

> **귀무가설** H_0 : 술을 마시는 습관과 담배를 피우는 습관은 독립적이다(연관성이 없다).
> **대립가설** H_1 : 술을 마시는 습관과 담배를 피우는 습관은 독립적이지 않다(연관성이 있다).

독립성 검정이 χ^2 검정이라고 불리는 이유는 χ^2 분포라는 확률분포를 이용해서 가설 채택의 판단을 내리기 때문입니다.
χ^2 분포의 확률 계산은 엑셀의 통계 함수 'CHISQ.INV.RT'를 이용해서 수행할 수 있습니다.

▶ **검정 통계량의 선택과 계산**

검정 통계량을 계산하기 위해서는 먼저 귀무가설이 옳다고 가정했을 경우에 기대되는 셀 도수, 즉 연관성 없이 독립적일 경우의 기대 도수를 교차표로부터 구해내야 합니다. [표 10-5]의 경우를 예로 들어 구체적으로 설명하자면, 관측 도수 a에 대한 기대 도수 $\hat{a}$는 아래와 같이 계산합니다.

$$\hat{a} = \frac{G \times E}{N} \quad ❸$$

이 정의식의 규칙은 [표 10-8]에 나와 있듯이 관측 도수가 위치하는 셀의 행 합계(E)와 열 합계(G)의 곱을 분자로 넣고, 총 도수(N)를 분모에 넣어 계산하는 것입니다. 다른 관측 도수에도 같은 규칙이 적용됩니다. $\hat{b}$를 예로 들 경우, 분자는 $H \times E$, 분모는 N이 됩니다.

표 10-8 기대 도수의 계산

술＼담배	피운다	피우지 않는다	합계	
마신다	a	b	E	◀ 행 합계
마시지 않는다	c	d	F	
합계	G	H	N	◀ 총 도수

열 합계

[표 10-7]의 예제를 가지고 기대 도수를 실제로 구해보면 다음과 같습니다.

$$\hat{a} = \frac{G \times E}{N} = \frac{17 \times 16}{60} = 4.53, \qquad \hat{b} = \frac{H \times E}{N} = \frac{43 \times 16}{60} = 11.47$$

$$\hat{c} = \frac{G \times F}{N} = \frac{17 \times 44}{60} = 12.47, \qquad \hat{d} = \frac{H \times F}{N} = \frac{43 \times 44}{60} = 31.53$$

이렇게 얻은 기대 도수를 사용해서 다음과 같이 검정 통계량을 계산합니다.

$$\chi^2 = \text{모든 셀의 합계}\left(\frac{(\text{관측 도수} - \text{기대 도수})^2}{\text{기대 도수}} \right)$$

[표 10-5]의 경우는 아래와 같습니다.

$$\chi^2 = \frac{(a - \hat{a})^2}{\hat{a}} + \frac{(b - \hat{b})^2}{\hat{b}} + \frac{(c - \hat{c})^2}{\hat{c}} + \frac{(d - \hat{d})^2}{\hat{d}} \quad ❹$$

[표 10-7]의 경우를 실제로 계산해보면 다음과 같습니다.

$$\chi^2 = \frac{(8-4.53)^2}{4.53} + \frac{(8-11.47)^2}{11.47} + \frac{(9-12.47)^2}{12.47} + \frac{(35-31.53)^2}{31.53} = 5.044$$

▶ 유의 수준 설정

유의 수준 α란 귀무가설이 올바르다고 채택되었을 때, 그 판단이 틀렸을 경우의 확률(리스크)입니다. 평균값의 검정에서와 같이 통상적으로 $\alpha=0.05$ 또는 $\alpha=0.01$로 설정됩니다.
[표 10-7]의 예제에서는 $\alpha=0.05$를 사용합니다.

▶ 이론값 도출

여기서 말하는 이론값이란 귀무가설을 채택할 확률$(1-\alpha)$에 기초하여 χ^2 분포에서 이론적으로 얻어낼 수 있는 수치 X^2입니다. 이는 유의 수준을 기반으로 귀무가설을 채택하기 위해 허용할 수 있는 검정 통계량의 수치를 의미합니다.

χ^2 검정의 경우에는 χ^2 분포의 오른쪽 끝부분의 확률만을 사용합니다. 엑셀 함수를 사용해서 구할 경우, 통계 함수에 있는 [그림 10-1]의 'CHISQ.INV.RT'를 사용합니다.

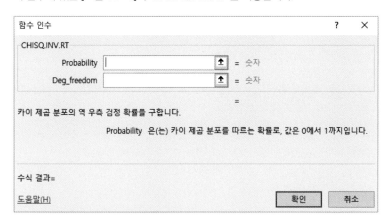

그림 10-1 통계 함수 'CHISQ.INV.RT'

계산된 검정 통계량 χ^2과 구별하기 위해, 여기서는 분포표에서 얻은 이론값을 X^2(대문자 카이)으로 표기합니다.
본문의 사례와 같은 자유도 1의 χ^2 분포는 [그림 10-2]의 그래프와 같이 나타낼 수 있습니다. '오른쪽 끝부분의 확률'이란 유의 수준 α가 나타내는 부분의 면적을 가리킵니다.

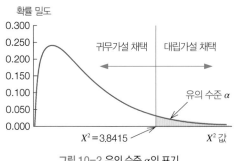

그림 10-2 유의 수준 α의 표기

CHISQ.INV.RT 함수에서 인수로 입력받는 [Probability(확률)]에는 유의 수준을 입력하고, [Deg_freedom(자유도)]에는 자유도를 입력합니다. r행 c열의 교차표에 대해 독립성 검정을 수행할 경우, 일반적으로 자유도는 $(r-1) \times (c-1)$이 됩니다.

이 엑셀 함수를 사용해서 [표 10-7]의 이론값을 구할 경우에는 2×2 교차표이기 때문에 유의 수준은 α=0.05이고 자유도는 $(2-1) \times (2-1)$=1이 됩니다. 각각의 값을 인수로 넣으면 X^2=3.8415가 나옵니다.

▶ **계산값과 이론값을 조합하여 가설 채택**

데이터에서 계산해낸 검정 통계량 χ^2과 이론값 X^2의 수치를 비교해서 아래와 같이 판정을 수행합니다.

$$X^2 \geq \chi^2 \rightarrow \text{귀무가설 채택} \qquad X^2 < \chi^2 \rightarrow \text{대립가설 채택}$$

[표 10-7]의 경우를 살펴보세요. 앞서 구해보았듯 검정 통계량은 χ^2=5.044이고, 이론값은 X^2=3.8415입니다. 그 결과 $X^2 < \chi^2$이 성립되므로 대립가설이 채택됩니다.

즉, 이 교차표로부터 '술을 마시는 사람과 마시지 않는 사람의 담배를 피우는 비율에는 차이가 있다', 또는 '술을 마시는 습관과 담배를 피우는 습관에는 연관성이 있다'라는 결론을 얻을 수 있습니다.

통계 함수 CHISQ.TEST

엑셀에는 χ^2 검정을 수행하기 위한 통계 함수 'CHISQ.TEST'가 이미 준비되어 있습니다. 이 함수에는 계산된 검정 통계량 χ^2과 자유도에 대응되는 확률(검정 통계량 수치를 넘는 확률)을 넣습니다.

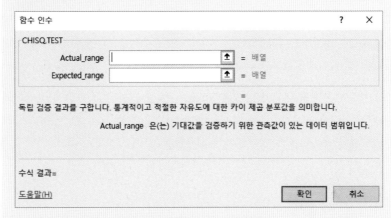

그림 10-3 통계 함수 'CHISQ.TEST'

[그림 10-3]에 나와 있듯이, 이 함수에 입력해야 하는 인수는 [Actual_range(관측 도수)]와 거기에 대응되는 [Expected_range(기대 도수)]입니다. 따라서 기대 도수는 사전에 따로 계산해야 합니다.

[표 10-7]에 이 함수를 사용하는 경우를 예로 들자면 0.024709가 출력되는데, 이는 앞서 살펴보았던 검정 통계량 채택과 계산에서 구한 χ^2=5.044의 수치가 이론값일 경우의 오른쪽 끝부분 확률을 의미합니다. 다시 말하자면, '귀무가설이 옳다'라고 판정될 확률입니다. 따라서 유의 수준 α와 비교해서 이 함수의 출력 결과 P를 평가한다면 아래와 같습니다.

$$P \geq \alpha \rightarrow \text{귀무가설 채택} \qquad P < \alpha \rightarrow \text{대립가설 채택}$$

10.3 데이터가 적을 때의 대응 방법

10.2절에서 설명했듯이, 독립성 검정에서는 표본의 크기가 작아서 데이터의 양이 적을 경우 다양한 문제점이 발생합니다. 특히 셀 도수가 5를 밑도는 교차표의 경우에는 검정 결과의 신뢰성에 대해 주의를 기울여야 합니다.

여기서는 이 문제의 대처 방법으로 **예이츠의 연속성 수정**Yates's continuity correction과 **피셔의 정확 검정** Fisher's exact test이라고 불리는 방법을 다뤄볼 것입니다. 단, 이 대처 방법들은 모두 2×2 교차표의 경우에만 적용할 수 있다는 점에 주의하세요.

직접 해보기 4

[표 10-9]를 사용해서 예이츠의 연속성 수정과 피셔의 정확 검정으로 검정 통계량을 구해보세요.
이 표는 2장의 [그림 2-1]에서 Q4의 '매일의 운동', Q10의 '차를 마시는 습관'을 교차 집계한 데이터입니다.

표 10-9 Q4와 Q10 교차표

차를 자주 마심 \ 매일 운동	예	아니오	합계
예	11	42	53
아니오	4	3	7
합계	15	45	60

▶ 예이츠의 연속성 수정

이 방법은 식 ④의 검정 통계량 대신 아래와 같은 검정 통계량을 사용해서 검정을 수행합니다.

$$\chi^2 = \frac{n(|ad - bc| - 0.5n)^2}{E \cdot F \cdot G \cdot H} \quad ⑤$$

[표 10-9]의 데이터를 식 ④의 검정 통계량으로 계산해보면 $\chi^2 = 4.367$이 되므로, $\alpha = 0.05$의 경우 대립 가설이 채택되어 독립적이지 않다는 결론이 도출됩니다. 여기서 예이츠의 연속성 수정의 식 ⑤로 구한 검정 통계량으로 다시 계산해보세요.

식 ❺를 계산하는 엑셀 함수는 없지만, 식에서 사용하는 절대값은 [그림 10-4]와 같이 수학/삼각 함수인 'ABS'를 이용해 구할 수 있습니다.

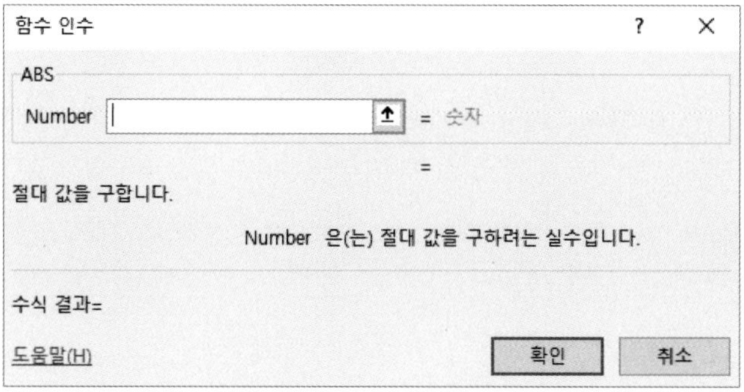

그림 10-4 수학/삼각 함수 'ABS'

이 함수를 이용해서 식 ❺를 계산해보면

$$\chi^2 = \frac{60 \times (|11 \times 3 - 42 \times 4| - 0.5 \times 60)^2}{53 \times 7 \times 15 \times 45} = 2.642$$

가 되므로, 같은 유의 수준 $\alpha = 0.05$에서 귀무가설이 채택됩니다. 즉, 독립적이라고 판정되었던 수정 전 결과와 정반대의 결론이 도출된 것입니다. 하지만 이 결과가 더 신뢰성이 높다는 사실은 굳이 말할 필요도 없을 것입니다.

▶ 피셔의 정확 검정

이 방법은 검정 통계량을 사용하지 않고 관측 도수로부터 귀무가설이 옳을(독립적일) 경우의 확률을 직접 구해내는 방법입니다. 계산은 아래와 같이 수행합니다.

$$P = \frac{E! \times F! \times G! \times H!}{a! \times b! \times c! \times d! \times N!} \quad ❻$$

식 ❻의 P는 아래와 같이 유의 수준 α와 비교해서 판정합니다.

$P \geq \alpha \rightarrow$ 귀무가설 채택　　　$P < \alpha \rightarrow$ 대립가설 채택

식 ❻을 계산하는 엑셀 함수는 없지만, 식에서 사용하는 계승factorial 계산에는 [그림 10-5]의 수학/삼각 함수 'FACT'를 이용합니다.

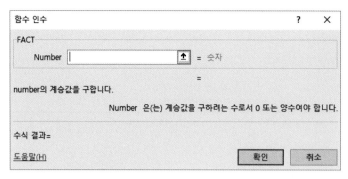

그림 10-5 수학/삼각 함수 'FACT'

피셔의 정확 검정을 이용해서 독립적일 확률을 구해보면 아래와 같습니다.

$$P = \frac{53! \times 7! \times 15! \times 45!}{11! \times 42! \times 4! \times 3! \times 60!} = 0.0502$$

따라서 이 결과에서도 예이츠의 연속성 수정과 같이 유의 수준 $\alpha = 0.05$에서 귀무가설이 채택되어 독립적이라는 결론이 도출되었습니다.

직접 해보기 5

에이츠의 연속성 수정과 피셔의 정확 검정은 2×2 교차표에만 적용할 수 있으므로 [표 10-6]과 같은 2×3 교차표에는 적용할 수 없습니다.

이와 같은 교차표에 5 미만인 셀 도수가 존재할 경우, 유효한 대처 방법은 인접한 분류 항목(카테고리)을 병합하는 것뿐입니다. 2×2 이외의 교차표의 경우 카테고리를 병합하는 이유는 다음과 같습니다.

▶ 2×3 교차표에 독립성 검정 수행

[표 10-6]을 예로 들면 수면 시간의 분류 항목은 '6시간 미만', '6시간 이상~8시간 미만', '8시간 이상'이었습니다.

이대로 [표 10-6]의 2×3 집계표에 독립성 검정을 수행해보면 검정 통계량이 $\chi^2 = 5.486$이 됩니다. 자유도 2의 χ^2이 $\alpha = 0.05$에서 $X^2 = 5.9915$이므로 귀무가설이 채택됩니다(각자 계산해서 확인해보세요).

따라서 규칙적인 생활 습관과 수면 시간에는 연관성이 없다는 결론이 나옵니다.

▶ 2×2 교차표에 독립성 검정 수행

하지만 위 결론에는 문제가 있습니다. 이번에는 [표 10-10]과 같이 수면 시간의 분류 항목 중 '6시간 미만' 과 '6시간 이상~8시간 미만'을 병합해서 '8시간 미만'과 '8시간 이상'의 분류 항목으로 다시 교차 집계를 수행해보세요.

표 10-10 Q2와 Q1(새로운 분류)의 교차표

수면 시간 ＼ 생활	8시간 미만	8시간 이상	합계
예	10	9	19
아니오	33	8	41
합계	43	17	60

이 새로운 2×2 교차표에 기초하여 독립성 검정을 수행해보세요. 검정 통계량이 $\chi^2 = 4.962$가 되므로 자유도 1의 X^2이 $\alpha = 0.05$에서 $X^2 = 3.8415$가 되어 대립가설이 채택됩니다(각자 계산해서 확인해봅시다).

즉, [표 10-6]에서 얻은 결과와는 정반대로 '규칙적인 생활 습관과 수면 시간에는 연관성이 있다'라는 결론이 도출됩니다.

물론 분류 항목을 병합했을 때 데이터의 의미나 분석 목적이 불분명해지기도 한다는 점은 부정할 수 없습니다. 하지만 [표 10-10]과 같이 분류 항목을 병합함으로써 일정한 합리성이 인정되는 경우, 병합으로 새로운 교차표를 만들어서 독립성 검정을 수행하는 것이 이론적으로 바람직하다고 할 수 있습니다.

1분 마무리

분석 목적	사용 방법	엑셀 함수
연관성의 정도를 계산 2×2 교차표	율의 Q	
연관성의 정도를 계산 r×c 교차표	크래머의 V	
연관성의 유무	독립성 검정	χ^2 값에 대응하는 확률 통계 → CHISQ.INV.RT 계산값에 기초한 검정 통계량 통계 → CHISQ.TEST
셀 도수가 5 이하인 경우의 대처 방법	예이츠의 연속성 수정 피셔의 정확 검정	절대값 계산 수학/삼각 → ABS 계승 계산 수학/삼각 → FACT

혼자 해보기 [혼자 해보기] 해답 – 308쪽

❶ '데이터 01'(292~293쪽)의 '성별'과 Q7의 '단 음식을 좋아하는가'를 교차 집계하여 율의 Q를 구해보세요.

❷ '데이터 01'의 '성별'과 Q1의 '수면 시간'을 교차 집계하여 크래머의 V를 구해보세요.

❸ 문제 ❶의 교차표를 사용하여 유의 수준 α=0.05 및 α=0.10으로 독립성 검정을 수행하고 가설을 검증해보세요. 유의 수준에 따라 검정 결과가 달라지는 경우가 있으므로, 이 점에 대해서도 확인해보세요.

❹ 문제 ❷의 교차표의 분류 항목을 병합해서 2×2 교차표로 재집계하고, 유의 수준 α=0.05로 독립성 검정을 수행하여 가설을 검증해보세요.

❺ '데이터 01'의 '성별'과 Q12의 '담배를 피우는 습관'을 교차 집계하고, 유의 수준 α=0.05로 다음 검정을 수행해보세요.

① 통상적인 검정 통계량 χ^2에 의한 검정

② 예이츠의 연속성 수정을 이용한 검정

③ 피셔의 정확 검정

양적 자료 분석

양적 자료에서 정보 읽어내기

이번 장에서는 변수가 2개인 양적 자료로부터 유익한 정보를 읽어내고, 그 정보에 기초하여 예측을 수행하는 방법에 대해 배울 것입니다. 변수가 1개인 양적 자료 분석에 대해서는 4장에서 도수분포표를, 7장에서 평균과 분산 등의 통계량을, 8장과 9장에서 평균의 추정과 검정을 배웠습니다. 이번 장에서는 두 변수 간의 관계를 대상으로 삼을 것입니다.

'데이터 03'(296~297쪽)은 총무성 통계국이 편집한 '사회 생활 통계 지표−도도부현 지표 2017'로부터 몇 가지 양적 자료를 발췌한 것입니다. 예시로 각 도도부현의 '평균 수명(남성)'과 '표준화 사망률' 데이터를 산포도로 나타낸 [그림 11−1], '1인당 국민 의료비'와 '의료 기관에 종사하는 간호사 수(인구 10만 명당)' 데이터를 산포도로 나타낸 [그림 11−2]를 살펴보겠습니다.

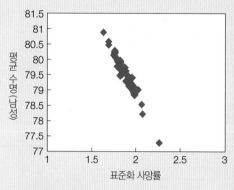

그림 11−1 평균 수명(남성)과 표준화 사망률

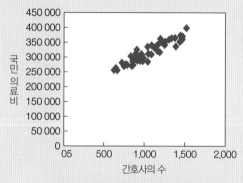

그림 11−2 국민 의료비와 간호사의 수

평균 수명이란 해당 연도에 태어난 신생아(0세)의 남은 수명 평균값을 말합니다.
그리고 이 데이터에서 표준화 사망률이란 각 도도부현의 연령별 인구 구성이 모두 같다고 가정했을 경우의 사망률을 의미합니다.

먼저 [그림 11-1]에서는 사망률이 낮은 도도부현 중 평균 수명이 높은 도도부현이 많다는 것을 읽어낼 수 있습니다. 다시 말해, 한쪽이 낮으면(높으면) 다른 한쪽이 높아지는(낮아지는) 관계입니다.

[그림 11-2]는 이와 반대로 한쪽이 높으면(낮으면) 다른 한쪽도 높아지는(낮아지는) 관계를 나타내고 있습니다. [그림 11-2]를 보면 1인당 의료비가 높은 도도부현은 간호사의 수도 많다는 것을 알 수 있습니다.

통계학에서는 [그림 11-1]과 [그림 11-2]에서 나타내고 있는 양적 자료 간의 관계를 가리켜 **상관**이라고 부릅니다. 그리고 [그림 11-1]과 같은 상관을 '음의 상관(마이너스 상관)', [그림 11-2]와 같은 상관을 '양의 상관(플러스 상관)'이라고 부릅니다. 10장에서 다루었던 질적 자료 간의 **연관**과는 다르므로 주의해주세요.

1분 문제 정리

2가지 양적 자료를 분석하는 첫 번째 주요 목적은 상관이 있는지 여부를 알아보고, 상관이 있을 경우 얼마나 밀접한 상관관계가 있는지를 밝혀내는 것입니다.

그리고 두 번째는 2가지 양적 자료 사이에 상관관계가 인정될 경우 그 관계를 이용해서 한 개의 변수를 가지고 다른 변수에 관한 예측을 수행하는 것입니다.

이번 장에서는 이 2가지 문제를 다룰 것입니다.

Point 1 ▶ 상관관계가 어느 정도인지 어떻게 측정하지?

'상관관계가 어느 정도 크기인지'에 대한 문제입니다. 예를 들어, [그림 11-3]은 각 도도부현의 '평균 수명(여성)'과 '표준화 사망률' 데이터에 관한 산포도입니다. [그림 11-1]의 남성 평균 수명과 동일하게 데이터 좌표를 나타내는 점들이 완만하게 오른쪽 아래로 내려가는 경향을 나타내고 있습니다.

하지만 남성 평균 수명의 경우와 같이 전체가 거의 일직선처럼 모여 있지는 않고, 다소 흩어져 있습니다. 그리고 '의사의 수(인구 10만 명당)'와 '1인당 국민 의료비'의 산포도인 [그림 11-4] 또한 동일한 경향을 보이고 있습니다.

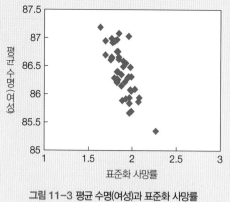

그림 11-3 평균 수명(여성)과 표준화 사망률

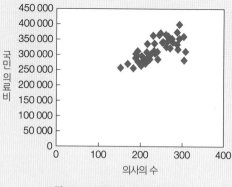

그림 11-4 국민 의료비와 의사의 수

수학에서는 산포도의 점이 일직선상으로 모이는 관계를 **선형**이라고 부릅니다.

[그림 11-1]이나 [그림 11-2]와 같은 경우에는 거의 모든 도도부현이 예외 없이 규칙적으로 한쪽 수치가 높으면 다른 한쪽의 수치가 낮거나(그림 11-1), 한쪽 수치가 높으면 다른 한쪽의 수치도 높은(그림 11-2) 상관관계가 있다는 것을 알 수 있습니다.

하지만 [그림 11-3]이나 [그림 11-4]의 산포도의 경우, 규칙성이 좀 더 느슨해져서 '평균 수명도 비교적 높지만 사망률도 높거나', '의사 수는 비교적 많지만 1인당 국민 의료비는 적은' 예외적인 도도부현도 어느 정도 존재한다는 것을 나타내고 있습니다.

이처럼 [그림 11-1]~[그림 11-4]의 산포도에서는 상관의 '정도'에 강약이 있다는 것을 알아낼 수 있습니다.

굳이 분석할 것도 없이 [그림 11-1]과 [그림 11-3]은 [그림 11-2]와 [그림 11-4]에 비해 비교적 밀접한 상관이 있다고 보이는데, 상관의 정도가 얼마나 차이 나는 것일까요? 이를 비교하기 위해서는 상관의 정도를 측정하는 척도가 필요합니다.

'데이터로부터 어떻게 상관의 정도를 측정할 것인지'가 첫 번째 문제입니다.

[그림 11-1]의 경우를 예로 들어 생각해봅시다. 평균 수명의 계산은 연령별 사망률에 크게 좌우되기 때문에, [그림 11-1]과 같은 경우는 표준화 사망률(요인)이 평균 수명(결과)에 영향을 미치는 결과로서 상관관계를 보이고 있습니다.

이처럼 두 변수 사이에 밀접한 상관관계가 인정되는 동시에 두 변수를 요인과 결과의 관계로 둘 수 있는 경우, 요인의 값을 가지고 결과 값을 예측할 수 있습니다. [그림 11-1]을 가지고 구체적으로 설명하자면, 2가지 양적 자료로부터 도출해낸 상관관계를 전제로 '어느 지역의 올해 표준화 사망률이 ○○라면 올해 평균 수명은 △△가 될 것이다'라고 추측할 수 있습니다.

이러한 예측을 어떻게 수행하는지가 이번 장에서 다루는 두 번째 문제입니다.

상관관계의 정도

변수가 2개인 양적 자료를 [그림 11-1]~[그림 11-4]와 같은 산포도로 그렸을 때, 데이터의 좌표를 나타내는 점들이 오른쪽 위 또는 오른쪽 아래로 향하는 경향을 보인다면 **상관관계가 있다**고 간주합니다.

오른쪽 위로 향하면 **양의 상관**, 오른쪽 아래로 향하면 **음의 상관**이라고 부릅니다. 그리고 상관관계에는 산포도에 나타난 점의 분포에 따라 강약이 있다고 이미 앞에서 설명하였습니다. 같은 내용의 반복이기는 하지만, 양의 상관은 그만큼 중요하기 때문에 다시 한번 확인해보았습니다.

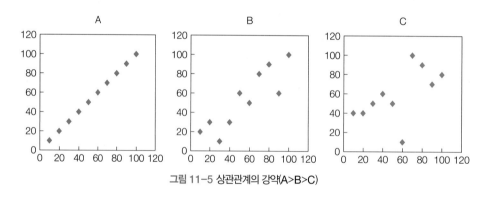

그림 11-5 상관관계의 강약(A>B>C)

[그림 11-5]의 A~C 산포도는 양의 상관관계가 강한 순으로 나열되어 있습니다. [그림 11-5]의 A는 점들이 일직선상으로 늘어서서 한쪽 수치가 크면 예외 없이 다른 한쪽의 수치도 이에 비례해서 커지는 모습을 나타내고 있습니다. 이러한 상관관계를 **완전 상관**이라고 부릅니다.

B와 C의 점들은 모두 A에 비해 흩어져 있습니다. 이는 한쪽의 수치가 커도 다른 한쪽의 수치는 크지 않은 경우도 있다는 의미입니다. B에 비해 C의 점들이 더 많이 흩어져 있는데, 이는 예외에 해당하는 경우가 더 많다는 의미입니다. 다시 말해, C는 B에 비해 '상관관계가 더 약하다'라는 것입니다.

그리고 이처럼 상관관계의 정도가 다르면 당연히 같은 상관관계로 간주할 수 없습니다. 따라서 상관관계의 정도를 측정하는 지표가 필요해지는데, 이것이 바로 **상관계수**입니다.

상관계수 계산하기

[표 11-1]을 예로 들어서 표준화 사망률을 변수 X, 남성의 평균 수명을 변수 Y로 하겠습니다. 그러면 X의 데이터는 홋카이도부터 오키나와현까지의 표준화 사망률, Y의 데이터는 홋카이도부터 오키나와현까지의 남성 평균 수명이 됩니다.

따라서 [표 11-1]과 같이 2대 1의 데이터가 47개 나옵니다. 상관계수의 계산에 필요한 데이터는 이와 같은 2대 1 데이터입니다. 그리고 상관계수를 구할 때, 계산상 두 변수의 데이터 수는 반드시 일치해야만 합니다.

표 11-1 [그림 11-1]의 2대 1 데이터

도도부현	No	변수 X 표준화 사망률	변수 Y 평균 수명(남성)
홋카이도	1번째 데이터	1.96	79.17
아오모리현	2번째 데이터	2.27	77.28
:	:	:	:
오키나와현	47번째 데이터	1.96	79.4

통계 함수 CORREL

상관계수의 계산은 엑셀에 있는 통계 함수 'CORREL' 또는 'PEARSON'을 사용하면 편리합니다.

변수 X, Y의 상관계수 r은 아래 식을 가지고 계산합니다. 여기서 n은 데이터의 수입니다.

$$r = \frac{\dfrac{1}{n}\sum_{i=1}^{n}(x_i-\bar{x})(y_i-\bar{y})}{\sqrt{\dfrac{1}{n}\sum_{i=1}^{n}(x_i-\bar{x})^2}\ \sqrt{\dfrac{1}{n}\sum_{i=1}^{n}(y_i-\bar{y})^2}}$$

그리고 이 식은 7장에서 배웠던 공분산과 표준편차를 사용해서 아래와 같이 바꾸어 쓸 수 있습니다.

$$r = \frac{\text{변수 } X \text{와 } Y \text{ 공분산}}{\text{변수 } X \text{의 표준편차} \times \text{변수 } Y \text{의 표준편차}}$$

직접 해보기 1

예제 파일 Chapter 11 \ 11-01.xlsx

[그림 11-1]에 나온 2개의 변수 데이터를 이용해서 상관계수를 실제로 계산해보겠습니다. 통계 함수 'CORREL'을 사용해서 계산합니다.

01 함수 삽입(f_x) 아이콘을 클릭하고 [함수 마법사] 대화상자에서 [함수 검색]에 'CORREL'을 입력한 후 [검색] 버튼을 클릭합니다.

02 [함수 선택]에 'CORREL'이 나타나면 이를 더블클릭합니다.

03 [함수 인수] 대화상자에서 [Array1]에는 변수 X 표준화 사망률을, [Array2]에는 변수 Y 평균 수명(남성)을 지정합니다. 앞에서 설명했듯이, [Array1]과 [Array2]의 데이터 수는 반드시 일치해야 합니다.

04 [수식 결과]로 '−0.978082081'이 출력되며, [확인] 버튼을 클릭하면 셀에 해당 값이 출력됩니다. 즉, 이 두 변수의 상관계수는 −0.978이라는 결과가 나옵니다.

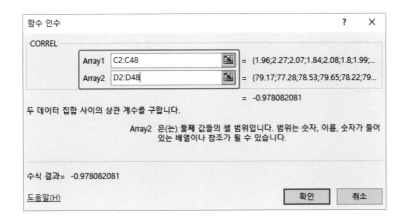

엑셀에서는 통계 함수에 'CORREL'과 'PEARSON'이라는 상관계수를 계산하는 2가지 함수가 준비되어 있는데, 어느 쪽을 사용하더라도 같은 결과가 나옵니다.

상관계수 읽는 방법

그런데 이 −0.978이라는 수치는 얼마나 강한 상관관계를 나타내는 것일까요? 상관계수 r은 이론상 반드시 −1보다 크고 1보다 작은 값이 됩니다($-1 \leq r \leq 1$).

그리고 마이너스 수치는 음의 상관, 플러스 수치는 양의 상관을 나타내며, 둘 다 절대값이 1에 가까워질수록 강한 상관관계로 평가됩니다.

표 11-2 상관계수의 평가 기준

양의 상관	해석	음의 상관
$r = 1$	완전 상관	$r = -1$
$0.7 \leq r < 1$	강한 상관	$-1 < r \leq -0.7$
$0.5 \leq r < 0.7$	약한 상관	$-0.7 < r \leq -0.5$
$0 \leq r < 0.5$	무상관	$-0.5 < r \leq 0$

[표 11-2]는 상관계수를 읽는 법에 관한 대략적인 기준을 나타냅니다. 여기에 따르면 −0.978 은 '강한 상관'을 나타낸다는 것을 알 수 있습니다.

참고로 [그림 11-5]에서는 상관관계가 강한 순으로 A~C의 산포도가 나열되어 있었는데, 각각 상관계수를 구해보면 A가 1.00으로 완전 상관, B가 0.88로 강한 상관, C가 0.58로 약한 상관 에 해당합니다. 대체로 상관계수의 절대값이 0.5 이상이라면 '상관이 있다'라고 보아도 될 것입 니다.

0.5 이하인 경우는 이 책에서 자세히 다루지 않지만, 검정 등을 수행해서 상관 여부를 한 번 더 확인해보아야 합니다.

상관 행렬 계산하기

지금까지 2대 1 데이터의 상관계수를 구하는 방법에 관해 설명하였습니다. 하지만 많은 변수로 이루어진 데이터를 분석할 때는 각 변수 간의 상관을 묶어서 계산하는 것이 편합니다.

예를 들어, '데이터 03'(296~297쪽)에는 '인구'부터 '1인당 국민 의료비'까지 13개의 변수로 이 루어진 양적 자료가 나와 있습니다. 여기서 '인구'와 '평균 수명(남성)', '인구'와 '평균 수명(여 성)', …과 같이 13개의 변수 모두를 조합한 78개의 상관계수를 구해보면 어느 변수 간에 상관 이 있는지를 한눈에 이해할 수 있습니다.

엑셀의 [데이터 분석] 도구를 사용하면 78개의 상관계수를 한 번에 구할 수 있으므로, 보다 종 합적으로 분석할 수 있게 됩니다.

엑셀의 [데이터 분석]을 사용해서 '데이터 03'의 13개 변수 간 상관관계를 구해보겠습니다.

01 [데이터] 탭 – [분석] 그룹에서 [데이터 분석]을 클릭하면 [통계 데이터 분석] 대화상자가 나타납니다. [분석 도구]에서 '상관 분석'을 선택하고 [확인] 버튼을 클릭합니다.

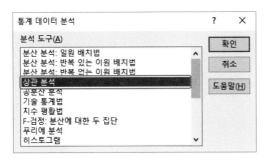

02 [상관 분석] 대화상자에서 [입력 범위]를 지정하고 [출력 옵션]을 '새로운 워크시트'로 선택한 후 [확인] 버튼을 클릭합니다.

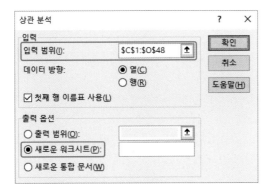

03 새로운 워크시트가 추가되면서 다음과 같이 상관 분석의 결과가 나타납니다. 대각선으로 상관계수가 1로 나타나는 것은 동일한 변수 간의 상관계수이기 때문입니다(예를 들어 '인구'와 '인구'의 상관계수 등).

	인구	평균 수명 (남성)	평균 수명 (여성)	합계 특수 출생률	표준화 사망률	생활 습관병에 의한 사망자 수	악성 신생물에 의한 사망자 수	허혈성 심질환에 의한 사망자 수	뇌혈관 질환에 의한 사망자 수	일반 병원 수	의료 시설에 종사하는 의사 수	의료 시설에 종사하는 간호사 수	1인당 국민 의료비
인구	1												
평균 수명 (남성)	0.14	1											
평균 수명 (여성)	−0.14	0.68	1										
합계 특수 출생률	−0.58	−0.02	0.30	1									
표준화 사망률	−0.13	−0.98	−0.74	0.05	1								
생활습관병에 의한 사망자 수	−0.61	−0.52	−0.23	0.19	0.47	1							
악성신생물에 의한 사망자 수	−0.50	−0.59	−0.26	0.11	0.54	0.94	1						
허혈성 심질환에 의한 사망자 수	−0.60	−0.36	−0.19	0.19	0.34	0.90	0.76	1					
뇌혈관질환에 의한 사망자 수	−0.58	−0.42	−0.16	0.23	0.36	0.88	0.76	0.71	1				
일반 병원 수	−0.41	−0.17	0.17	0.38	0.17	0.44	0.45	0.44	0.25	1			
의료시설에 종사하는 의사 수	−0.10	0.05	0.31	0.17	−0.05	0.08	0.17	0.10	−0.12	0.59	1		
의료시설에 종사하는 간호사 수	−0.53	−0.22	0.24	0.58	0.21	0.50	0.54	0.45	0.33	0.90	0.64	1	
1인당 국민 의료비	−039	−0.27	0.14	0.36	0.25	0.53	0.61	0.49	0.27	0.87	0.69	0.92	1

이처럼 많은 변수 간 상관을 행렬 형식으로 나타낸 것을 **상관 행렬**이라고 부릅니다.
13가지 변수 중에서 2가지 변수를 사용하는 조합의 가짓수는 $_{13}C_2 = 78$개가 됩니다.

회귀 분석이란?

상관계수는 두 변수 간 상관관계의 강한 정도를 나타내는 지표였습니다. 하지만 변수의 조합에 따라 요인과 결과라는 관계를 상정할 수 있는 경우가 있습니다. 예를 들어, **[직접 해보기 2]**의 **03**번 상관 행렬을 보면 '1인당 국민 의료비'와 '생활습관병에 의한 사망자 수' 사이에 0.53이라는 약한 양의 상관이 인정됩니다.

이 사례를 가지고 생각해보면 생활습관병에 의한 사망자 수(요인)가 많은(적은) 도도부현은 1인당 국민 의료비(결과)가 높은 경우가 많다(적다)고 볼 수 있으며, 그 반대는 성립되지 않습니다. 생활습관병의 사망자 수가 많은 도도부현은 생활습관병의 환자 수도 많으리라 생각해볼 수 있고, 이 점이 1인당 국민 의료비 증가에 관계된다고 추측됩니다.

이와 같이 상관이 있는 두 변수를 요인과 결과의 관계식으로 나타낼 수 있다면, 지금까지 얻은 데이터를 가지고 '올해 사망자로 올해의 국민 의료비가 얼마나 될지' 예측할 수 있게 됩니다. 이를 수행하는 통계적 방법이 바로 **회귀 분석**입니다.

상관이 있는 변수 X, Y에서 결과에 해당하는 변수를 Y, 요인에 해당하는 변수를 X로 지정하겠습니다. 위에서 이야기했던 사례에서는 생활습관병에 의한 사망자 수가 X, 1인당 국민 의료비가 Y에 해당합니다. 앞서 설명했듯이 상관관계는 데이터 전체의 경향이 오른쪽 위나 오른쪽 아래로 향하는 관계(선형)일 것을 전제로 합니다. 따라서 [그림 11-6]과 같이 이 경향을 가장 잘 나타내는 직선을 구해서 그 직선의 방정식을 아래와 같이 특정합니다.

$$y = a + bx$$

즉, 데이터를 기반으로 하여 정수 a와 b를 구체적 수치로 특정함으로써 요인·결과 모델을 구할 수 있다는 것입니다. 임의의 x값(조건)을 가지고 y값(예측값)을 구할 수 있기 때문입니다.

이렇게 얻어낸 방정식을 가리켜 **모델**이라고 부릅니다.

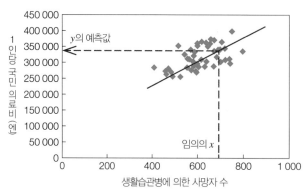

그림 11-6 1인당 국민 의료비(Y)와 생활습관병에 의한 사망자 수(X)

이 직선의 방정식을 **회귀식** 또는 **회귀 모델**이라고 부르며, 그어진 직선을 **회귀 직선**이라고 부릅니다.

그리고 결과에 해당하는 변수 Y를 **피설명변수**(종속변수), 요인에 해당하는 변수 X를 **설명변수**(독립변수), 정수 a를 **회귀절편**, b를 **회귀계수**라고 부릅니다.

회귀식은 수학에서 말하는 함수와 다릅니다. 따라서 수학의 함수와 구별하는 의미로 $y=ax+b$가 아니라 절편을 우변 1항에 둔 $y=a+bx$로 표시합니다.

회귀 분석 계산하기

회귀 분석의 계산은 데이터로부터 정수인 '회귀절편 a와 회귀계수 b를 구하는 것'입니다. 엑셀에는 통계 함수에 회귀계수를 구하는 'SLOPE'와 회귀절편을 구하는 'INTERCEPT'라는 함수가 준비되어 있는데, [데이터 분석] 도구를 사용해서 구할 수도 있습니다.

다음의 예제에서는 [데이터 분석]을 이용하는 방법에 관해 설명하겠습니다.

[그림 11–6]의 데이터를 사용해서 회귀 분석을 수행합니다.

01 [데이터] 탭 – [분석] 그룹에서 [데이터 분석]을 클릭하면 [통계 데이터 분석] 대화상자가 나타납니다. [분석 도구]에서 '회귀 분석'을 선택하고 [확인] 버튼을 클릭합니다.

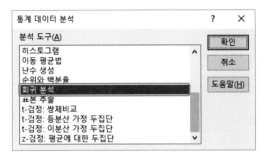

02 [회귀 분석] 대화상자에서 [Y축 입력 범위]에 '1인당 국민 의료비' 데이터 범위, [X축 입력 범위]에 '생활습관병에 의한 사망자 수' 데이터 범위를 지정한 후 [확인] 버튼을 클릭합니다.

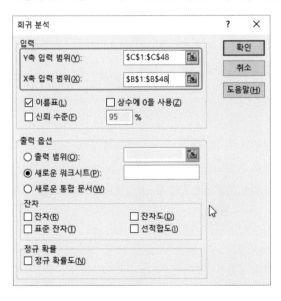

03 다음과 같이 출력 결과가 나타납니다.

요약 출력								
회귀분석 통계량								
다중 상관계수	0.53							
결정계수	0.28							
조정된 결정계수	0.27							
표준 오차	30681.57							
관측수	47.00							
분산 분석								
	자유도	제곱합	제곱 평균	F 비	유의한 F			
회귀	1	1.68E+10	1.68E+10	17.82508	0.0001161			
잔차	45	4.24E+10	9.41E+08					
계	46	5.91E+10						
	계수	표준 오차	t 통계량	P-값	하위 95%	상위 95%	하위 95.0%	상위 95.0%
Y 절편	178536.01	32690.57	5.46	0.00	112693.83	244378.19	112693.83	244378.19
생활습관병에 의한 사망자 수 [명/10만 명]	223.25	52.88	4.22	0.00	116.75	329.75	116.75	329.75

위 분석 결과를 보면 다양한 수치가 나와 있는데, 회귀 모델에 직접 관련된 것은 그림에서 □ 표시된 부분입니다. 따라서 이 회귀 모델은 아래와 같은 식으로 나타낼 수 있습니다.

$$y = 178,536.01 + 223.25x$$

직접 해보기 4

직선의 회귀 모델을 도출하면 목적 예측값을 구할 수 있습니다. 예를 들어 '데이터 03'(296~297쪽)을 보면 도쿄도에는 생활습관병에 의한 사망자 수가 473.4명(인구 10만 명당)이고, 1인당 국민 의료비가 281,000엔입니다.

그리고 도쿄도에서 내년부터 예방 의학을 강화하는 사회 정책을 실시하여 내년 사망자 수를 인구 10만 명당 450명으로 줄이는 목표를 세웠다고 가정하겠습니다. 이때 도쿄도의 1인당 국민 의료비가 얼마나 줄어들지 구해보면, 사망자 수가 450명인 경우의 의료비 예측값은

$$178,536.01 + 223.25 \times 450 = 278,999$$

가 되므로 2,001엔(소수점 이하 반올림)의 의료비가 줄어들 것으로 예상됩니다.

[직접 해보기 3]의 '회귀 분석' 결과에서 [결정계수]에 0.28(반올림)이라는 수치가 나와 있습니다. 이 값은 회귀 분석으로 구한 예측값이 얼마나 적합한지를 나타내는 지표로서, R^2이라고 나타내기도 합니다.

이 수치의 범위는 $0 \leq R^2 \leq 1$이고 1에 가까울수록 적합한 예측값으로 평가됩니다. 이번 경우에는 0.28이므로 그다지 좋은 예측값은 아니라는 의미가 되겠습니다.

여러 요인을 분석하는 다중 회귀 모델

지금까지 살펴본 회귀 모델은 한 가지 결과에 한 가지 요인이 대응되는 경우에 해당하며, 이러한 회귀 모델을 **단순 회귀 모델**이라고 부릅니다. 하지만 한 가지 결과에 작용하는 요인이 꼭 하나뿐이라고 단정하기는 어렵습니다. 오히려 요인이 여러 개일 것이라고 생각하는 편이 현실적일 것입니다. 이처럼 요인이 여러 개인 회귀 모델을 **다중 회귀 모델**이라고 부릅니다.

이번 절에서는 단순 회귀 분석에서 더 나아가 여러 요인에 의한 회귀 분석을 다뤄볼 것입니다.

> 설명변수의 수가 *k*개일 경우, 다중 회귀 모델은 아래와 같은 일반식으로 나타낼 수 있습니다.
>
> $$y = a + b_1 x_1 + b_2 x_2 + \cdots + b_k x_k$$

직접 해보기 **5**

예제 파일 Chapter 11 \ 11−05.xlsx

앞서 검토했던 [그림 11−6]의 사례는 의료비와 생활습관병에 의한 사망자 수의 관계를 분석한 것이었습니다. 하지만 의료비에 영향을 주는 병은 '생활습관병'뿐만이 아닐 것입니다.

'데이터 03'(296~297쪽)에는 '악성신생물', '심질환', '뇌혈관질환'에 의한 사망자 수 데이터도 나와 있습니다. 이 중에서 '뇌혈관질환'을 '생활습관병'에 더한 다중 회귀 모델을 구해보겠습니다.

다중 회귀 모델의 설명변수는 여러 개 있어도 되므로 '악성신생물'과 '심질환'에 의한 사망자 수도 넣고 싶지만, 이를 모두 설명변수로 추가하는 것은 좋지 않습니다. **[직접 해보기 2]**의 상관 행렬을 보면 '생활습관병'과 '악성신생물'의 상관계수가 0.94, '생활습관병'과 '심질환'의 상관계수가 0.90으로 강한 상관관계를 나타내고 있습니다. 이처럼 설명변수 간에 강한 상관이 있는 경우에 두 변수를 모두 설명변수로 추가하면 회귀계수나 회귀절편 추정에 좋지 않은 영향을 미친다고 알려져 있습니다.

따라서 '생활습관병'의 변수를 남길 것이라면 '악성신생물'과 '심질환' 변수는 추가할 수 없습니다. 하지만 '생활습관병'과 '뇌혈관질환'의 상관관계는 0.88로 비교적 낮기 때문에 설명변수로 추가해보겠습니다.

01 다중 회귀 모델의 회귀절편과 2가지 회귀계수는 **[직접 해보기 3]**에서와 같이 [데이터 분석]의 [회귀 분석]을 사용합니다.

02 다른 점은 [X축 입력 범위]에 '생활습관병'과 '뇌혈관질환'에 의한 사망자 수 데이터 범위를 함께 지정한다는 것입니다. [Y축 입력 범위]에는 동일하게 '1인당 국민 의료비' 데이터를 지정합니다.

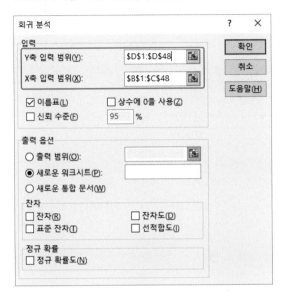

이처럼 설명변수 간의 강한 상관관계로 인해 발생하는 영향을 **다중공선성**이라고 부릅니다.

03 다음 그림은 그 출력 결과입니다.

요약 출력								
회귀분석 통계량								
다중 상관계수	0.69							
결정계수	0.47							
조정된 결정계수	0.45							
표준 오차	26605.70							
관측수	47.00							
분산 분석								
	자유도	제곱합	제곱 평균	F 비	유의한 F			
회귀	2	2.8E+10	1.4E+10	19.77426	7.47E-07			
잔차	44	3.11E+10	7.08E+08					
계	46	5.91E+10						
	계수	표준 오차	t 통계량	P-값	하위 95%	상위 95%	하위 95.0%	상위 95.0%
Y 절편	113836.52	32677.31	3.483657	0.001131	47979.73	179693.3	47979.73	179693.3
생활습관병에 의한 사망자 수 [명/10만 명]	566.37	97.64	5.80	0.00	369.59	763.15	369.59	763.15
뇌혈관질환에 의한 사망자 수 [명/10만 명]	-1405.21	353.03	-3.98	0.00	-2116.69	-693.72	-2116.69	-693.72

이 결과를 가지고 '1인당 국민 의료비'를 변수 y, '생활습관병에 의한 사망자 수'를 변수 x_1, '뇌혈관질환에 의한 사망자 수'를 변수 x_2로 하면 아래와 같이 다중 회귀 모델을 구할 수 있습니다.

이때 주의해야 할 점은 '뇌혈관질환에 의한 사망자 수'의 회귀계수가 '-1,405.21'로 마이너스 값이라는 것입니다. 이는 생활습관병에 의한 사망자 수의 증가가 국민 의료비의 상승 요인으로 작용하는데 비해, 뇌혈관질환에 의한 사망자 수의 증가는 국민 의료비의 하락 요인으로 작용하고 있다는 것을 의미합니다.

그리고 결정계수 R^2은 0.47이므로 생활습관병에 의한 사망자만 넣은 단순 회귀 모델에 비해 개선되었다는 것 또한 알 수 있습니다.

$$y = 113,836.52 + 566.37x_1 - 1,405.21x_2$$

직접 해보기 **6**

예제 파일 Chapter 11 \ 11-06.xlsx

[직접 해보기 5]에서 설명변수 간의 강한 상관관계에 주의하면 다중 회귀 모델의 설명변수가 여러 개 있어도 된다고 설명하였습니다. 그리고 결정계수가 단순 회귀 모델일 때보다 개선되었다고도 하였습니다. 일반적으로 다중 회귀 모델은 설명변수의 수가 늘어날수록 결정계수의 수치가 좋아지는 경향을 보입니다.

하지만 데이터가 있다고 해서 전부 다 설명변수로 넣어도 된다는 것은 아닙니다. 여러 설명변수 중에서 피설명변수에 실제로 영향을 주는 것은 어느 것인지 판단하는 것이 회귀계수의 t 검정입니다. t 검정에 대해서는 8장의 평균값 검정에서도 설명하였습니다.

같은 t 분포를 사용하는 검정이라고는 해도, 서로 다르다는 점에 주의하세요. 그러면 **[직접 해보기 5]**의 계산 결과를 가지고 t 검정의 절차를 살펴보겠습니다.

▶ 귀무가설과 대립가설 설정

회귀계수의 검정에서는 다중 회귀 모델의 각 회귀계수가 검정 대상이 됩니다. 표본에서 추정된 '생활습관병'의 회귀계수는 $b_1 = 566.37$, '뇌혈관질환'의 회귀계수는 $b_2 = -1,405.21$이었습니다.

하지만 이 계수들은 어디까지나 표본 데이터에서 추정된 것으로, 모집단 전체의 데이터에서 구해진 실제 회귀계수와는 다릅니다. 실제 회귀계수를 각각 β_1, β_2로 하고, 임의의 회귀계수를 β_i로 하면 검정 대상인 가설은 다음과 같이 나타낼 수 있습니다.

> **귀무가설** $H_0 : \beta_i = 0$ (x_i는 설명변수로 필요 없음)
> **대립가설** $H_1 : \beta_i \neq 0$ (x_i는 설명변수로 필요함)

▶ 검정 통계량 선택과 계산

회귀계수의 검정 통계량은 10장의 독립성 검정과 달리 [데이터 분석] – [회귀 분석]의 결과로 출력됩니다. **[직접 해보기 5]** 결과의 't 통계량' 수치를 확인해주세요. '생활습관병'은 5.80, '뇌혈관질환'은 −3.98입니다.

▶ 유의 수준 설정

유의 수준 α란 결과적으로 귀무가설이 옳다고 채택되었을 경우, 그 판단이 틀릴 확률(리스크)을 가리킵니다. 보통 $\alpha = 0.05$나 $\alpha = 0.01$이 사용된다는 것은 앞서 설명하였습니다. **[직접 해보기 5]**의 경우에는 $\alpha = 0.05$를 사용합니다.

▶ 이론값 도출

이론값이란 귀무가설을 채택할 수 있는 확률$(1-\alpha)$에 기초하여 t 분포에서 이론적으로 얻을 수 있는 수치 T를 가리킵니다. t 검정의 경우에는 t 분포의 좌우 부분 확률을 사용합니다. 엑셀의 통계 함수인 'T.INV.2T'를 사용하여 구할 수 있습니다.

[Probability(확률)] 인수에는 유의 수준을 넣고, [Deg_freedom(자유도)] 인수에는 'n(표본의 크기)$-k$(설명변수의 수)-1'로 계산합니다.

[직접 해보기 5]의 경우는 47개 도도부현의 데이터이므로 자유도 '$47-2-1=44$'를 넣어서 2.015라는 이론값을 얻을 수 있습니다.

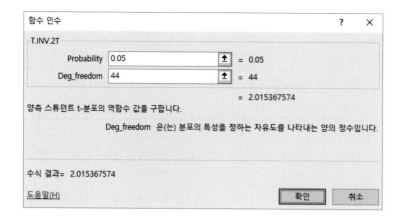

▶ 계산값과 이론값을 조합하여 가설 채택

검정 통계량 t의 절대값과 이론값 T를 비교하여 다음과 같이 판정합니다.

$T \geq |t| \rightarrow$ 귀무가설 채택 $T < |t| \rightarrow$ 대립가설 채택

[**직접 해보기 5**]의 경우, 검정 통계량은 '생활습관병'이 5.80, '뇌혈관질환'이 −3.98이므로 둘 다 $T < |t|$가 성립되어 대립가설이 채택됩니다. 즉, 실제 회귀계수는 0이 아니며 둘 다 설명변수로서 유효하다는 것을 알 수 있습니다.

그리고 [**직접 해보기 5**]의 'P-값'을 사용해서도 검정을 수행할 수 있습니다. 유의 수준 α와 비교해서 아래와 같이 판단하는데, 둘 다 결과는 같습니다.

$P \geq \alpha \rightarrow$ 귀무가설 채택 $P < \alpha \rightarrow$ 대립가설 채택

1분 마무리

❶ 양적 자료에서 두 변수 간의 관계가 전체적으로 오른쪽 위나 오른쪽 아래를 향하는 경향을 보이는 경우(선형관계), '상관관계가 있다'라고 합니다.

❷ 상관관계는 상관계수를 계산함으로써 그 정도를 나타낼 수 있습니다.

❸ 두 변수 간에 상관관계가 있고 각 변수를 '요인'과 '결과'로 나눌 수 있다면 회귀 분석을 수행할 수 있습니다.

❹ 회귀 분석을 통해 결과를 예측할 수 있습니다. 이때 설명변수는 하나뿐만 아니라 여러 개를 사용할 수도 있습니다.

분석 목적	사용 방법	엑셀 함수 · 메뉴
상관관계 측정	상관계수	통계 → CORREL 통계 → PEARSON
데이터를 통한 예측	회귀 분석 회귀계수 회귀절편 다중 회귀 모델	통계 → SLOPE 통계 → INTERCEPT 데이터 분석 → 회귀 분석
설명변수의 유효성	회귀계수 검정	데이터 분석 → 회귀 분석 통계 → T.INV.2T

혼자 해보기   [혼자 해보기] 해답 – 310쪽

❶ '데이터 03'(296~297쪽)의 변수 '1인당 국민 의료비'와 '뇌혈관질환에 의한 사망자 수'의 단순 회귀 모델을 구하고, [직접 해보기 5]의 다중 회귀 모델 결과와 비교해보세요.

❷ '데이터 01'(292~293쪽)의 변수 '연령', '수축기 혈압', '수축기 5년 전' 데이터를 사용해서 다음 항목을 분석해보세요.

① 3가지 변수의 상관 행렬을 구합니다.

② '연령'과 '수축기 5년 전'을 설명변수, '수축기 혈압'을 피설명변수로 하여 다중 회귀 모델을 구합니다.

③ ②에서 구한 다중 회귀 모델로 $\alpha=0.05$의 다중 회귀 검정을 수행합니다.

공공 데이터 사용하기

공공 데이터란 무엇인가

공공 데이터란 주로 국가나 지방자치단체 등의 공적 기관에 의해 만들어진 데이터를 말합니다. '데이터 03'(296~297쪽)도 모두 공공 데이터에 해당합니다. 이번 장에서는 공공 데이터를 사용하는 방법에 대해 살펴보겠습니다.

공공 데이터는 의료나 복지 등의 분야에서도 종종 이용됩니다. 예를 들어, 2017년 2월 간호사 국가 자격시험의 오전부 3번 문제로 다음과 같은 문제가 출제되었습니다.

> 2013년의 국민 의료비는?
>   ① 약 400억 엔
>   ② 약 4000억 엔
>   ③ 약 4조 엔
>   ④ 약 40조 엔

'데이터 03'(296~297쪽)에는 2011년의 도도부현별 1인당 국민 의료비가 나와 있는데, 전국 평균은 302,000엔입니다. 일본 총인구를 대략 1억 2천만 명으로 계산하면 총 국민 의료비는 36조 2,400억 엔이 됩니다. 국민 의료비가 매년 증가 경향인 것을 고려하면 정답이 선택지 ④번의 약 40조 엔이라는 것을 바로 알 수 있습니다.

이처럼 공공 데이터는 다양한 분야에서 사회에 관한 데이터를 제공하는데, 개인이나 회사에서 만드는 조사 데이터와는 몇 가지 다른 특징을 가지고 있습니다.

첫 번째로 공공 데이터는 민간에서 도저히 만들 수 없을 법한 데이터를 제공합니다. 예를 들어, 가장 잘 알려진 국세조사는 일본의 총인구를 파악하기 위해서 5년마다 모든 세대를 대상으로 실시됩니다. 조사 비용을 포함해서 이러한 대규모 조사(전수조사)를 실시할 수 있는 것은 조사 실시자가 국가이기 때문입니다.

국세조사는 법령에 의거하여 5년에 한 번 실시되는 인구조사로, 조사 시점인 10월 1일을 기준으로 과거 3개월간 일본에 거주하는 일본인과 외국인 세대를 모두 조사합니다. 이처럼 조사 대상 모두를 조사하는 조사 방법을 **전수조사**^{census}라고 합니다.

두 번째 특징은 일반적으로 사용할 수 있는 데이터가 집계된 데이터로 한정되어 있다는 점입니다. '데이터 01'(292~293쪽)처럼 분석 당사자가 실제로 조사표를 작성하는 방식으로 조사를 실시하기 때문에 각 조사표의 정보에 기초한 데이터(개별 데이터)를 갖게 되지는 않습니다. 따라서 데이터의 집계 구분이나 집계 방법에 따라서 이용할 수 있는 정보에 일정한 제약을 받는 경우가 종종 있습니다.

이번 장에서는 공공 데이터의 이러한 특징을 고려해서 출생·사망에 관한 공공 데이터를 활용해볼 것입니다. 이러한 공공 데이터는 주로 후생노동성[1]과 국립사회보장·인구문제연구소에 의해 만들어집니다.[2]

구체적으로는 아래 2가지 문제에 대해 배워볼 것입니다.

🅰 1분 문제 정리

Point 1 ▶ 출생·사망에 관한 공공 데이터의 검색과 수집 방법은?

공공 데이터의 수집 방법은 ① 종이 매체로 입수, ② 전자 매체나 인터넷으로 입수의 2가지로 분류할 수 있습니다. 오늘날에는 ②번 방법이 더 많이 사용되고 있습니다.

인터넷을 이용할 경우, 일반적으로는 [표 12-1]의 통계청 사이트에 먼저 접속해봅니다. 그리고 해당 사이트의 메인 페이지에 연결되어 있는 '국가통계포털(KOSIS)' 사이트에 들어가 보면 통계를 키워드별, 카테고리별로 조회하거나 검색할 수 있습니다.

---

1 역자주_ 일본의 행정기관 중 하나로, 한국의 보건복지부 및 고용노동부에 해당합니다.
2 역자주_ 한국의 국가통계포털(KOSIS)은 각 통계작성기관에서 만든 데이터를 통계청에서 통합하여 제공하는 것입니다.

표 12-1 공공 데이터를 얻을 수 있는 곳

사이트명	주소
통계청	http://kostat.go.kr
국가통계포털	http://kosis.kr
공공데이터포털	https://www.data.go.kr

Point 2 ▶ 합계 출산율, 표준화 사망률의 의미와 계산 방법은?

합계 출산율과 표준화 사망률은 출생·사망에 관한 대표적인 통계 지표입니다. 모은 데이터를 가지고 실제로 계산해보면서 구체적인 계산 방법을 배워볼 것입니다.

본론으로 들어가기 전에, 공공 데이터의 전반적인 기초 지식에 대해서 간단히 설명하겠습니다. 공공 데이터는 본래 법률에 의거하여 만들어지는 것으로서 [그림 12-1]과 같이 필수 통계와 일반 통계로 분류됩니다.

필수 통계란 행정기관이 작성하는 통계 중에서 총무대신에 의해 특히 중요한 것으로 분류된 것입니다. 국세조사나 경제센서스 등이 여기에 포함됩니다. 그 외의 공공 데이터는 **일반 통계**로 분류됩니다.

국가에서 작성하는 공공 데이터는 작성 방법에 따라서 몇 가지 유형으로 분류됩니다. [그림 12-2]는 이러한 유형들을 나타낸 것으로, 먼저 기본이 되는 데이터인 **기초 통계**와 기초 데이터를 계산이나 추산으로 가공한 **가공 통계**로 크게 나눌 수 있습니다.

이번 장에서 다루는 합계 출산율, 표준화 사망률, 평균 수명 등은 이 가공 통계에 해당합니다.

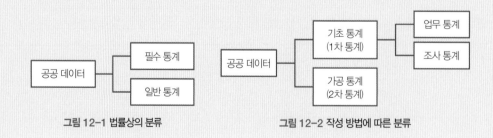

그림 12-1 법률상의 분류   그림 12-2 작성 방법에 따른 분류

기초 통계는 조사를 통해서 작성되는 **조사 통계**와 매일 들어오는 신고와 허가 · 승인, 처분 등의 업무 기록을 데이터로 편집한 **업무 통계**로 구분됩니다. 앞에서 설명했던 출생률이나 사망률은 주로 후생노동성에서 작성한 '인구 동태 통계'를 기반으로 계산되는데, 이 '인구 동태 통계'가 업무 통계에 해당합니다.

공공 데이터를 이용할 때 가장 유의해야 할 점은 '각 데이터가 어떻게 정의되었는지'입니다. 예를 들어, 교통사고로 사망한 사람의 수(연간)는 위의 '인구 동태 통계'와 경찰청이 공표한 '교통사고 통계'의 두 종류의 데이터에서 구할 수 있습니다. 하지만 이 두 데이터에 나와 있는 '교통사고사'의 인원수는 매년 일치하지 않고 꽤나 차이가 납니다. 이는 '인구 동태 통계'와 '교통사고 통계'에서의 '교통사고사'에 대한 정의가 다르기 때문입니다.

경찰청의 '교통사고 통계' 사망자 수는 사고 발생 24시간 이내의 사망자를 대상으로 하기 때문에 사고 후 2일 뒤에 사망한 경우는 교통사고사에 포함되지 않습니다. 한편, 후생노동성의 '인구 동태 통계'에서는 이러한 경우도 교통사고사에 포함시키기 때문에 두 데이터 간에 차이가 생기는 것입니다.

이처럼 공공 데이터를 이용할 때는 이용하고자 하는 데이터가 구체적으로 무엇을 의미하는지, 그 정의를 정확히 확인해야 합니다.

출생아 수와 조출생률

저출산 고령화가 사회 문제가 되고 있는 요즈음 연간 출생아 수와 출생률이 언론에 종종 언급 되면서 일반인에게도 널리 알려지게 되었습니다.

그런데 1년 동안 얼마나 많은 아기(출생아)들이 태어나고 있는 것일까요? 인구동향조사를 통해 서 이를 알아낼 수 있습니다. 이 공공 데이터는 필수 통계이자 업무 통계에 해당합니다. 그리고 인구 대비 연간 출생률이 어느 정도인지를 나타내는 지표가 다음 식 ❶로 정의되는 **조출생률**입 니다.

$$\text{조출생률} = \frac{\text{연간 출생아 수}}{\text{연앙 인구}} \times 1000 \quad \text{❶}$$

정의식을 통해 알 수 있듯이, 조출생률에는 백분율이 아니라 천분율이 이용됩니다. 천분율 은 '퍼밀'이라고 해서 '‰'(밑의 ○가 2개)로 표기합니다.
연앙 인구란 한 해의 중간 시점인 7월 1일을 기준으로 산출한 인구입니다.

직접 해보기 **1**

국가통계포털 홈페이지(http://kosis.kr/)에 접속해서 실제로 인구동향조사에서 출생아 수, 인구총조사에서 총인구를 다운로드한 뒤 조출생률을 계산해보겠습니다.

01 국가통계포털(KOSIS) 메인 페이지의 [국내통계] – [주제별통계]에서 [인구·가구]–[인구총조사]를 선택 한 뒤, 다음 화면과 같이 데이터를 찾아 들어갑니다.

02 [항목] 탭에서 '총인구'만 선택하고 [행정구역별(읍면동)] 탭에서 '읍부', '면부', 동부'를 제외한 항목을 선택한 뒤 '2레벨 전체선택'을 체크 해제합니다. 그리고 우측 상단의 [통계표조회] 버튼을 클릭하면 아래와 같이 지역별 총인구 데이터가 출력됩니다.

03 [통계표조회] 아래에 있는 [다운로드] 버튼을 클릭하면 다음과 같은 창이 나타나는데, 해당 데이터를 엑셀이나 CSV 파일로 다운로드할 수 있습니다.

CSV 파일이란 콤마(,)로 구분되는 텍스트 파일을 말합니다. 어떤 소프트웨어에서도 열 수 있기 때문에 당연히 엑셀에서도 열 수 있고, 엑셀 파일로 저장할 수도 있습니다.

04 이와 같은 방법으로 인구동향조사 데이터도 다운로드해보겠습니다. 인구총조사 통계를 찾아 들어갔던 페이지에서 아래와 같이 [인구동향조사]를 선택합니다.

05 [종류별] 탭에서 '출생아수(명)'만 체크하고 [시점] 탭에서 [년]의 '2017'만 선택한 뒤, [통계표조회] 버튼을 클릭하면 아래와 같은 데이터가 출력됩니다. 앞서 했던 것처럼 엑셀 파일로 다운로드합니다.

06 데이터를 다운로드했다면 앞서 배운 두 데이터를 합쳐서 $\dfrac{연간\ 출생아\ 수}{연앙\ 인구} \times 1000$을 이용해 다음과 같이 조출생률을 구합니다.

행정구역	출생아 수(명)	총인구(명)	조출생률	순위
서울특별시	65,389	9,741,871	6.71	12
부산광역시	21,480	3,416,918	6.29	15
대구광역시	15,946	2,453,041	6.5	14
인천광역시	20,445	2,925,967	6.99	9
광주광역시	10,120	1,496,172	6.76	11
대전광역시	10,851	1,525,849	7.11	7
울산광역시	9,381	1,157,077	8.11	2

세종특별자치시	3,504	276,589	12.67	1
경기도	94,088	12,851,601	7.32	4
강원도	8,958	1,521,386	5.89	17
충청북도	11,394	1,611,009	7.07	8
충청남도	15,670	2,162,426	7.25	5
전라북도	11,348	1,826,174	6.21	16
전라남도	12,354	1,792,319	6.89	10
경상북도	17,957	2,677,058	6.71	13
경상남도	23,849	3,345,293	7.13	6
제주특별자치도	5,037	641,757	7.85	3

07 06번 표에서는 조출생률이 높은 행정구역 순으로 '순위'가 매겨져 있습니다. 여기서는 통계 함수인 'RANK.EQ'를 사용해서 조출생률이 높은 순(내림차순)으로 순위를 구합니다.

인수인 [Number]에는 순위를 구하고자 하는 행정구역(예: 서울특별시), [Ref]에는 순위를 구할 모든 데 이터(예: 모든 행정구역의 조출생률)의 셀 범위를 지정합니다. 그리고 [Order]는 0이나 공백이면 내림차 순, 그 외의 숫자를 입력하면 오름차순이 됩니다.

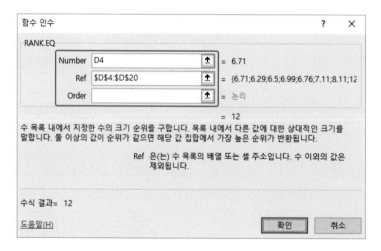

모든 행정구역의 순위를 구할 것을 상정해서 [Ref]의 셀 범위를 절대 참조([F4]키)로 지정 해두면 편리합니다.

이 결과를 보면 세종특별자치시가 모든 행정구역 중 조출생률이 가장 높다는 것을 알 수 있습니다. 독자 여러분이 거주하는 행정구역은 어떠한 결과가 나왔는지 확인해보세요.

합계 출산율

조출생률은 인구 수의 규모에 대한 출생아 수의 상대적 크기를 나타내는 지표입니다. 하지만 신문이나 뉴스에서 자주 언급되는 것은 '데이터 03'(296~297쪽)에도 나와 있는 합계 출산율입니다. 언론 보도 등에서는 이를 '여성이 평생 몇 명의 아이를 낳는가를 나타내는 통계 지표'라고 설명하는 경우가 있는데, 이 설명은 적절하지 않습니다.

보다 정확히 설명하자면 '아이를 출산할 수 있다고 가정되는 연령의 여성이 연간 몇 명의 아이를 출산했는가'를 나타내는 지표입니다. 구체적으로 정의해보도록 하겠습니다.

> 아이를 출산할 수 있다고 가정되는 연령은 '15~49세(만)'입니다. 이 연령 범위에 해당되는 여성 인구를 **생산가능인구**라고 부릅니다.

여기서 합계 출산율(TFR)을 정의하면 다음 식과 같습니다.

$$TFR = \frac{\text{15세의 어머니가 낳은 아이의 총 수}}{\text{15세의 여성 인구}} + \cdots + \frac{\text{49세의 어머니가 낳은 아이의 총 수}}{\text{49세의 여성 인구}} \quad ❷$$

> 합계 출산율은 영어로 Total Fertility Rate이며, 줄여서 TFR로 표기하기도 합니다.

즉, 식 ❷로 나타내는 합계 출산율이란 '15~49세까지의 여성이 평균적으로 아이를 몇 명 낳는가'를 나타내는 것입니다.

참고로 이 수치가 대체로 2.1 전후라면 총인구 수는 거의 변동이 없는 추이를 보입니다. 따라서 이러한 수치를 **인구 치환 수준**이라고 부릅니다. 표현을 달리하자면 합계 출산율이 2.1을 밑돌 경우 인구가 감소하고, 웃돌 경우 인구가 증가하는 경향을 보인다는 것입니다.

일본의 2017년도 합계 출산율은 1.42이므로 현저한 인구 감소가 진행되고 있다는 것을 알 수 있습니다. 참고로, 한국의 2017년도 합계 출산율은 1.05입니다.

직접 해보기 2

서울특별시의 2017년 합계 출산율을 계산해보겠습니다. 합계 출산율을 구하기 위해서는 먼저 서울특별시의 연령별 여성 인구와 연령별 출생아 수 데이터가 필요합니다.

01 [**직접 해보기 1**]에서와 같이 KOSIS에 접속해서 [국내통계] – [주제별통계]에서 [인구 · 가구] – [인구총 조사]를 선택한 뒤, 아래 화면과 같이 데이터를 찾아 들어갑니다.

02 데이터가 출력되면 [항목] 탭에서는 '총인구_여자(명)'만 체크하고, [행정구역별(읍면동)] 탭에서는 '서울특 별시'만 체크합니다. [연령별] 탭에서는 15~49세 범위에 들어가는 연령만 체크합니다.

다음과 같이 필요한 데이터만 남기기 위한 작업입니다. 끝났다면 [통계표조회] 버튼을 클릭해서 알맞게 적용되었는지 확인한 뒤, [다운로드] 버튼을 클릭해 엑셀 파일로 저장합니다.

03 이번에는 연령별 출생아 수 데이터를 구해보겠습니다. [국내통계] − [주제별통계]로 돌아가서 [인구총조사]
대신 [인구동향조사]의 [출생] 목록을 열고, 아래 화면과 같이 데이터를 찾아 들어갑니다.

04 데이터가 출력되었다면 [항목] 탭에서 '모의 평균 출산 연령(세)'과 '출생아수(명)'를 제외한 모든 항목을 체크하고 [시군구별] 탭에서는 '서울특별시'만 체크한 뒤, [통계표조회] 버튼을 클릭합니다.

설정한 내용이 알맞게 적용되었는지 확인한 뒤, 엑셀 파일로 다운로드합니다(아래 화면은 편의상 피벗 기능을 사용해서 [항목] 값과 [시군구별] 값의 위치를 서로 바꾸었습니다).

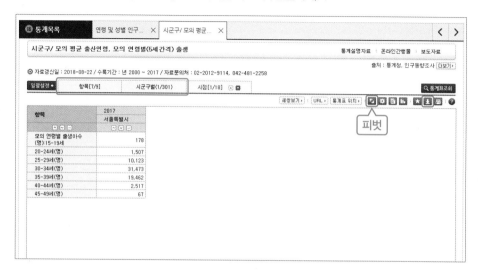

05 데이터에서 어머니의 연령은 5세 단위로 묶여 있습니다. 앞에서도 설명했듯이 공공 데이터를 이용할 때는 이와 같이 이용 가능한 데이터에 제약이 있는 경우가 있습니다. 따라서 제약이 있는 데이터를 사용할 때는 목적(여기서는 합계 출생률 계산)을 달성하기 위한 정리가 어느 정도 필요합니다.

물론 이 데이터를 이용해도 합계 출생률을 계산할 수는 있지만, 이 값은 어디까지나 실제 합계 출생률의 **추정값**이라는 것에 유의해야 합니다. 합계 출생률을 계산하기 위해서 앞서 다운로드했던 데이터를 다음과 같이 편집합니다.

연령별	총인구_여자(명)	연령별 출생아 수(명)	계산 1	계산 2
15~19세	244,340	178	0.00073	0.00364
20~24세	361,406	1,507	0.00417	0.02085
25~29세	393,713	10,123	0.02571	0.12856
30~34세	382,555	31,473	0.08227	0.41135
35~39세	398,482	19,462	0.04884	0.24420
40~44세	378,043	2,517	0.00666	0.03329
45~49세	427,904	67	0.00016	0.00078
합계				0.84268

표를 가지고 계산 순서를 설명하도록 하겠습니다. 앞서 설명했듯이 사용할 데이터는 5세 단위이므로, 먼저 [계산 1]열에 해당하는 계산을 수행합니다. 이 열은 5세 단위의 여성 인구 대비 출생률을 나타내고 있습니다. 예를 들자면 15~19세의 출생률은 아래와 같이 계산합니다.

$$\frac{\text{연령별 출생아 수}}{\text{여성 인구}} = \frac{178}{244340} = 0.00073$$

이 출생률이 15세부터 19세까지 같다고 가정하고 합계 출생률로 나타낸 것이 '계산 2'입니다. '계산 1'의 수치에 5를 곱해서 구하는데, 이 예시의 경우는 0.00073×5 = 0.00364가 됩니다.

06 이와 같은 방법으로 모든 대상 연령에 대해 '계산 2' 값을 구해서 합계를 내면 서울특별시의 합계 출생률인 0.84268이 구해집니다.

앞에서도 설명했지만, 이 수치는 '5세 단위로 나누어진 계급 내 출생률이 같다'라는 가정 하에 구해진 추정값이라는 점에 유의하세요.

이번처럼 여러 개의 공공 데이터를 함께 사용할 때는 조사 대상자가 서로 일치하는지(외국인 포함 여부 등)를 잘 살펴보아야 합니다.

사망자 수와 조사망률

출생이 저출산에 관련된 문제라고 한다면, 사망은 주로 고령화에 관련된 문제라고 볼 수 있습니다. 그리고 어떠한 요인으로 몇 명이 죽었는지는 의료 관계자들에게 중요한 데이터입니다.

예를 들어 이번 장의 첫머리에 2017년 간호사 국가 자격시험 문제를 인용하였는데, 해당 시험의 오전부 1번 문제는 다음과 같았습니다.

> 2014년의 사망자 수는?
> ① 약 47만 명
> ② 약 87만 명
> ③ 약 127만 명
> ④ 약 167만 명

1년 동안 얼마나 많은 사람이 사망하는지, 그리고 그 사망 요인은 무엇인지 알아내려면 후생노동성에서 작성한 '인구 동태 통계' 데이터를 이용합니다(한국의 경우는 앞에서 사용했던 인구동향조사 데이터를 사용합니다). 그리고 연간 사망자 수가 인구 대비 얼마나 되는지를 나타내는 지표는 다음 식 ❸으로 정의되는 **조사망률**로, 조출생률과 동일하게 천분율이 이용됩니다.

$$조사망률 = \frac{연간\ 사망자\ 수}{연앙\ 인구} \times 1000 \qquad ❸$$

2016년도의 사망자 수를 확인해보겠습니다.

01 2016년의 사망자 수 데이터는 앞에서 했던 것처럼 KOSIS 홈페이지에 접속한 뒤, [국내통계] – [주제별 통계]에서 [인구 · 가구] – [인구동향조사] – [사망] – [시도/성/연령(각세)별 사망자수]를 선택하면 조회할 수 있습니다.

02 [시도별] 탭에서 '전국', [성별]과 [연령(5세,각세)별] 탭에서 '계'만 체크한 뒤 [시점] 탭에서 '2016'년을 체크 하고 [통계표조회] 버튼을 클릭합니다. 그러면 2016년에 사망한 연간 사망자 수가 출력되는데, 280,827명 이라고 나와 있을 것입니다. 즉, 이번 문제의 정답은 약 28만 명입니다.

2015년의 조사망률도 계산해보도록 하겠습니다. 앞서 배운 방법으로 KOSIS에서 직접 지역별 사망자 수와 총인구를 조회해서 데이터를 준비합니다.

01 데이터가 준비되었다면 다음과 같이 앞서 나왔던 조사망률 정의식과 엑셀의 RANK.EQ 함수를 이용해서 조사망률과 순위를 구해봅니다.

2015년 한국의 지역별 조사망률은 다음과 같습니다.

행정구역	사망자 수	총인구(명)	조사망률	순위
서울특별시	43,053	9,904,312	4.346895	15
부산광역시	20,820	3,448,737	6.036993	8
대구광역시	13,081	2,466,052	5.30443	10
인천광역시	13,452	2,890,451	4.653945	13

광주광역시	7,443	1,502,881	4.952488	11
대전광역시	6,961	1,538,394	4.524849	14
울산광역시	4,915	1,166,615	4.213044	17
세종특별자치시	979	204,088	4.79695	12
경기도	53,005	12,479,061	4.247515	16
강원도	11,301	1,518,040	7.444468	4
충청북도	10,638	1,589,347	6.693315	6
충청남도	14,469	2,107,802	6.864497	5
전라북도	13,721	1,834,114	7.480996	3
전라남도	16,543	1,799,044	9.195439	1
경상북도	20,862	2,680,294	7.783474	2
경상남도	21,313	3,334,524	6.391617	7
제주특별자치도	3,339	605,619	5.513367	9

연령 표준화 사망률

조사망률은 인구 데이터만 있다면 지역별, 남녀별, 연령별로 계산할 수 있습니다. 하지만 조사망률은 총인구에 대한 사망자 수의 비율을 나타내는 것으로, 다룰 때는 주의가 필요합니다.

예를 들어, [표 12-2]의 데이터를 살펴보겠습니다.

표 12-2 A현과 B현의 인구 수 · 사망자 수 · 조사망률

지표	A현				B현			
	0~14세	15~64세	65세 이상	합계	0~14세	15~64세	65세 이상	합계
인구 수	1,000	2,000	3,000	6,000	3,000	2,000	1,000	6,000
사망자 수	8	20	45	73	24	20	15	59
조사망률(‰)	8	10	15	12.2	8	10	15	9.8

[표 12-2]는 어디까지나 가상의 데이터로, A현과 B현의 연령별 인구 수, 사망자 수, 조사망률을 나타내고 있습니다.

이 데이터를 보면 A현과 B현 모두 동일한 연령별 조사망률 수치를 보이고 있습니다. 하지만 합계(총인구) 조사망률은 A현이 B현보다 높습니다. 왜냐하면 A현과 B현의 연령별 인구 구성(연령별 인구분포)이 다르기 때문입니다.

[표 12-2]에 나와 있는 3가지 연령별 단계는 인구 통계에서도 종종 채용되곤 합니다. 0~14세 인구를 **연소인구**, 15~64세 인구를 **생산가능인구**, 65세 이상의 인구를 **노년인구**라고 부릅니다.

A현에서는 65세 이상의 인구가 총인구의 50%를 차지하고 있지만, B현에서는 약 17%밖에 되지 않습니다. 그리고 0~14세의 인구는 반대로 A현이 총인구의 17%밖에 되지 않고, B현은 50%를 차지합니다. 나이가 많아질수록 사망률이 높아진다는 것은 굳이 말하지 않아도 너무나 당연한 사실입니다. 때문에 A현과 B현처럼 연령별 인구분포가 다른 경우, 총인구 대비 조사망률 값이 영향을 받습니다.

이런 점을 고려해서 인구분포가 완전히 동일하다고 가정했을 경우 조사망률은 어떻게 될 것인가, 이 문제에 답을 내려주는 것이 바로 **연령 표준화 사망률**입니다.

연령 표준화 사망률의 정의식은 아래의 식 ❹와 같습니다.

$$연령\ 표준화\ 사망률 = \frac{(기준\ 인구의\ 연령\ 단계별\ 인구 \times 연령\ 단계별\ 사망률)의\ 합계}{기준\ 인구} \quad ❹$$

직접 해보기 **5** 예제 파일 Chapter 12 \ 12-05.xlsx

2010년도와 2015년도의 전국 데이터를 이용해서 연령 표준화 사망률의 계산 방법과 계산 결과를 읽는 법에 대해 알아보겠습니다.

필요한 데이터는 2010년과 2015년의 연령 단계별 인구 수와 사망자 수, 그리고 인구분포를 통일시키기 위해서 필요한 기준 인구입니다. 기준 인구는 어떤 연도의 인구여도 상관은 없지만, 후생노동성에서는 1985년의 인구를 기준 인구로 사용하고 있기 때문에 여기서도 1985년의 인구를 사용할 것입니다.

이번에는 미리 준비된 데이터를 계산에 사용할 것인데, KOSIS에서 필요한 데이터를 찾아 사용해도 무방합니다.

단, 출처가 다른 데이터를 함께 사용할 경우 데이터의 계급이 서로 달라 문제가 발생하기도 합니다. 2010년도와 2015년도의 데이터에서는 '110세 이상'의 연령이 같은 단계로 묶여 있는 데에 반해, 1985년도의 데이터는 '85세 이상'의 연령이 모두 같은 단계로 묶여 있는 경우 등이 그러합니다.

앞에서도 설명했지만, 공공 데이터를 사용할 때는 이런 일이 종종 있습니다. 이번에는 1985년도 데이터의 연령 구분에 맞추어서 데이터를 재편집해서 사용하였습니다.

그러면 식 ❹를 이용해서 연령 표준화 사망률을 계산해보겠습니다.

01 2010년과 2015년의 '인구 수'와 '사망자 수' 데이터를 사용해서 '연령별 사망률'을 구합니다. 예를 들면 2010년의 0~4세의 연령별 사망률은 아래와 같이 계산할 수 있습니다(아래 표의 '연령별 사망률'은 천분율(‰)로 표기).

$$0\text{~}4\text{세의 연령별 사망률} = \frac{3{,}382}{5{,}296{,}748} = 0.0064\cdots$$

02 이런 식으로 모든 연령대의 사망률을 각각 구한 뒤, 1985년의 '연령별 기준 인구'에 곱해서 '연령별 사망자 수'를 각각 구합니다. 앞에서와 같이 2010년의 0~4세를 예로 들자면 다음과 같습니다.

$$0\text{~}4\text{세의 연령별 사망자 수} = 7{,}459{,}263 \times 0.0064 = 4{,}763$$

03 이와 같은 방법으로 다음 표와 같이 전체 연령별 사망률과 연령별 사망자 수를 구할 수 있습니다.

연령 계급	인구 수			사망자 수		연령별 사망률 (‰)		연령별 사망자 수	
	1985년	2010년	2015년	2010년	2015년	2010년	2015년	2010년	2015년
0~4세	7459263	5296748	4987706	3382	2692	0.64	0.54	4763	4026
5~9	8531834	5585661	5299787	480	452	0.09	0.09	733	728
10~14	10042121	5921035	5599317	553	470	0.09	0.08	938	843
15~19	8979947	6063357	6008388	1422	1220	0.23	0.20	2106	1823
20~24	8200554	6426433	5968127	2753	2101	0.43	0.35	3513	2887
25~29	7823402	7293701	6409612	3437	2616	0.47	0.41	3687	3193
30~34	9054224	8341497	7290878	4837	3549	0.58	0.49	5250	4407
35~39	10738044	9786349	8316157	7555	5402	0.77	0.65	8290	6975
40~44	9134954	8741865	9732218	10162	9770	1.16	1.00	10619	9170
45~49	8236614	8033116	8662804	14532	13540	1.81	1.56	14900	12874

연령									
50〜54	7932994	7644499	7930296	22014	19717	2.88	2.49	22845	19724
55〜59	6999745	8663734	7515246	39326	28735	4.54	3.82	31773	26764
60〜64	5405538	10037249	8455010	66096	52217	6.59	6.18	35596	33384
65〜69	4193419	8210173	9643867	83087	88287	10.12	9.15	42437	38390
70〜74	3563397	6963302	7695811	110248	114323	15.83	14.86	56418	52935
75〜79	2493343	5941013	6276856	163088	153465	27.45	24.45	68445	60961
80〜84	1432937	4336264	4961420	211257	222455	48.72	44.84	69811	64249
85세 이상	785247	3794933	4887487	452145	568978	119.14	116.42	93558	91415
합계	121007577	127080929	125640987	1196374	1289989			475682	434747

04 이렇게 구한 각 연령별 사망자 수를 모두 더하면 연령 표준화 사망률의 분자가 구해집니다. 여기에 1985년도 기준 인구의 합계를 분모로 삼아서 2010년과 2015년의 연령 표준화 사망률을 구하면 다음과 같습니다.

$$2010년의 \ 연령 \ 표준화 \ 사망률 = \frac{475,682}{121,007,577} \times 1,000 = 3.93\cdots$$

$$2015년의 \ 연령 \ 표준화 \ 사망률 = \frac{434,747}{121,007,577} \times 1,000 = 3.59\cdots$$

연령 표준화 사망률은 인구의 연령 구성(청년층이 많은지 노인층이 많은지 등) 차이로 인한 사망률 영향을 제거한 통계 지표라고 할 수 있습니다. 즉, 병이나 사고 등 연령 구성 이외의 요인으로 인한 사망 수를 상대적으로 비교하기 위한 통계 지표입니다.

이번에 계산한 결과를 보면 2010년부터 2015년에 걸쳐서 이런 요인으로 인한 사망자가 줄어들고 있다고 할 수 있습니다.

1분 마무리

이번에는 출생과 사망에 관한 통계 지표를 다뤄보았습니다.

❶ 출생이나 사망의 통계 지표는 '공공 데이터'의 일종으로, 국가나 지방자치단체에서 만든 공적 데이터입니다. 국가나 지방자치단체의 웹사이트 등을 통해 입수할 수 있습니다.

❷ 입수한 공공 데이터를 사용해서 다양한 통계 지표들을 직접 계산해봅시다. 해당 통계 지표가 가리키는 의미를 좀 더 깊이 알 수 있게 될 것입니다.

분석 목적	사용 방법	엑셀 함수
총인구 대비 출생률	조출생률	통계 → RANK.EQ
15~49세의 여성 인구 대비 출생률	합계 출산율	
총인구 대비 사망률	조사망률	
연령별 인구분포를 통일한 사망률	연령 표준화 사망률	

혼자 해보기 [혼자 해보기] 해답 – 312쪽

❶ KOSIS 웹사이트에서 데이터를 다운로드해서 여러분이 거주하는 지역의 2015년도 합계 출산율을 구해보세요.

❷ [직접 해보기 5]에서처럼 2000년 전국 총인구를 기준 인구로 삼아서 2010년도의 연령 표준화 사망률을 구해보세요.

데이터 과학에서
실제로 발생하는 문제

데이터 분석을 둘러싼 다양한 문제

이 책에서는 데이터 과학의 시점(데이터를 중시하는 데이터 분석)으로 의료 및 복지 분야에서의 표준 통계적 방법을 설명해왔습니다. 하지만 막상 현실의 데이터를 다뤄보면 보통 교과서에는 설명되어 있지 않은 다양한 문제와 곤란한 상황에 직면하게 됩니다.

예를 들어, [표 13-1]에는 11장에서 다루었던 회귀 분석을 수행하기 위한 가상 데이터가 나와 있습니다. [표 13-1]의 데이터를 가지고 아래의 4가지 회귀 모델을 생각해보세요.

표 13-1 회귀 모델 A~D에 사용한 데이터

X_1	Y_1	Y_2	Y_3	X_4	Y_4
10	8.04	9.14	7.46	8	6.58
8	6.95	8.14	6.77	8	5.76
13	7.58	8.74	12.74	8	7.71
9	8.81	8.77	7.11	8	8.84
11	8.33	9.26	7.81	8	8.47
14	9.96	8.1	8.84	8	7.04
6	7.24	6.13	6.08	8	5.25
4	4.26	3.1	5.39	8	5.56
12	10.84	9.13	8.15	8	7.91
7	4.82	7.26	6.42	8	6.89
5	5.68	4.74	5.73	19	12.5

- 회귀 모델 A: $y_1 = a + bx_1$
- 회귀 모델 B: $y_2 = a + bx_1$
- 회귀 모델 C: $y_3 = a + bx_1$
- 회귀 모델 D: $y_4 = a + bx_4$

엑셀의 [데이터 분석]을 사용해서 A~D의 4가지 회귀 분석을 수행해보면 모두

$$y = 3.00 + 0.5x$$

가 되어서 결정계수 R^2도 동일하게 0.67이 나오게 됩니다.

다시 말해, 이 수치만 보면 모두 좋은 회귀 모델이라는 판단을 하게 됩니다. 하지만 실제로 이 중에서 '좋은 회귀 모델'이라고 판단할 수 있는 것은 회귀 모델 A뿐이고, 다른 회귀 모델은 적절하지 않습니다.

다음은 프랭크 앤스콤Frank Anscombe이라는 저명한 통계학자가 회귀 분석의 문제점을 지적한 유명한 사례[1]입니다. A 이외의 회귀 모델이 왜 부적절한지는 [그림 13-1]의 산포도 A~D를 보면 확실히 알 수 있습니다.

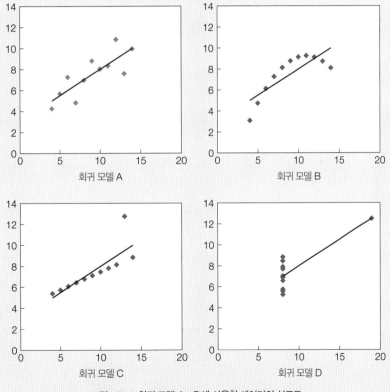

그림 13-1 회귀 모델 A~D에 사용한 데이터의 산포도

---

1 역자주_ Anscombe's quartet이라고 합니다.

이 산포도를 보면 회귀 모델 B는 비선형 경향을 보이기 때문에 애초에 회귀 분석 수행 자체에 문제가 있는 경우입니다.

회귀 모델 C는 변수 Y에 이상치가 있어서 회귀계수가 크게 추정되는 바람에, 이 이상치를 제외하지 않는 이상 문제가 남는 경우입니다.

그리고 회귀 모델 D는 변수 X에 이상치가 있어서 기울기가 생겨버렸는데, 이상치를 제외시키면 기울기를 갖지 않기 때문에 회귀계수를 구할 수 없는 경우입니다.

이러한 사례들은 회귀 분석의 특징적인 문제점인데, 회귀 분석뿐만 아니라 이 책에서 학습했던 다양한 통계적 방법들과 같은 수리적 분석 방법을 적용할 때는 '데이터의 특징이나 문제점 등을 사전에 충분히 검토'해야 한다는 교훈을 줍니다. 분석자는 항상 이러한 점을 고려해서 데이터를 분석해야 한다는 점을 명심하기 바랍니다.

◓ 1분 문제 정리

다양한 통계적 방법들에는 각각 다양한 응용상의 문제들이 존재합니다. 그러므로 이번 장에서는 데이터 분석의 첫 관문에 해당하는 데이터 문제를 다뤄보겠습니다. 데이터의 크기나 미비, 응용상의 부적합 등으로 인해 발생하는 분석상의 문제에 초점을 맞추고, 가장 기초적인 대처 방법에 대해 설명하겠습니다.

우리가 다뤄볼 문제들은 구체적으로 다음과 같습니다.

Point 1 ▶ 데이터를 얼마나 모아야 할까?

실제로 조사를 계획하고 실시하려 할 때, 곧바로 직면하게 되는 것이 '모집단으로부터 어느 정도의 표본을 추출해야 하는가' 하는 문제입니다(표본 크기의 문제). 이 문제는 8장에서 배웠던 추정에 관한 오차 정밀도 문제와 밀접한 관련을 가지고 있습니다.

따라서 일정한 추정값의 오차 정밀도를 보증하기 위해서 필요한 표본 크기(샘플 사이즈)를 알아볼 것입니다.

《 Point 2 》 **데이터에 이상치가 있을 때는 어떻게 해야 할까?**

앞서 살펴보았던 앤스콤의 예시처럼 이상치를 포함한 데이터를 사용할 경우, 분석 결과에 다양한 영향을 미치게 됩니다. 이 경우의 문제는 '어떤 데이터를 이상치로 간주해야 하는가'입니다.

그러므로 회귀 분석의 예시를 들어 이상치를 판단하는 방법을 알아볼 것입니다.

《 Point 3 》 **데이터에 결측치가 있을 때는 어떻게 해야 할까?**

조사로 얻은 데이터에는 곧잘 결측치가 포함되어 있곤 합니다. 하지만 분석을 할 때 이러한 결측치가 많으면 분석 결과에 좋지 않은 영향을 끼치고 맙니다. 때문에 오늘날에는 결측치 처리 기술에 대한 다양한 연구가 진행되고 있는데, 아쉽게도 초심자가 바로 이용할 수 있는 것은 아닙니다.

이번 장에서는 가장 기본적인 EM 알고리즘을 소개할 텐데, 이 역시 실제 데이터 분석에 바로 적용할 수 있는 것은 아니라는 점에 주의하기 바랍니다.

모집단의 크기가 무한할 경우

3장에서 배웠듯이 데이터를 취할 대상인 모집단에는 그 크기가 유한한 경우와 무한한 경우가 있습니다.

예를 들어, '데이터 01'(292~293쪽)의 '신장'을 떠올려봅시다. 이 신장 데이터가 어느 특정 시기에 특정 지역(시군구 등)의 성인을 모집단으로 해서 추출된 것이라면 성인의 총인구는 유한하므로 유한 모집단에 해당합니다. 하지만 하나의 생물로서 20세 이상의 사람, 즉 호모 사피엔스로서의 인간을 모집단으로 한다면 무한 모집단에 해당합니다.

그러므로 먼저 무한 모집단의 표본 크기를 구하는 방법을 설명하겠습니다.

모집단의 크기가 유한한 경우 **유한 모집단**, 무한한 경우 **무한 모집단**이라고 불립니다.

표본 크기는 조사나 분석에서 특히 중요하다고 여겨지는 모집단의 참값과 추정값의 표본오차에 따라 정해집니다.

8장에서 학습했듯이 이 참값과 추정값의 차를 **표본오차**라고 부르는데, 표본 크기는 이 표본오차를 '어느 정도로 어림잡을 것인가'에 따라 좌우됩니다.

성인의 수축기 혈압 산술 평균을 예시로 삼아 구체적으로 살펴보겠습니다.

우리가 다룰 것은 지역이나 시기가 특정되지 않은 성인의 수축기 혈압입니다. 수축기 혈압의 실제 평균에 대한 표본오차를 ±5로 하고 싶은 경우 필요한 표본 크기를 계산해보겠습니다.

계산에 필요한 통계량은 아래와 같습니다.

- μ: 실제 평균값, $\bar{x}$: 표본 평균값(추정값), $\varepsilon = |\bar{x} - \mu|$
- σ^2: 실제 분산, $1-\alpha$: 오차의 정밀도
- $Z_{\alpha/2}$: 표준정규분포의 $\alpha/2$의 z값

참고로 ε는 표본오차의 절대값, α는 추정값의 오차가 ε를 넘을 확률을 의미합니다.

그리고 평균값의 오차를 대상으로 했을 때, 사전에 실제 분산 σ^2을 알고 있어야 표본 크기를 계산할 수 있습니다. 하지만 보통 실제 분산을 정말로 구하는 경우는 없으므로, 사전에 다른 조사 등을 통해서 수치를 얻어두어야 합니다.

01 여기서는 '데이터 01'(292~293쪽)의 '수축기 혈압'의 분산을 대용으로 써서 엑셀 통계 함수 'VAR.P'로 분산을 구합니다(σ^2=389.26).

02 $Z_{\alpha/2}$는 8장에서 배웠듯이 통계 함수 'NORM.S.INV'로 구합니다(α=0.05일 때 z=1.96).

> 엑셀 통계 함수 'NORM.S.INV'를 사용해서 $Z_{\alpha/2}$를 구하면 음수가 나오므로 주의하세요. 양수로 표시하고 싶다면 확률을 $\alpha/2$대신에 $1-\alpha/2$로 구하면 됩니다.

이 수치들을 계산한 결과는 다음 표에 정리되어 있습니다.

통계량	계산 방법	결과 값
표본 평균	=SUM(Q2:Q61) / 60	122.27
모분산	=VAR.P(Q2:Q61)	389.26
$\alpha/2$	오차의 정밀도가 95%인 경우 α=0.05 → =0.05 / 2	0.025
$Z_{\alpha/2}$	=NORM.S.INV(0.025)	−1.96
$Z_{1-\alpha/2}$	=NORM.S.INV(1−0.025)	1.96
|표본오차|		5

03 준비가 끝났다면 아래와 같이 계산해서 무한 모집단의 표본 크기를 구합니다.

$$n \geq \frac{Z_{\alpha/2}^2 \sigma^2}{\varepsilon^2}$$

$$\frac{Z_{\alpha/2}^2 \sigma^2}{\varepsilon^2} = \frac{1.96^2 \times 389.26}{5^2} = \frac{1,495.33}{25} = 59.81 \cdots$$

따라서 필요한 표본 크기는 최저 60 이상이라는 결론이 도출됩니다.

참고로 모집단의 실제 분산 대신에 '데이터 01'의 표본분산을 사용하였는데, 이는 '데이터 01'의 표본 크기가 60이어서 30을 넘기 때문이라는 점을 주의하세요.

대용으로 사용할 표본의 크기가 30을 밑돌 경우, 표본정규분포(z 분포)가 아니라 t 분포를 이용해야 합니다.

이 경우 단순히 z값 대신에 t값을 대입하면 되는 것이 아니라 계산이 복잡하기 때문에 이 책에서는 생략하였습니다.

모집단의 크기가 유한할 경우

앞 절과 동일한 사례를 사용해서 유한 모집단의 표본 크기를 검토해보겠습니다.

어느 시에 살고 있는 성인의 수축기 혈압 산술 평균을 구할 경우, 상정되는 유한 모집단은 이 시에 거주하는 20세 이상의 모든 사람에 해당합니다.

[직접 해보기 1]의 결과표에서 모집단의 크기가 N인 시의 20세 이상 인구를 20,000명이라고 했을 경우, 표본 크기는 다음과 같이 구할 수 있습니다.

$$n \geq \cfrac{1}{\cfrac{\varepsilon^2}{Z_{a/2}^2 \sigma^2}\left(1 - \cfrac{1}{n}\right) + \cfrac{1}{n}}$$

$$\cfrac{1}{\cfrac{\varepsilon^2}{Z_{a/2}^2 \sigma^2}\left(1 - \cfrac{1}{n}\right) + \cfrac{1}{n}} = \cfrac{1}{\cfrac{5^2}{1.96^2 \times 389.26}\left(1 - \cfrac{1}{20,000}\right) + \cfrac{1}{20,000}}$$

$$= \cfrac{1}{\cfrac{25}{1,495.33}\left(1 - \cfrac{1}{20,000}\right) + \cfrac{1}{20,000}} = 59.64 \cdots$$

따라서 필요한 표본 크기는 **[직접 해보기 1]**과 동일하게 최저 60 이상이 됩니다.

이처럼 모집단의 크기 N이 어느 정도 클 경우에는 무한 모집단과 유한 모집단에 큰 차이가 없습니다.

13.2 이상치 찾아내기

데이터에 이상치가 포함되어 있으면 분석 결과에 좋지 않은 영향을 미칩니다.

서두에 소개했던 회귀 분석의 사례를 예로 들자면, 독립변수나 종속변수에 극단치(이상치)가 존재하면 회귀계수 값이 불안정해져서 추정 결과나 검정 결과에도 좋지 않은 영향이 미치고 맙니다. 때문에 실제로 분석을 하기 전에 데이터에 이상치가 있는지를 검토해두어야 합니다.

이상치를 찾아내는 방법은 시각적인 그래프 등을 사용한 방법과 통계량, 즉 수치에 의한 방법 2가지로 크게 나눌 수 있습니다. 여기서는 엑셀로 간단히 구해볼 수 있는 수치에 의한 방법을 다룰 것입니다.

변수가 하나일 경우

가장 단순한 방법으로는 사분위범위를 이용하는 방법이 있습니다.

6장(상자 수염 그림)과 7장(사분위수)에서 배웠듯이, 데이터를 오름차순 또는 내림차순으로 정렬했을 때 각각 하위 25%에 위치하는 데이터를 제 1사분위수, 상위 25%에 위치하는 데이터를 제 3사분위수라고 부릅니다. 그리고 **사분위범위**란 제 3사분위수에서 제 1사분위수를 뺀 수치를 가리키는데, 다음 식과 같이 사분위범위의 1.5배를 기준으로 이상치의 기준을 구할 수 있습니다.

이상치의 상한 기준 ≥ 제 3사분위수 + 1.5 × (제 3사분위수 − 제 1사분위수)
이상치의 하한 기준 ≥ 제 1사분위수 − 1.5 × (제 3사분위수 − 제 1사분위수)

'데이터 01'(292~293쪽)의 수축기 혈압 데이터에서 이상치를 찾아보겠습니다. 여기서는 학습을 위해서 사분위범위에 기초한 이상치 기준을 사용합니다.

다음 표에는 이 기준의 계산 결과와 계산에 필요한 통계량 수치가 나와 있습니다. 이 계산 결과와 수축기 혈압의 데이터를 대조해보면 이상치의 상한 기준을 넘는 데이터로 165, 166, 169, 172가 있습니다.

즉, 이상치가 있는 데이터라고 할 수 있겠습니다.

통계량	계산 방법	결과 값
제 1사분위수	=QUARTILE.INC(Q2:Q61,1)	109
제 3사분위수	=QUARTILE.INC(Q2:Q61,3)	131
사분위범위	=131-109	22.0
이상치의 상한 기준	=131+1.5*(22)	164
이상치의 하한 기준	=109-1.5*(22)	76

사분위수 계산 방법

사분위수의 계산에는 [그림 13-2]와 같이 엑셀의 통계 함수 'QUARTILE.INC'를 사용하면 편리합니다. 자세한 내용은 7장을 참고하세요.

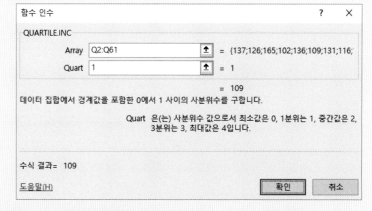

그림 13-2 통계 함수 'QUARTILE.INC'(제 1사분위수의 경우)

변수가 여러 개일 경우

회귀 분석처럼 여러 개의 변수(독립변수와 종속변수)를 동시에 분석 대상으로 삼는 경우, 변수가 하나인 경우의 기준이 유효하지 않을 수도 있습니다. 때문에 여기서는 회귀 분석에서 이상치 기준으로 자주 사용하는 표준화 잔차를 다룰 것입니다.

예를 들어 i번째의 관측 데이터 (x_i, y_i)에서 회귀 모델의 독립변수에 관측 데이터 x_i를 대입하면 예측값을 얻을 수 있습니다. 회귀 분석에서의 **잔차**란 다음 식에서와 같이 이 예측값과 실제로 관측된 데이터 y_i의 차를 가리킵니다. 그리고 **표준화 잔차**는 이렇게 구한 각각의 잔차를 편차값으로 변환한 것입니다.

i번째의 잔차 = i번째의 y에 대한 예측값 − i번째의 데이터 y

 직접 해보기 4

예제 파일 Chapter 13 \ 13–04.xlsx

[표 13-1]의 회귀 모델 C에서 사용한 Y_3과 X_1의 데이터를 가지고 실제로 계산해보겠습니다.

01 엑셀에서 이 계산을 하려면 11장에서 사용했던 [데이터] 탭의 [분석] 그룹에서 [데이터 분석]의 '회귀 분석'을 사용하면 됩니다. [회귀 분석] 대화상자에서 [입력]의 [Y축 입력 범위], [X축 입력 범위]를 지정하고, [출력 옵션] – [잔차]의 '표준 잔차'를 체크한 후 [확인] 버튼을 클릭합니다.

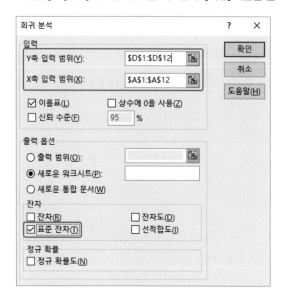

02 [잔차 출력]이 다음 표와 같이 나옵니다.

관측수	예측치 Y_3	잔차	표준 잔차
1	8,000	−0.540	−0.460
2	7,000	−0.230	−0.196
3	9,499	3,241	2,763
4	7,500	−0.390	−0.333
5	8,499	−0.689	−0.588
6	9,999	−1.159	−0.988
7	6,001	0.079	0.068
8	5,001	0.389	0.331
9	8,999	−0.849	−0.724
10	6,501	−0.081	−0.069
11	5,501	0.229	0.195

위 표에 '표준 잔차'라고 나와 있는 것이 각 데이터에 해당하는 표준화 잔차입니다. 이 수치는 '절대값이 2를 넘는 데이터는 이상치'라고 읽어야 합니다. 이 경우 3번째 데이터가 이상치로 검출되었기 때문에 회귀 모델 C에 문제가 있다는 것을 나타냅니다.

그리고 변수가 하나일 경우에서 다루었던 사분위범위에 기초한 이상치 기준을 데이터 x와 데이터 y에 각각 적용해봐도 3번째 데이터 y가 이상치에 해당한다는 결과가 나옵니다(실제 계산 결과는 여기에 나와 있지 않지만, 각자 계산해보세요).

이는 이번 장 첫 부분에 나와 있는 [그림 13-1]의 회귀 모델 C 산포도에서도 확인할 수 있습니다.

13.3 빠진 데이터 보정하기

조사로 얻은 데이터에는 특정 질문에 대한 무응답 등으로 인해 결측치가 포함되는 경우가 종종 있습니다. 오히려 이런 경우가 보통이라고 할 수도 있지만, 이 책에서 배웠듯이 '모든 통계적 방법은 데이터에 결측치가 포함되어 있지 않을 것을 전제'로 하고 있습니다.

일반적으로 결측치를 포함하는 데이터를 **불완전 데이터**, 결측치를 포함하지 않는 데이터를 **완전 데이터**라고 부릅니다. 즉, '통계적 방법으로 데이터를 분석하려면 완전 데이터가 필요'하다는 것입니다. '데이터 01'(292~293쪽)의 '수축기 혈압' 데이터를 예시로 삼아 생각해봅시다.

이 데이터는 결측치가 포함되어 있지 않기 때문에 표본의 크기가 60인 완전 데이터이고, 산술 평균은 122.27입니다. 여기서 만약 표본의 크기가 60이 아니라 61이고, 마지막 61번째 데이터가 결측되었다고 한다면 '수축기 혈압'의 표본 평균은 어떻게 평가해야 할까요?

'데이터가 결측되었다'라는 표현은 데이터의 수치가 0이라는 의미가 아닙니다. 따라서 보통 이 결측치를 뺀 60건의 완전 데이터를 가지고 평균을 계산합니다. 이 경우의 평균은 앞서 언급했던 122.27이지만, 결측치가 전혀 없었을 경우에 얻을 수 있었을 61건의 표본 평균과 이 값이 일치할 것이라 확신할 수는 없습니다.

하지만 이번에 알아볼 **EM 알고리즘**이라는 방법을 사용하면, 이 예시처럼 변수가 하나인 경우는 60건의 완전 데이터 평균을 사용해도 됩니다.

통계학에서는 결측된 데이터를 어떠한 수치로 바꾸는 것을 **보정**이라고 부르는데, 최근 들어 많은 보정 방법이 개발되고 있습니다. 위에서 언급한 EM 알고리즘은 결측치를 보정한다기보다는 결측치를 포함하는 불완전 데이터를 가지고 좋은 추정값을 구하기 위한 것이라 할 수 있습니다.

EM 데이터는 다양한 불완전 데이터 분석 방법 중에서도 가장 간결하고 다루기 쉬운 것이라 할 수 있지만 문제점도 몇 가지 있습니다. 그리고 이러한 문제점을 해결하는 개량이나 확장 등이 진행되고 있다는 것, EM 알고리즘을 대체할 방법이 지금도 연구 진행 중이라는 것에 주의하기 바랍니다.

'수축기 혈압'의 사례를 통해, 완전 데이터로부터 얻어낸 60개의 표본 평균과 EM 알고리즘으로 보정된 61개의 표본 평균이 결과적으로 일치한다는 것을 확인해보겠습니다.

EM 알고리즘은 반복 계산이 원칙입니다. 따라서 반복 계산의 출발점인 초기값을 정해야 하는데, 임의의 수치를 사용해도 문제없습니다. 이번에는 0을 초기값으로 사용해서 다음과 같이 반복 계산을 수행합니다.

01 1번째 계산

$$1번째 \ 평균 = \frac{완전 \ 데이터 \ 합계 + 결측치 \ 수 \times 초기값}{61}$$

02 2번째 계산

$$2번째 \ 평균 = \frac{완전 \ 데이터 \ 합계 + 결측치 \ 수 \times 1번째 \ 평균}{61}$$

03 3번째 계산

$$3번째 \ 평균 = \frac{완전 \ 데이터 \ 합계 + 결측치 \ 수 \times 2번째 \ 평균}{61}$$

04 k번째 계산

$$k번째 \ 평균 = \frac{완전 \ 데이터 \ 합계 + 결측치 \ 수 \times (k-1)번째 \ 평균}{61}$$

05 이런 식으로 반복 계산을 몇 번 수행하다 보면 같은 계산 결과가 계속 나오는 상황이 생깁니다. 수학에서는 이러한 상황을 **수렴**이라고 부르는데, 이처럼 일정한 수렴값에 달했을 때에는 반복 계산을 끝냅니다.

만약 k번째의 평균이 그러했다고 한다면, 그 수치는 보정 전의 완전 데이터에서 얻어진 평균값과 일치합니다. 이와 같은 방법을 통해 다음과 같이 '수축기 혈압'의 EM 알고리즘을 계산할 수 있습니다.

No.	수축기 혈압	합계	반복	계산값	보정 전 평균	보정 후 평균
1	137	$n=60$	0	0	$n=60$	$n=61$
2	126	7336	1	120.2622950819670	122.2666667	122.2666667
3	165		2	122.2338081160980		
4	102		3	122.2661280019030		
5	136		4	122.2666578360970		

6	109		5	122.2666665219030		
7	131		6	122.2666666642930		
8	116		7	122.2666666666280		
9	105		8	122.2666666666660		
10	122		9	122.2666666666670		
11	147		10	122.2666666666670		
12	109		11	122.2666666666670		
⋮	⋮		⋮	⋮		
60	153					
61	122.266667					

위 내용은 어디까지나 데이터 과학에서 데이터의 보정이 중요하다는 점을 알리기 위해서 담은 것입니다.

1분 마무리

여기서는 실제 데이터를 사용할 경우 발생할 수 있는 문제점과 대처법을 다루었습니다.

❶ 표본의 크기에 따라 오차의 크기가 달라진다는 점에 주의하세요.

❷ 다른 데이터에서 크게 벗어난 데이터(이상치)가 섞여 있지 않은지 주의하세요.

❸ 미응답 데이터(결측치)가 섞여 있지 않은지 주의하세요.

분석 목적	사용 방법	엑셀 함수
표본 크기 정하는 법	무한 모집단 유한 모집단	통계 → NORM.S.INV
결측치 보정	EM 알고리즘	
이상치 검출	사분위범위에 기초한 기준 회귀 분석에서의 표준화 잔차	통계 → QUARTILE.INC 데이터 분석 → 회귀 분석

혼자 해보기 [혼자 해보기] 해답 – 313쪽

❶ '데이터 01'(292~293쪽)의 '신장' 데이터를 이용해서 무한 모집단의 표본 크기를 구해보세요. 이때 신장의 표본오차는 ±2로 합니다.

❷ 위 문제를 유한 모집단의 경우로 바꾸어서 표본 크기를 구해보세요. 이때 지역의 인구는 30,000명으로 합니다.

❸ '데이터 01'에서 '확장기 혈압'의 표본에 결측치 하나가 추가되었다고 가정했을 경우, EM 알고리즘으로 표본 평균을 계산해보세요.
이때 몇 번째 반복 계산에서 수치가 수렴하는지도 함께 확인해봅니다.

❹ 사분위범위에 따른 이상치 기준을 적용해서 '데이터 03'(296~297쪽)에서 '남성의 평균 수명'에 이상치가 있는지 조사해보세요.

❺ [표 13-1]에서 회귀 모델 B에 대한 표준화 잔차를 구하고, 이상치가 있는지 조사해보세요.

데이터 01 건강 조사 데이터

No	연령 (현재)	성별	Q1	Q2	Q3	Q4	Q5	Q6	Q7	Q8	Q9
1	41	1	3	1	1	1	1	1	2	2	1
2	30	1	2	1	1	1	2	2	2	1	1
3	44	2	2	1	1	1	2	2	2	2	2
4	54	1	2	2	2	1	2	2	1	2	2
5	57	1	2	2	2	1	2	2	2	2	2
6	48	2	2	2	2	1	2	2	1	2	2
7	53	1	2	2	2	1	1	1	2	1	2
8	35	1	3	1	2	1	2	1	1	1	1
9	38	2	2	2	2	1	2	2	1	2	2
10	46	1	3	1	1	1	2	2	2	1	2
11	46	2	2	1	1	1	1	1	2	1	2
12	35	2	2	1	2	1	2	2	1	2	2
13	54	2	3	2	2	1	1	2	2	2	2
14	58	2	2	2	2	1	1	2	1	2	1
15	52	2	3	2	2	1	1	2	2	2	2
16	35	1	2	1	1	1	1	2	2	2	1
17	42	2	3	2	2	1	2	2	2	2	2
18	57	1	3	2	1	2	1	1	1	2	2
19	43	2	2	2	2	1	2	1	1	2	1
20	52	2	2	2	2	1	2	1	1	2	2
21	48	1	2	2	2	1	2	2	2	2	2
22	56	2	3	1	1	2	2	2	2	2	2
23	51	2	2	2	2	2	2	1	1	2	2
24	35	1	2	1	2	1	1	2	2	2	1
25	50	1	2	2	2	1	1	2	1	2	2
26	37	1	3	1	1	1	2	2	2	2	2
27	34	1	2	2	2	1	2	1	2	2	2
28	54	1	2	1	1	2	2	2	2	1	2
29	40	1	2	2	2	1	2	2	1	2	2
30	37	2	2	2	2	1	2	1	2	2	1
31	46	2	1	2	2	1	2	2	1	2	2
32	54	1	2	2	2	1	2	2	2	2	2
33	42	1	2	2	2	1	2	1	1	2	2
34	31	1	2	2	2	1	2	2	2	2	2
35	33	1	3	1	1	1	2	2	2	1	2
36	47	1	2	2	2	1	2	2	2	2	2
37	52	1	2	2	2	1	2	2	2	2	2
38	39	1	2	2	2	1	1	2	1	2	2
39	43	1	2	1	1	1	2	1	2	1	1
40	55	2	2	2	2	2	2	2	1	2	2
41	47	2	2	2	2	1	2	2	2	2	1
42	38	2	2	2	2	1	2	2	2	2	2
43	30	2	2	2	2	1	1	2	2	2	2
44	54	2	1	2	2	1	2	2	1	2	2
45	38	2	2	1	2	1	2	2	1	2	1
46	35	2	3	2	2	1	2	2	1	2	2
47	35	1	2	2	2	1	1	1	2	2	2
48	59	1	3	1	2	1	1	2	2	2	2
49	39	2	2	2	2	1	2	2	1	2	2
50	42	1	3	2	2	1	2	2	1	2	2
51	48	2	3	1	2	1	2	2	2	1	1
52	59	1	2	2	2	2	1	1	1	2	2
53	52	2	3	1	1	1	2	2	2	1	2
54	59	2	2	2	1	2	2	2	2	2	2
55	39	2	3	2	2	1	2	2	2	2	2
56	45	2	2	2	2	1	2	2	1	2	2
57	46	1	2	2	1	1	2	2	2	2	2
58	36	2	2	1	1	1	2	2	1	2	1
59	40	1	3	2	2	1	1	2	2	2	1
60	40	2	2	2	2	1	1	1	1	2	2

Q10	Q11	Q12	심근경색	수축기 혈압	수축기 5년 전	확장기 혈압	확장기 5년 전	신장(cm)	체중(kg)	5년 전 체중(kg)
2	1	1	2	137	98	91	59	169.4	57	50.1
2	1	1	1	126	163	76	92	164.5	76.6	67.7
1	1	1	1	165	68	79	37	155.6	56.5	31.2
2	2	2	1	102	113	62	62	163.7	53.5	58.1
2	2	2	1	136	113	89	70	156.1	64.1	38.3
1	2	2	2	109	121	63	53	151	47.1	70.9
2	2	2	2	131	104	82	69	162.4	66.1	47
2	1	1	1	116	216	65	154	177.5	80.6	96.1
2	2	2	1	105	145	62	81	156.1	49	63.3
2	1	1	1	122	88	72	55	164.1	65.9	41
1	2	2	2	147	88	84	52	153.7	56.2	54.2
2	2	2	1	109	198	56	120	157.4	56.8	77.6
1	2	2	1	166	127	75	103	159.7	60	54.4
2	2	2	1	121	110	73	66	155.1	45.9	50.6
1	1	2	2	169	110	104	51	156	57.1	41
2	2	1	1	125	110	71	69	172.8	72.2	34.5
2	2	2	1	92	124	50	72	150.3	41.8	63
1	2	2	1	129	122	70	57	159.6	56.7	52.9
2	2	1	2	111	194	54	99	157.5	61.5	58
2	2	2	1	125	86	57	42	163.4	64	52.3
2	2	2	1	131	145	79	81	168.4	68.2	48.5
2	2	2	1	119	167	58	94	145.5	45.8	61.4
1	1	2	2	93	90	54	51	148.7	48.2	58.1
2	1	2	1	104	150	66	84	167.3	74.8	70.9
2	2	2	2	159	148	87	90	161.1	62.1	66.7
2	1	2	1	110	126	57	64	162.9	56.6	73
2	2	2	2	118	125	66	75	175.5	83	85.9
2	2	1	2	130	120	85	73	162.3	73	46.6
2	2	1	2	122	95	78	54	172.3	72.5	40.5
2	1	1	1	97	106	61	48	166.9	61.3	34.7
2	2	2	2	116	80	61	44	154.2	53.2	36.7
2	1	2	1	112	101	68	49	170.4	57.5	47.7
2	2	2	1	121	139	75	79	171.8	73.9	83.9
2	2	2	1	127	106	59	68	169.1	55.6	47.9
2	1	1	2	172	78	120	44	177.1	78.8	41.1
1	2	1	2	93	154	34	92	171.4	53.5	85.9
2	2	1	1	111	123	58	82	172.1	72.7	64.2
1	1	2	2	138	177	80	107	172.5	78.6	79.4
2	2	1	1	100	112	63	75	168.7	63.9	75.1
1	2	2	1	122	157	60	80	151.3	54.1	58.3
1	2	2	1	124	72	82	43	158.2	49.5	37.3
2	1	2	1	107	132	53	73	164	60.5	49
2	2	2	1	112	119	54	73	163	46.8	52.5
1	2	2	2	125	89	69	35	153	51.3	36.9
2	2	2	1	94	153	54	96	159.3	53.2	69.3
2	2	2	2	137	105	78	58	150.8	45.6	82.7
1	1	2	1	116	106	66	69	170.6	68.7	51.4
2	2	2	2	135	106	93	56	159.9	58.4	43.5
2	2	2	1	103	118	53	73	155.5	53.3	61.6
2	2	2	1	111	119	53	66	159.8	52.8	58.8
2	2	1	1	89	128	62	70	148.7	46.3	63.3
1	2	2	1	127	102	64	65	163.7	53.9	57
1	2	2	1	119	91	66	55	156.5	54.2	60.4
2	2	1	1	130	80	79	43	141.5	47.3	40.3
2	2	2	2	107	155	75	109	155.9	60.5	71.9
2	2	2	1	101	102	61	67	155.4	45.7	53.6
2	1	1	1	146	119	87	70	176.4	77.7	49.1
2	2	2	2	113	95	63	59	161.7	52.1	42.6
2	2	1	2	149	111	92	63	162.8	95	40.9
2	2	2	2	153	103	86	64	154	49.2	53.6

데이터 02   식사 교육 데이터

ID	학년	성별	충치	질문 1	장보기	요리 준비	식탁 준비	치우기	설거지
1	1	1	3	1	0	0	0	1	0
2	1	1	1	1	1	1	1	1	1
3	1	1	3	1	1	1	0	1	0
4	1	2	3	1	0	0	0	0	1
5	1	1	3	2	0	0	0	0	0
6	1	2	2	1	1	1	1	1	0
7	1	1	4	1	0	1	1	0	0
8	1	2	2	1	0	0	1	1	0
9	1	2	4	1	0	0	1	0	0
10	1	1	3	1	0	0	1	1	0
11	1	2	3	2	0	0	0	0	0
12	1	2	2	1	0	0	1	1	0
13	1	2	4	1	0	0	1	1	0
14	1	2	4	2	0	0	0	0	0
15	1	1	3	2	0	0	0	0	0
16	1	2	3	1	0	1	1	1	0
17	1	2	3	1	0	1	0	1	1
18	1	2	4	1	0	1	1	0	0
19	1	1	4	1	1	1	0	0	0
20	1	2	3	1	0	0	1	1	0
21	1	2	2	1	0	0	1	1	0
22	1	2	3	1	1	0	1	1	1
23	2	2	3	1	0	0	1	1	0
24	2	1	3	1	1	0	0	1	0
25	2	1	4	1	0	0	0	1	0
26	2	1	4	1	1	0	1	1	0
27	2	2	3	1	0	0	0	1	0
28	2	1	4	1	0	1	1	1	1
29	2	1	3	1	0	0	0	1	0
30	2	2	3	1	1	0	1	1	0

그 외	질문 2	질문 3-1	질문 3-2	질문 3-3	질문 3-4	질문 3-5	질문 3-6	질문 3-7	질문 4
0	0	0	1	0	0	1	0	0	4
0	0	0	1	1	1	1	0	0	3
0	0	0	1	0	0	1	1	0	4
0	3	0	1	1	1	1	0	0	3
0	0	0	0	1	0	0	0	0	4
0	0	0	0	1	0	1	0	0	4
0	0	0	0	1	1	0	0	0	5
0	0	0	1	1	0	1	0	0	4
0	0	0	0	0	1	1	0	0	5
0	3	0	0	0	0	1	0	0	5
0	3	0	1	1	0	1	0	0	4
0	0	0	0	0	0	1	0	0	2
0	0	0	1	0	0	1	0	0	4
0	0	0	1	1	1	1	0	0	5
0	3	0	0	1	1	1	0	0	3
0	0	0	0	0	0	0	0	1	2
0	0	0	0	1	1	1	0	0	4
0	0	0	0	0	0	0	1	0	4
0	0	0	0	1	0	1	1	0	5
0	0	0	0	1	1	1	0	0	5
0	0	0	0	0	0	0	0	1	3
0	0	0	1	1	0	1	0	0	2
0	3	0	1	1	0	0	0	0	4
0	3	0	0	1	0	1	0	0	3
0	3	0	1	1	0	0	0	0	5
0	0	0	0	1	1	0	1	0	4
0	0	0	0	0	1	1	0	0	4
0	0	0	0	1	0	0	0	0	4
0	3	0	1	1	1	1	0	0	4
1	0	0	1	1	0	0	0	0	4

데이터 03 공적 통계 데이터

항 목	일본인 인구 (명)	0세 평균 수명		합계 특수 출생률 (명)	표준화 사망률 (명/천 명)	생활습관병에 의한 사망자 수 (명/10만 명)
		남	녀			
	2015	2010	2010	2014	2010	2015
01 홋카이도	5,348,768	79.17	86.30	1.27	1.96	637.3
02 아오모리현	1,302,132	77.28	85.34	1.42	2.27	739.7
03 이와테현	1,272,745	78.53	85.86	1.44	2.07	742.6
04 미야기현	2,291,508	79.65	86.39	1.30	1.84	555.3
05 아키타현	1,017,149	78.22	85.93	1.34	2.08	797.0
06 야마가타현	1,116,752	79.97	86.28	1.47	1.80	722.0
07 후쿠시마현	1,898,880	78.84	86.05	1.58	1.99	701.3
08 이바라키현	2,862,997	79.09	85.83	1.43	1.97	596.0
09 토치기현	1,927,885	79.06	85.66	1.46	1.97	593.1
10 군마현	1,930,380	79.40	85.91	1.44	1.93	605.5
11 사이타마현	7,111,168	79.62	85.88	1.31	1.89	492.4
12 치바현	6,047,216	79.88	86.20	1.32	1.83	526.4
13 도쿄도	12,948,463	79.82	86.39	1.15	1.83	473.4
14 카나가와현	8,887,304	80.25	86.63	1.31	1.77	463.9
15 니이가타현	2,289,345	79.47	86.96	1.43	1.83	671.1
16 토야마현	1,052,353	79.71	86.75	1.45	1.84	639.5
17 이시카와현	1,138,322	79.71	86.75	1.45	1.83	584.1
18 후쿠이현	774,337	80.47	86.94	1.55	1.70	616.5
19 야마나시현	819,205	79.54	86.65	1.43	1.85	599.4
20 나가노현	2,067,713	80.88	87.18	1.54	1.64	632.2
21 기후현	1,989,980	79.92	86.26	1.42	1.83	587.3
22 시즈오카현	3,626,991	79.95	86.22	1.50	1.83	573.4
23 아이치현	7,260,847	79.71	86.22	1.46	1.83	459.8
24 미에현	1,776,805	79.68	86.25	1.45	1.84	584.5
25 시가현	1,386,795	80.58	86.69	1.53	1.70	486.1
26 교토부	2,533,645	80.21	86.65	1.24	1.77	564.3
27 오사카부	8,524,530	78.99	85.93	1.31	1.97	544.2
28 효고현	5,398,880	79.59	86.14	1.41	1.88	557.5
29 나라현	1,351,535	80.14	86.60	1.27	1.76	581.2
30 와카야마현	956,199	79.07	85.69	1.55	1.99	689.7
31 돗토리현	567,993	79.01	86.08	1.60	2.03	684.3
32 시마네현	687,180	79.51	87.07	1.66	1.85	719.3
33 오카야마현	1,885,691	79.77	86.93	1.49	1.80	587.9
34 히로시마현	2,795,626	79.91	86.94	1.55	1.81	570.9
35 야마구치현	1,390,689	79.03	86.07	1.54	1.98	706.1
36 도쿠시마현	747,141	79.44	86.21	1.46	1.92	655.0
37 가가와현	961,844	79.73	86.34	1.57	1.88	645.3
38 에히메현	1,365,508	79.13	86.54	1.50	1.93	698.9
39 고치현	722,728	78.91	86.47	1.45	1.98	750.2
40 후쿠오카현	4,995,297	79.30	86.48	1.46	1.90	517.4
41 사가현	827,702	79.28	86.58	1.63	1.90	599.6
42 나가사키현	1,365,241	78.88	86.30	1.66	1.99	658.3
43 쿠마모토현	1,771,440	80.29	86.98	1.64	1.77	599.9
44 오이타현	1,150,436	80.06	86.91	1.57	1.78	618.6
45 미야자키현	1,096,407	79.70	86.61	1.69	1.85	672.7
46 가고시마현	1,631,662	79.21	86.28	1.62	1.95	673.2
47 오키나와현	1,410,487	79.40	87.02	1.86	1.96	409.3
전국	124,283,901	79.55	86.30	1.42	1.87	562.0

악성신생물에 의한 사망자 수 〔명/10만 명〕	허혈성 심질환 [고혈압성 제외]에 의한 사망자 수 〔명/10만 명〕	뇌혈관질환에 의한 사망자 수 〔명/10만 명〕	일반 병원 수 〔명/10만 명〕	의료시설에 종사하는 의사 수 〔명/10만 명〕	의료시설에 종사하는 간호사 수 〔명/10만 명〕	1인당 국민 의료비 〔엔〕
2015	2015	2015	2014	2014	2014	2011
357.1	171.2	91.1	9.2	230.2	1,202.7	362,000
386.7	198.3	131.0	6.1	193.3	1,054.2	311,000
346.0	224.9	151.4	5.9	192.0	994.9	297,000
287.1	152.0	100.3	4.9	221.2	863.0	284,000
409.5	209.8	154.5	5.4	216.3	1,044.3	335,000
358.7	199.1	148.6	4.9	215.0	976.0	308,000
331.9	216.4	130.5	5.4	188.8	940.1	302,000
308.2	164.8	105.5	5.5	169.6	754.0	269,000
285.6	175.6	116.3	4.6	212.8	866.5	273,000
306.4	176.9	104.4	5.9	218.9	985.9	286,000
264.7	142.4	72.3	4.0	152.8	628.2	256,000
271.9	163.3	76.4	4.0	182.9	669.7	255,000
258.9	130.8	70.2	4.4	304.5	726.2	281,000
261.0	122.5	70.0	3.2	201.7	652.1	263,000
340.0	175.8	136.5	4.8	188.2	917.6	288,000
338.9	165.0	116.8	8.2	234.9	1,106.4	303,000
306.0	165.6	99.4	7.3	270.6	1,165.7	321,000
316.0	183.9	97.2	7.6	240.0	1,090.9	309,000
308.3	159.4	112.1	6.2	222.4	893.7	296,000
300.8	182.6	130.8	5.5	216.8	954.2	287,000
305.0	175.6	94.5	4.4	202.9	884.4	295,000
291.4	157.5	105.4	4.1	193.9	775.7	276,000
260.5	116.9	71.4	3.8	202.1	794.1	273,000
299.5	163.8	102.0	4.9	207.3	863.0	289,000
260.2	148.6	65.6	3.6	211.7	850.6	270,000
298.9	169.6	82.3	6.2	307.9	967.4	310,000
305.7	151.4	67.5	5.6	261.8	911.7	325,000
304.2	151.8	84.9	5.8	232.1	899.8	312,000
299.6	184.9	79.2	5.3	225.7	838.2	303,000
356.1	218.6	98.5	8.0	277.4	1,093.6	340,000
360.2	177.5	125.7	7.0	289.5	1,194.3	317,000
368.0	202.6	127.9	6.3	265.1	1,179.5	344,000
296.7	176.8	98.4	7.8	287.8	1,124.4	333,000
294.9	171.9	86.9	7.5	252.2	1,161.1	340,000
359.5	213.6	113.5	8.5	244.8	1,340.8	364,000
333.4	189.3	111.2	12.8	303.3	1,309.8	359,000
314.4	204.8	102.9	8.2	268.3	1,219.8	350,000
336.9	233.4	110.3	9.2	254.3	1,254.3	341,000
371.0	240.8	120.4	16.1	293.0	1,522.8	398,000
307.9	111.7	78.2	7.9	292.9	1,260.9	352,000
326.0	152.3	101.0	11.3	266.1	1,467.9	360,000
352.2	190.4	99.0	9.2	287.7	1,449.9	373,000
309.4	178.1	96.7	9.8	275.3	1,441.6	352,000
317.4	176.1	104.9	11.4	260.8	1,382.3	365,000
330.3	203.1	122.0	11.0	233.2	1,392.0	336,000
329.7	188.2	136.1	13.0	247.8	1,474.7	370,000
221.3	109.5	62.7	5.7	241.5	1,046.3	284,000
298.0	157.8	90.1	5.8	233.6	929.4	302,000

CHAPTER 01

❷ 평균 신장 : 1.72m, 평균 체중 : 71.72kg

❸
BMI값	22.08	26.67	29.55	19.52	23.96	24.81	21.82	28.43	21.71	20.87

CHAPTER 02

❶ '데이터 01'(292~293쪽)을 참고해주세요.

❷ 인구_가구_및_주택.xlsx를 참고해주세요.

CHAPTER 03

❶ ① 추출 간격(인터벌)을 구합니다.

   $60 \div 20 = 3$

② 최초 대상자를 고르기 위한 시작 번호를 구합니다. 시작 번호는 추출 간격(이 사례에서는 3) 이내의 숫자 중에서 무작위로 고릅니다.

③ 추출 간격을 사용해서 2번째 대상자를 추출합니다.

   시작 번호가 1일 경우,

   1번째 대상자: 1, 2번째 대상자: 1+3=4, …, 20번째 대상자: 55+3=58

NO	1	4	7	10	13	16	19	22	25	28	31	34	37	40	43	46	49	52	55	58
연령	41	54	53	46	54	35	43	56	50	54	46	31	52	55	30	35	39	59	39	36

이 사례에는 시작 번호가 1, 2, 3인 3가지 패턴이 있겠습니다.

❷ 표본의 연령 평균값은 시작 번호에 따라 3가지 패턴 중 하나에 해당합니다.

NO	연령(현재)	NO	연령(현재)	NO	연령(현재)
1	41	2	30	3	44
4	54	5	57	6	48
7	53	8	35	9	38
10	46	11	46	12	35
13	54	14	58	15	52
16	35	17	42	18	57
19	43	20	52	21	48
22	56	23	51	24	35
25	50	26	37	27	34
28	54	29	40	30	37
31	46	32	54	33	42
34	31	35	33	36	47
37	52	38	39	39	43
40	55	41	47	42	38
43	30	44	54	45	38
46	35	47	35	48	59
49	39	50	42	51	48
52	59	53	52	54	59
55	39	56	45	57	46
58	36	59	40	60	40
평균값	45.4	평균값	44.5	평균값	44.4

❸ '데이터 01'(292~293쪽)의 평균값과의 차는 표본에 따라 다르므로

　　　45.4-44.8=0.6, 44.5-44.8=-0.3, 44.4-44.8=-0.4

중 하나가 됩니다. 완전히 같은 값이 나오지는 않았지만 크게 벗어나지는 않았습니다.

이번에는 계통 추출을 했지만, 단순 표본 추출(한 사람씩 20번 추출해서 20명을 추출)을 하면 평균값이 44.8이 되는 경우도 생깁니다(이 추출 방법의 모든 경우의 수는 매우 방대합니다).

❹ '의료 시설에 종사하는 간호사 수'의 그래프는 다음과
같습니다(도도부현과 간호사 수만 표시).

항목	의료 시설에 종사하는 간호사 수	
집계 기준	인구 10만 명당	
단위	명	
연도	2014	
ID	도도부현	지표값
01	홋카이도	1202.7
02	아오모리현	1054.2
03	이와테현	994.9
04	미야기현	863.0
05	아키타현	1044.3
06	야마가타현	976.0
07	후쿠시마현	840.1
08	이바라키현	754.0
09	토치기현	866.5
10	군마현	985.9
11	사이타마현	628.2
12	치바현	669.7
13	도쿄도	726.2
38	에히메현	1254.3
39	고치현	1522.8
40	후쿠오카현	1260.9
41	사가현	1467.9
42	나가사키현	1449.9
43	쿠마모토현	1441.6
44	오이타현	1382.3
45	미야자키현	1392.0
46	가고시마현	1474.7
47	오키나와현	1046.3
	전국	929.4

CHAPTER 04

❶ 집계 예시: '데이터 01'(292~293쪽)의 데이터는 $N=60$이므로 스터지스의 공식을 이용하면
$\log_2 60+1 ≒ 6.9$가 됩니다. 따라서 계급 수는 대략 6이나 7로 정할 수 있으며, 연령, 신장, 체
중의 최대값과 최소값은 각각 59세와 30세, 177.5cm와 141.5cm, 95kg과 41.8kg입니다.
계급으로 구분된 도수분포표를 다음과 같이 참고 예시로 작성해두었습니다.

(a) 연령

계급	도수	비율	누적 도수	누적 비율
30세~34세	5	8.3	5	8.3
35세~39세	15	25.0	20	33.3
40세~44세	10	16.7	30	50.0
45세~49세	10	16.7	40	66.7
50세~54세	12	20.0	52	86.7
55세~59세	8	13.3	60	100.0
합계	60	100.0		

(b) 신장

계급	도수	비율	누적 도수	누적 비율
150cm 미만	4	6.7	4	6.7%
150cm 이상~155cm 미만	8	13.3	12	20.0%
155cm 이상~160cm 미만	17	28.3	29	48.3%
160cm 이상~165cm 미만	13	21.7	42	70.0%
165cm 이상~170cm 미만	6	10	48	80.0%
170cm 이상	12	20	60	100.0%
합계	60	100.0		

(c) 체중

계급	도수	비율	누적 도수	누적 비율
40kg 이상~50kg 미만	13	21.7	13	21.7
50kg 이상~60kg 미만	21	35.0	34	56.7
60kg 이상~70kg 미만	13	21.7	47	78.3
70kg 이상~80kg 미만	10	16.7	57	95.0
80kg 이상~90kg 미만	2	3.3	59	98.3
90kg 이상	1	1.7	60	100.0
합계	60	100.0		

4.2절을 참고해주세요.

❷ 여기서는 Q1의 '수면 시간' 도수분포표를 예시로 사용합니다.

계급	도수	비율
6시간 미만	2	3.3
6시간 이상~8시간 미만	41	68.3
8시간 이상	17	28.3
합계	60	100.0

수면 시간은 '6시간 이상~8시간 미만'인 사람이 절반을 넘었습니다.

❸ '질문 1'의 전체 집계는 다음과 같습니다.

항목	도수	돕는 일	도수	비율
돕는다	26	장보기	8	30.8
		요리 준비	9	34.6
		식탁 준비	17	65.4
		치우기	21	80.8
		설거지	5	19.2
		그 외	1	3.8
돕지 않는다	4			
합계	30			

'아이가 식사 준비를 돕는다'라는 응답이 절반 이상입니다. 그리고 '아이가 식사 준비를 돕는다'라고 응답한 사람 중 '식탁 준비'나 '치우기'라고 응답한 사람이 절반을 넘었습니다.

❶ Q1의 수면 시간과 성별, 수면 시간과 연령의 교차 집계표는 다음과 같습니다.

성별	Q1			합계
	6시간 미만	6~8시간	8시간 이상	
남성	0	21	9	30
여성	2	20	8	30
합계	2	41	17	60

연령 계급	Q1			합계
	6시간 미만	6~8시간	8시간 이상	
30대	0	15	5	20
40대	1	13	6	20
50대	1	13	6	20
합계	2	41	17	60

남녀별, 연령별 계급 모두 수면 시간이 '6시간 이상~8시간 미만'이라고 응답한 사람이 절반 이상입니다.

❷ 여기서는 Q5의 '짠 음식을 좋아하는지'와 성별·연령 계급별 교차표를 예시로 사용합니다.

항목	Q5		합계
	예	아니오	
남성	11	19	30
여성	6	24	30
합계	17	43	60

연령 계급	Q5		합계
	예	아니오	
30대	5	15	20
40대	4	16	20
50대	8	12	20
합계	17	43	60

성별, 연령별 모두 절반 이상의 사람이 짠 음식을 좋아하지 않는다고 응답했습니다.

❸ 여기서는 Q5의 '짠 음식을 좋아하는지'와 Q11의 '술을 매일 마시는지'의 교차표를 예시로 사용합니다.

Q5	Q11		합계
	예	아니오	
예	5	12	17
아니오	11	32	43
합계	16	44	60

짠 음식을 좋아하는 사람과 그렇지 않은 사람 모두 절반 이상이 술을 매일 마시지 않는다고 응답하였습니다.

CHAPTER 06

❶ Q1의 수면 시간에 대한 연령대별 그래프는 다음과 같습니다.

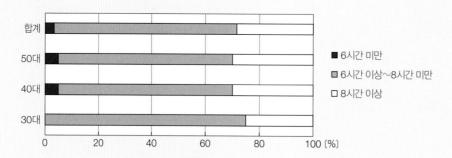

5장 **[혼자 해보기] ❶**의 교차 집계 결과를 참고해주세요.

❷ 여기서는 일상생활의 식습관 중에서 Q5의 '짠 음식을 좋아하는지'에 대한 성별 · 연령 계급별 그래프를 예시로 사용합니다.

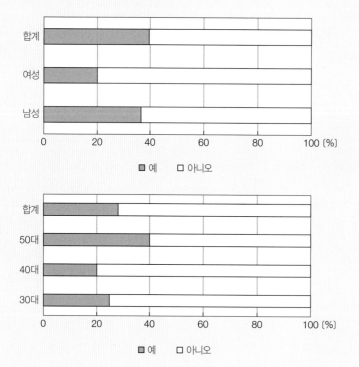

5장 **[혼자 해보기]** ❷의 교차 집계 결과를 참고해주세요.

❸ 여기서는 Q5의 '짠 음식을 좋아하는지'와 Q11의 '술을 매일 마시는지'의 그래프를 예시로
사용합니다.

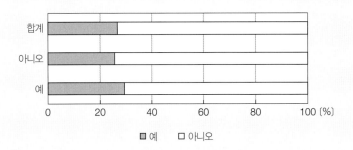

CHAPTER **07**

❶ 아래 표를 참고해주세요.

❷ 아래 표를 참고해주세요.

		평균값	표본분산	표본표준편차
연령	남성	44.3	80.5	9.0
	여성	45.2	61.4	7.8
신장	남성	167.54	34.10	5.84
	여성	155.33	30.91	5.56
체중	남성	67.46	114.75	10.71
	여성	52.47	35.43	5.95

❸ 연간 변화율 : 수축기 혈압 0.45, 확장기 혈압 −0.03

CHAPTER **08**

❶ 확장기 혈압의 평균값은 69.9이고 표본표준편차는 14.816이 됩니다. 이때 95% 신뢰 구간은

$$평균값 - t_{0.05/2,(60-1)} \times (14.816 \div \sqrt{60}) \leq \mu \leq 평균값 + t_{0.05/2,(60-1)} \times (14.816 \div \sqrt{60})$$

이므로, $65.50 \leq \mu \leq 74.30$이 됩니다.

❷ 60mmHg일 경우의 t값 : $t_1 = (69.9 - 60) \div (14.816 \div \sqrt{60}) = 5.1758$

75mmHg일 경우의 t값 : $t_2 = (69.9 - 75) \div (14.816 \div \sqrt{60}) = -2.666$

자유도 59, $p = (0.05)/2 = 0.025$일 때의 t값은 2.30이 됩니다.

$t_1 > 2.30$이므로 확장기 혈압의 모평균값은 60mmHg이 아닙니다.

$|t_2| > 2.30$이므로 확장기 혈압의 모평균값은 75mmHg이 아닙니다.

❸ GOT에서 이상이 있는 사람은 2명이므로, 이를 신뢰구간 산출식에 대입하면 아래와 같습니다.

$$\frac{m - Z_{0.025}\sqrt{60 \times (2/60) \times (58/60)}}{n} \leq p \leq \frac{m + Z_{0.025}\sqrt{60 \times (2/60) \times (58/60)}}{n}$$

따라서, $-0.0121 \leq p \leq 0.0788$이 됩니다.

GPT 이상자는 1명이므로, 위와 같이 구해보면 $-0.0157 \leq p \leq 0.0491$이 됩니다.

❶ ① 심근경색 병력 유무에 따른 수축기 혈압 평균값 차이를 검정합니다.

- **등분산 검정** : p=0.1730이므로 분산에 차이가 있다고는 할 수 없다.
- **평균값 차이 검정** : p=0.0177이므로 평균값에 차이가 보인다. 따라서 심근경색 병력 유무에 따라 수축기 혈압 평균값에 차이가 난다고 할 수 있다.

② 심근경색 병력 유무에 따른 확장기 혈압 평균값 차이를 검정합니다.

- **등분산 검정** : p=0.0010이므로 분산에 차이가 있다.
- **평균값 차이 검정** : p=0.0119이므로 평균값에 차이가 보인다. 따라서 심근경색 병력 유무에 따라 확장기 혈압 평균값에 차이가 난다고 할 수 있다.

❷ ① 5년 전과 지금의 확장기 혈압 평균값 차이를 검정합니다.

- **평균값 차이 검정** : p=0.96483이므로 5년 전과 현재 확장기 혈압의 평균값에 차이가 있다고는 할 수 없다.

② 5년 전과 지금의 체중 평균값 차이를 검정합니다.

- **평균값 차이 검정** : p=0.13360이므로 5년 전과 현재 체중의 평균값에 차이가 있다고는 할 수 없다.

❸ ① 수면 시간에 따른 수축기 혈압 평균값을 비교합니다.

[분산 분석표]

변동 요인	변동	분산	F값	유의 확률
군내	22526.58	395.2032	1.049021	0.357061
군간	829.153	414.5765		

분산 분석표에 의하면 평균값에 차이가 있다고는 할 수 없습니다.

② 수면 시간에 따른 확장기 혈압 평균값을 비교합니다.

[분산 분석표]

변동 요인	변동	분산	F값	유의 확률
군내	12230.27	214.5662	1.680431	0.195551
군간	721.127	360.5637		

분산 분석표에 의하면 평균값에 차이가 있다고는 할 수 없습니다.

CHAPTER 10

❶ 교차표와 율의 Q를 구합니다.

① 5.2절에서 배운 피벗 테이블을 사용해서 집계합니다.

성별	Q7		합계
	예	아니오	
남성	9	21	30
여성	16	14	30
합계	25	35	60

② 율의 $Q = -0.45$

10.1절의 '2×2 교차표의 경우'를 참고해주세요.

❷ 교차표와 크래머의 V를 구합니다.

성별	Q1			합계
	6시간 미만	6시간 이상~8시간 미만	8시간 이상	
남성	0	21	9	30
여성	2	20	8	30
합계	2	41	17	60

크래머의 $V = 0.19$

10.1절의 '분류 항목이 2개 이상인 교차표의 경우'를 참고해주세요.

❸ 독립성 검정을 수행합니다.

검정 통계량 $\chi^2 = 3.36$, 유의 수준 $\alpha = 0.05$인 경우의 이론값 $X^2 = 3.8415$이고, 유의 수준 $\alpha = 0.10$인 경우의 이론값 $X^2 = 2.7055$입니다.

귀무가설 채택 : 단 음식에 대한 선호와 성별에는 관련이 없습니다.

10.2절을 참고해주세요.

❹ 교차표를 작성하고 독립성 검정을 수행합니다.

성별	Q1		합계
	8시간 미만	8시간 이상	
남성	21	9	30
여성	22	8	30
합계	43	17	60

검정 통계량 $\chi^2=0.08$, 유의 수준 $\alpha=0.05$인 경우의 이론값 $X^2=3.8415$입니다.
귀무가설 채택 : 수면 시간과 성별에는 관련이 없습니다.

❺ 교차표를 작성하고 독립성 검정을 수행합니다.

성별	Q12		합계
	예	아니오	
남성	13	17	30
여성	4	26	30
합계	17	43	60

① 검정 통계량 $\chi^2=6.65$, 유의 수준 $\alpha=0.05$인 경우의 이론값 $X^2=3.8415$입니다.
  대립가설 채택 : 흡연과 성별에는 관련이 있습니다.

② 예이츠의 연속성 수정을 이용한 검정 통계량 $\chi^2=5.25$, 유의 수준 $\alpha=0.05$인 경우의 이론값 $X^2=3.8415$입니다.
  대립가설 채택 : 흡연과 성별에는 관련이 있습니다.
  10.3절을 참고해주세요.

② 피셔의 정확 검정 $P=0.01$
  대립가설 채택 : 흡연과 성별에는 관련이 있습니다.
  10.3절을 참고해주세요.

CHAPTER **11**

❶ 단순 회귀 모델 (출력 예시)

요약 출력								
회귀분석 통계량								
다중 상관계수	0.266							
결정계수	0.071							
조정된 결정계수	0.050							
표준 오차	34948.737							
관측수	47							
분산 분석								
	자유도	제곱합	제곱 평균	F 비	유의한 F			
회귀	1	4.177E+09	4.18E+09	3.4200	0.0710			
잔차	45	5.496E+10	1.22E+09					
계	46	5.914E+10						
	계수	표준 오차	t 통계량	P-값	하위 95%	상위 95%	하위 95.0%	상위 95.0%
Y 절편	273572.719	23108.513	11.839	0.000	227029.785	320115.653	227029.785	320115.653
뇌혈관질환에 의한 사망자 수 [명/10만 명]	402.739	217.775	1.849	0.071	-35.882	841.359	-35.882	841.359

이 결과의 회귀 계수는 유의 수준 $\alpha=0.05$에서 귀무가설이 채택되므로 유효하지 않다는 결론이 나옵니다.

11.3절을 참고해주세요.

❷ 다중 회귀 모델 (출력 예시)

① 상관 행렬

	연령	수축기 혈압	수축기 5년 전
연령	1		
수축기 혈압	0.146	1	
수축기 5년 전	-0.236	-0.256	1

11.1절의 '상관 행렬 계산'을 참고해주세요.

② 다중 회귀 모델

요약 출력					
회귀분석 통계량					
다중 상관계수	0.271				
결정계수	0.073				
조정된 결정계수	0.041				
표준 오차	19.486				
관측수	60				
분산 분석					
	자유도	제곱합	제곱 평균	F 비	유의한 F
회귀	2	1712.125	856.062	2.255	0.114
잔차	57	21643.61	379.712		
계	59	23355.73			

	계수	표준 오차	t 통계량	P-값	하위 95%	상위 95%	하위 95.0%	상위 95.0%
Y 절편	130.669	19.202	6.805	0.000	92.218	169.120	92.218	169.120
연령 (현재)	0.215	0.312	0.687	0.495	-0.410	0.839	-0.410	0.839
수축기 5년 전	-0.150	0.084	-1.790	0.079	-0.318	0.018	-0.318	0.018

11.3절을 참고해주세요.

③ 회귀 계수 검정

이 결과의 회귀 계수는 '연령'과 '수축기 혈압 5년 전' 모두 유의 수준 $\alpha = 0.05$에서 귀무가설이 채택되므로 유효하지 않다는 결론이 나옵니다.

❶ 여기서는 서울특별시의 2015년도 합계 출산율을 구해보았습니다.

연령별	총인구_여자(명)	연령별 출생아수(명)	여성 인구 대비 출생률	합계 출생률
	A	B	C = B/A	C*5
15~19세	270,012	273	0.001011066	0.00505533
20~24세	359,603	2,215	0.00615957	0.03079785
25~29세	388,055	14,345	0.036966409	0.18483205
30~34세	424,572	43,623	0.102745824	0.51372912
35~39세	391,899	19,789	0.050495153	0.25247577
40~44세	415,750	2,580	0.006205652	0.03102826
45~49세	417,471	63	0.000150909	0.00075454
합계				1.01867292

❷ 2010년도의 연령 표준화 사망률은 다음과 같습니다.

연령 계급	인구 수		사망자 수	연령별 사망률	연령별 사망자 수
	2000	2010	2010	2010	2010
0 – 4세	3,130,258	2,219,084	1894	0.000853505	2671.691857
5 – 9세	3,444,056	2,394,663	277	0.000115674	398.3873773
10 – 14세	3,064,442	3,173,226	417	0.000131412	402.7044761
15 – 19세	3,691,584	3,438,414	1,034	0.00030072	1110.133293
20 – 24세	3,848,186	3,055,420	1,411	0.000461802	1777.101166
25 – 29세	4,096,978	3,538,949	2,349	0.000663756	2719.395313
30 – 34세	4,093,228	3,695,348	2,809	0.000760145	3111.44646
35 – 39세	4,186,953	4,099,147	4,464	0.001089007	4559.621353
40 – 44세	3,996,336	4,131,423	6,890	0.001667706	6664.714564
45 – 49세	2,952,023	4,073,358	10,689	0.002624125	7746.476948

50 – 54세	2,350,250	3,798,131	14,117	0.003716828	8735.475225
55 – 59세	1,968,472	2,766,695	14,187	0.005127779	10093.88901
60 – 64세	1,788,849	2,182,236	16,397	0.007513853	13441.148
65 – 69세	1,376,122	1,812,168	23,371	0.012896707	17747.44243
70 – 74세	918,121	1,566,014	32,541	0.020779508	19078.10241
75 – 79세	600,598	1,084,367	36,987	0.034109301	20485.97774
80세 이상	476,965	962,118	85,501	0.088867478	42386.67655
합계	45,983,421	47,990,761	255,335		163130.3842
2010년 연령 표준화 사망률					3.547591298

❶과 ❷의 계산 예시

통계량	계산 값	무한 모집단	유한 모집단
표본 평균	161.44		
모분산	68.69		
$\alpha/2$	0.025		
$Z_{\alpha/2}$	−1.96		
$Z_{1-\alpha/2}$	1.96		
|표본 오차|	2		
표본 크기		65.97	65.83

13.1절의 '모집단의 크기가 무한할 경우', '모집단의 크기가 유한할 경우'를 참고해주세요.

❸ EM 알고리즘의 계산 예시

NO	확장기 혈압	합계	반복	계산값	보정 전 평균	보정 후 평균
			0	0	69.90000000000	69.90000000000
1	91	N=60	1	68.754098360656		
2	76	4194	2	69.881214727224		
3	79		3	69.899692044709		
4	62		4	69.899994951553		
5	89		5	69.899999917239		
6	63		6	69.899999998643		
7	82		7	69.899999999978		
8	65		8	69.900000000000		
9	62		9	69.900000000000		

8번째 계산에서 평균값이 수렴합니다.

13.3절을 참고해주세요.

❹ 이상치 검출

통계량	계산 값
제 1사분위수	79.11
제 3사분위수	79.895
사분위범위	0.8
이상치의 상한 기준	81.07
이상치의 하한 기준	77.93

이상치로는 77.28이 있습니다.

13.2절을 참고해주세요.

❺ 이상치 검출 (회귀 분석의 경우)

관측값	예측값 : Y_2	잔차	표준 잔차
1	8.001	1.139	0.970
2	7.001	1.139	0.970
3	9.501	−0.761	−0.648
4	7.501	1.269	1.081
5	8.501	0.759	0.647
6	10.001	−1.901	−1.620
7	6.001	0.129	0.110
8	5.001	−1.901	−1.620
9	9.001	0.129	0.110
10	6.501	0.759	0.647
11	5.501	−0.761	−0.648

13.2절을 참고해주세요.

이 회귀 모델에서는 표준화 잔차의 절대값이 2를 넘는 데이터가 없었기 때문에 이상치가 없다고 보여집니다. 단, 이미 설명했듯이 데이터의 분포가 선형이 아니기 때문에 회귀 모델로서 적절한 모델로 볼 수는 없다는 점을 주의해주세요.